편지 왔어요.

김정응 지음

편지 왔어요.

발행일 2025년 10월 10일
지은이 김정응
펴낸이 모두출판협동조합(이사장 이재욱)
펴낸곳 모두북스
표지 김성환
디자인 디자인플러스

ⓒ 김정응, 2025

등록일 2017년 3월 28일
등록번호 제 2013-3호
주소 서울 도봉구 덕릉로 54가길 25 (창동 557-85, 우 01473)
전화 02)2237-3301, 02)2237-3316
팩스 02)2237-3389
이메일 seekook@naver.com

ISBN 979-11-89203-63-4 (03810)

*책값은 뒤표지에 씌어 있습니다.

편지 왔어요.

김정응 지음

MODOOBOOKS

| 글을 시작하며 |

간밤을 꼬박 새워 편지를 썼습니다.

환갑을 바라보는 나이에 첫 책을 출간했습니다. 그 후로 매년 한 권씩 몇 권의 졸저(拙著)를 세상에 내놓았습니다. 뜻밖의 좋은 일들도 생겼습니다. '작가'라는 분에 넘치는 호칭을 얻게 되었고, 나름의 자기 만족감도 생겼습니다. 무엇보다 책을 건네며 명함을 꺼낼 때 상대방의 표정이 바뀌는 것을 경험하며, 신뢰라는 선물도 얻게 되었습니다.

하지만 동시에 고민도 깊어졌습니다. 책에 대한 배고픔이 더 심해졌기 때문입니다. 더 나은 책, 더 진정성 있는 책을 쓰고 싶다는 마음이 자꾸 들었습니다.

누구는 저의 다작(多作)을 칭찬해 주지만, 또 어떤 이는 한 권이라도 더 '깊은 책'을 내라고 조언합니다. 그 말들이 마음에 남았습니다.

그래서 대학교 학과 친구 몇 명에게 고민을 털어놓았습니다. 뜻밖에도 그들의 조언은 저를 흔들어 깨우는 힘이 있었습니다.

"네가 제일 멋진 건, 편지를 쓸 때야."
"편지를 계속 써봐. 그리고 독서 모임도 열심히 하니 독후감도 같이 써보면 좋겠어."
"그 두 가지를 잘 결합해 보면, 너만의 새로운 콘텐츠가 되지 않겠니?"

저는 그날 이후 오랫동안 곰곰이 생각했습니다. 그리고 외부의 시선에서 나에 대한 객관적인 평가가 나온다는, 너무도 평범하지만, 중요한 진리를 다시 확인했습니다. 친구들의 말은 제게 딱 들어맞았습니다. 저는 큰 원칙 하나를 세웠습니다.

편지를 쓴다. 책을 읽는다. 그리고 독서 편지를 보낼 사람을 찾는다.

어떤 사람도, 어떤 책도 제한하지 않겠습니다. 마음이 가는 대로, 생각이 떠오르는 대로, 그 사람을 읽고 그 책을 엮어가고자 합니다. 응원의 아이디어도 있었습니다.

"고은 시인의 『만인보』를 참고해 봐. 박경리 작가의 『토지』도 염두에 두고."

단발성이 아닌, 만리장성을 쌓으라는 조언이었습니다. 두 분은 너무 거창이라 선뜻 따라 할 엄두가 나지 않았습니다. 그런데 바로 그즈음, 저를 일깨운 이야기를 접했습니다. 거제의 '매미성' 이야기였습니다. 한 남자가 18년 동안 묵언수행 하듯 돌을 쌓아 거대한 성을 완성했습니다. 놀랍고도 감동적이었습니다. 그것은 저에게 꿈을 전해준 이야기였습니다.

"그래, 나도 독서 편지의 성을 쌓아보자."

그날부터 편지 대장정을 시작하게 되었습니다. 편지를 쓰며 깨달았습니다. 많은 이들이 실로 훌륭한 생각과 삶의 태도를 지니고 있다는 것을요. 그래서 조금 유별난 결심을 했습니다. 장점 편파 글쓰기를 하자고. 단점이나 비판보다는 그분들의 장점, 인생의 가치와 의미를 조명해 보자고요. 편지라는 형식은 그런 생각에 꼭 어울렸습니다. 편지는 본래부터 긍정의 언어로 쓰여야 하니까요. 그렇게 편지를 쓰다 보니, 어느새 저 자신도 조금 더 긍정적인 사람이 되어 있었습니다.

부가가치도 얻었습니다. 편지를 쓰는 즐거움 중 하나는, 평생 쓸 수 있다는 사실입니다. 앞으로 몇 사람에게 얼마나 더 많은 편지를 쓸 수 있을지는 모르겠습니다. 그러나 아마 건강이 허락하는 한, 계속 쓸 수 있지 않을까요? 이런 생각만으로도 기쁘지 않을 수 없습니다. 저는 믿습니다.

"평생 일거리가 곧 평생 행복이다."

그렇게 저는 자연스럽게 평생 현역이 되었습니다. 편지를 쓰다 보면, 자연히 편지를 받는 사람을 만나게 됩니다. 사람들과 마음과 생각을 나누며, 그들의 세계에 들어갑니다.
어떤 이는 눈물로, 어떤 이는 웃음으로 저를 맞아줍니다. 그 세계에 동참하는 일은 실로 값지고 감사한 일이었습니다.

또 하나의 좋은 점은, 편지 쓰기가 저에게 일종의 보약이 되었다는 사실입니다. 편지를 쓰기 위해선 일정한 루틴을 지켜야 합니다. 절제된 시간 관리와 몸 관리를 병행하게 됩니다. 책을 읽고, 그 속에 담긴 의미를 곱씹는 일은 마치 숲에서 피톤치드를 마시는 기분이었습니다. 어떤 이는 농담처럼 말합니다.

"형은 치매 걸릴 일은 없겠어."

물론 장담할 수 없는 일이지만, 저는 웃으며 고맙다고 답합니다. 갈수록 인생을 진중하게 바라보고, 타인을 예의 있게 바라보는 법을 배웁니다. 저는 그것이 편지쓰기의 힘이라 믿습니다.

AI가 판치는 세상, 편지를 고집한다고 핀잔도 받습니다. 그러나 저는 믿습니다. 시대가 바뀔수록 편지의 진심은 더욱 빛날 것이고, 그 가치는 사라지지 않을 것입니다. 그래서 저는 오늘도, 내일도 편지를 씁니다. 어떤 사람을 떠올리고, 어떤 책을 펼쳐봅니다. 이 유별난 인생이 누군가에겐 건강한 자극이 되기를 바랍니다. 응원의 메시지가 되거나, 반면교사의 한 장면이 되더라도요.

그저 마음을 다해 쓰고 있을 뿐입니다.
당신을 생각하며.

이태원
글 농장에서

차례

제1장. 나그네 길을 따라

1. 윤석열 대통령님께 / 16
   소통의 반대말은 불통이 아니라 고통
   『퇴계와 고봉, 편지를 쓰다 – 김영두 옮김』

2. 문소리 배우님께 / 21
   문학에 나타난 그리움의 방식들
   『애도예찬·哀悼禮讚 – 왕은철 지음』

3. 손흥민 축구선수님께 / 26
   기적은 만날 수 있는 것
   『긴긴밤 – 루리 글그림』

4. 박태숙 미원초·중학교 동창님께 / 31
   엄마 살아 계실 때 잘하려고 고향에 가다.
   『한 여자 – 아니 에르노 지음』

5. 금교돈 고대교우회보편집위원회 위원장님께 / 36
   톨스토이의 '세 가지 질문'을 떠올리다.
   『세가지 질문 – 톨스토이 지음』

6. 안중근 의사(義士)님께 / 41
   가장 치열하게 빛난 서른한 살
   『하얼빈 – 김훈 지음』

7. 원우현 고려대 명예교수님께 / 48
   신은 모든 곳에 있을 수 없기에 어머니를 만들었다.
   『남는 건 사랑뿐일세 – 황숙희 지음』

8. 김어준 뉴스공장장님께 / 53
   나의 독특함이 곧 나의 존재 가치다.
   『월든·시민불복종 – 헨리 데이비드 소로 지음』

9. 조지 오웰 작가님께 / 60
위대한 결과는 위대한 용기가 만든다.
『카탈로니아 찬가 – 조지 오웰』

10. 오세훈 서울시장님께 / 65
"모성애(母性愛)와의 대결은 피해야 합니다."
『어머니 – 막심 고리키 지음』

제2장. 강물은 흘러 흘러 바다로 간다.

1. 이재명 더불어민주당 대표님께 / 73
"처염상정(處染常淨)의 상징이 되어주세요."
『올리버 트위스트 – 찰스 디킨스 지음』

2. 케어리 필립 주인공님께 / 79
깨달음이 있어야 인간의 굴레에서 벗어날 수 있다.
『인간의 굴레에서 – 서머싯 몸 지음』

3. 임은정 검사님께 / 84
용기란 진실을 향한 발걸음이다.
『나는 고발한다 – 에밀 졸라 지음』

4. 스롱 피아비 당구 선수님께 / 89
가장 높이 나는 새가 가장 멀리 본다.
『갈매기의 꿈 – 리처드 바크 지음』

5. 홍순성 던롭스포츠코리아 대표님께 / 95
진지함은 가면이 아니라 거울이다. 자신을 속이지 않으려는 노력이다.
『진지함의 중요성 – 오스카 와일드 지음』

6. 고(故) 현미 가수님께 / 101
인생은 짧고 예술은 영원하다.
『헤르만 헤세, 음악 위에 쓰다 – 헤르만 헤세 지음』

7. 윤석열 대통령님, 이재명 대표님, 두 분께 / 106
한 통의 편지가 역사를 바꿀 수 있다.
『곰스크로 가는 기차 – 프리츠 오르트만 지음』

8. 한동훈 법무부 장관님께 / 111
가짜뉴스 몰아내려면 법(法)이 중심을 잡아야 한다.
『검찰관 – 니꼴라이 고골 지음』

9. 한성정 배구 선수님께 / 116
대한민국을 적시는 효심(孝心)의 강물
『아들과 아버지 – 이정록 글, 배민경 그림』

10. 차정숙 엄정화 두 친구님께 / 121
우정이야말로 삶의 진짜 보약이다.
『여성의 우정에 관하여 – 메릴린 옐롬, 테리사 도너번 브라운 지음』

제3장. 나무가 되고 숲이 되고 산이 되고

1. 노무현 대통령님께 / 128
깨어있는 시민 의식이 대한민국을 바로 세운다.
『링컨의 연설과 편지 – 에이브러햄 링컨 지음』

2. 이석기 대표님께 / 133
'K-크루즈'의 위상을 드높이다.'
『위대한 탐험가 마젤란 – 슈테판 츠바이크 지음』

3. 박항서 축구 감독님께 / 139
마음을 얻어야 기적도 얻는다.
『모비딕 – 허먼 멜빌 지음』

4. 줄리엣 애슈턴 작가님께 / 144
서른두 살 여자의 삶을 송두리째 뒤바꾸다.
『건지 감자껍질파이 북클럽 – 메리 앤 섀퍼, 애니 배로스 지음,』

5. 김찬호 연구원님께 / 149
"제2의 인생, 수필처럼 사세요."
『굴뚝 청소부 예찬 – 찰스 램 지음』

6. 점례와 순임 초등동창 친구님께 / 154
　　"10월 14일, 6년 만에 정답게 만나요."
　　『유형의 땅 – 조정래 지음』

7. 안토니우 구테흐스 UN 사무총장님께 / 159
　　"누가 골머리 앓는 우리 지구를 대변해 줄까요?"
　　『코스모스 – 칼 세이건 지음』

8. 고(故) 박대성 형님께 / 164
　　"네가 그리우면 나는 울었다."
　　『아름다운 사람 하나 – 고정희 지음』

9. 진정자 진주문진생태찌개 사장님께 / 169
　　"제 꿈은 음식을 통한 보은(報恩)입니다."
　　『세상을 바꾼 여인들 – 이덕일 지음』

10. 토머스 허드슨 화가(畵家)님께 / 174
　　"꿈꾸어도 노래하지 않고 두 쪽으로 깨뜨려도 소리하지 않는 바위가 되리라."
　　『해류 속의 섬들 – 어니스트 헤밍웨이 지음』

제4장. 별을 따고 달도 따다.

1. 노벨문학상, 한강 작가님께 / 181
　　'작별하지 않는다' '소년이 온다'
　　『채식주의자 – 한강 지음』

2. 박란 마음포럼 회원님께 / 187
　　난초는 향기를 통해 존재를 알린다.
　　『난초도둑 – 수잔 올림 지음, 김영신 이소영 옮김』

3. 최진호 모델에이전시 대표님께 / 192
　　"모든 다리에는 저마다 드라마가 있다."
　　『다리 위에서 니체를 만나다 – 토머스 해리슨 지음』

4. 박종운 청주고 53회 동기 친구님께 / 198
　　"우리들의 부싯돌은 부딪쳐야 빛이 난다."
　　『나는 빠리의 택시 운전사 – 홍세화 지음』

5. 양인숙 중학교 동창님께 / 204
"미칠 것만 같아요. 서울 가고 싶어요."
『무진기행 – 김승옥 지음』

6. 최창화 고대신방과 81학번 친구님께 / 209
"양자산의 다니자키 준이치로여, 시를 쓰시오."
『열쇠 – 다니자키 준이치로 지음』

7. 이현종 광고크리에이터님께 / 214
"광자(狂者)정신, 아주 훌륭해요."
『분서(焚書) – 이탁오(본명 이지) 지음』

8. 이용진 마음포럼 위원님께 / 219
"넉넉한 건 오직 사랑이었습니다."
『모래알만 한 진실이라도 – 박완서 지음』

9. 김정응 머니박스 회장님께 / 224
정말로 기적 같은 인연이다.
『세계를 건너 너에게 갈게 – 이꽃님 지음』

10. 조해준 대표님께 / 229
"앉으나 서나 고객을 위한 신제품을 만들어 내고자 합니다."
『미켈란젤로, 영혼을 조각한 열정 – 모니카 자라르디 지음』

제5장. 바람에 실려 구름을 타고

1. 정규봉 이사장님께 / 236
"오직, 사람이다."
『인간관계론 – 데일 카네기 지음』

2. 차재영 고려대, LG애드 선배님께 / 242
"누구나 한 번밖에 못 삽니다."
『나의 길, 나의 삶 – 박이문 지음』

3. 도정화 리서치 전문가님께 / 248
"조사 결과를 사실 그대로 투명하게 밝힙니다."
『스크루테이프의 편지 – C. S. 루이스 지음, 김선형 옮김』

4. 조상호 출판사 회장님께 / 253
"프로방스의 즐거움은 햇빛에서 온다."
『별 – 알퐁스 도데 지음』

5. 구재범 삼희기획 친구님께 / 258
"모두를 위한 하나, 하나를 위한 모두(All for one, one for all)"
『삼총사 – 알렉상드로 뒤마 지음』

6. 임선수 청주고, 고려대 동문님께 / 262
"바보 같은 사람이 운동을 하는 것이다."
역사의 물줄기에 보태는 물방울 하나가 되어도 좋다."
『김두황 평전 – 홍기원 지음』

7. 윤석열 대한민국 제20대 대통령님께 / 266
프로와 아마의 차이
『천년왕국 서로마제국이 '시시껄렁'하게 사라지는 순간 – 최봉수 지음』

8. 김소진 대표님께 / 272
"대한민국의 소진 언니가 되렵니다."
『오만과 편견 – 제인 오스틴 지음』

9. 박찬호 부활(復活)의 시인님께 / 278
"…. 힘든 여정을 함께한 나의 아내여. 사랑한다. 나의 아내여…."
『지금이 바로 문득 당신이 그리운 때 – 박찬호 지음』

10. 김길호 물 박사님께 / 284
"나는 아무것도 바라지 않는다. 나는 아무것도 두려워하지 않는다. 나는 자유다."
『그리스인 조르바 – 니코스 카잔차키스 지음』

윤석열 대통령님께
소통의 반대말은 불통이 아니라 고통

문소리 배우님께
문학에 나타난 그리움의 방식들

손흥민 축구선수님께
기적은 만날 수 있는 것

박태숙 미원초·중학교 동창님께
엄마 살아 계실 때 잘하려고 고향에 가다.

금교돈 고대교우회보편집위원회 위원장님께
톨스토이의 '세 가지 질문'을 떠올리다.

안중근 의사(義士)님께
가장 치열하게 빛난 서른한 살

원우현 고려대 명예교수님께
신은 모든 곳에 있을 수 없기에 어머니를 만들었다.

김어준 뉴스공장장님께
나의 독특함이 곧 나의 존재 가치다.

조지 오웰 작가님께
위대한 결과는 위대한 용기가 만든다.

오세훈 서울시장님께
"모성애(母性愛)와의 대결은 피해야 합니다."

1장

나그네 길을 따라

편지를 쓰는 일은 나그네의 신비로운 여정이다. 낯선 길 위에서 자신을 다시 만나고, 타인과의 보이지 않는 연결을 느끼며, 삶의 의미를 새롭게 되새기게 된다. 편지는 단순한 의사소통의 도구를 넘어, 마음과 마음을 이어주는 따뜻한 다리가 된다.

첫 번째 걸음은 설렘과 두려움이 뒤섞인다. 첫 문장을 쓰기 시작할 때는, 마치 낯선 마을의 입구 앞에 선 듯 망설임이 앞선다. 그러나 한 걸음을 내딛는 순간, 다음 걸음은 훨씬 수월해진다. 편지의 첫 문장은 여행의 시작을 알리는 종소리와 같다 - 낯섦을 희망으로 바꾸는 소리.

긴 여정의 끝은 언제나 돌아봄이다. 걸어온 길을 뒤돌아보며, 자신이 얼마나 성장했는지를 깨닫는다. 편지를 마무리할 때도 마찬가지다. 끝맺음 속에는 정성과 진심이 고스란히 담겨 있다. 그리고 그것이 누군가의 손에 닿을 순간을 상상하며, 나도 모르게 미소 짓게 된다.

윤석열 대통령님께

> 대통령님의
> 소통 지수가 걱정됩니다.
> 소통의 반대말은 불통이 아니라
> 고통이라고 합니다. 소통하면
> 경이로운 관계를 맺을 수 있습니다.
> 대통령님의 발자취가 후대에 좋은 평가를
> 받았으면 좋겠습니다.
>
> **『퇴계와 고봉, 편지를 쓰다』**
> - 김영두 옮김

    대통령님, 국정운영에 얼마나 노고가 많으십니까? 이렇게 불쑥 인사드려서 송구합니다. 저는 우리 대한민국의 평범한 국민 중의 한 사람입니다. 61년 소띠이니 대통령님보다는 한 살 아래입니다. 최근에 이른바 제2의 인생을 시작했고 그래서 새로운 시각을 갖고자 노력하는 사람일 수도 있겠습니다. 그 일환으로 책을 가까이 하고 있습니다.
    얼마 전에 읽은 책에서 깊은 감명을 받았기에 그것을 누군가와 함께 나누면 좋겠다고 생각했습니다. 고민 끝에 대통령님에게 도움이 될 듯싶기에 이렇게 글을 올리게 되었습니다. 바로 〈퇴계(退溪)와 고봉

(高峯), 편지를 쓰다〉입니다.

 퇴계 이황과 고봉 기대승이 나이와 직위를 초월하여 편지로 소통하면서 경이로운 관계를 맺는다는 내용을 담고 있습니다.

 대통령님께 보내는 이 편지를 마무리하고 있는 지금이 2022년 11월 25일입니다. 지난 5월에 취임하셨으니 6개월 정도의 시간이 지났군요? 어떠셨습니까? 의미 있는 일도 있고 아쉬운 면도 있었을 것입니다. 그런데 제가 보기에 가장 신경써야할 것은 바로 '소통(疏通)' 문제 같습니다. 그렇지 않습니까? 대통령님은 후보시절부터 줄곧 국민과의 소통을 강조했습니다. 대통령집무실을 청와대에서 용산으로 이전했고 도어스테핑을 시도해서 신선한 소통의 문을 열었습니다.

 그런데 결과는 어떤가요? 특히 용산 시대의 상징인 도어스테핑은 중단과 재개의 의견이 팽팽하게 맞서고 있는 상황입니다. 그 책임이 누구에게 있든지 간에 안타까운 생각이 가득합니다. 장기간의 소통부재 상황이 전개될 것 같은 예감 때문에 그렇습니다. 소통의 반대말은 불통(不通)이 아니라 고통(苦痛)이라고 합니다. 대통령님이 국민과의 소통에 문제가 있다면 이는 국민과 국가의 큰 고통으로 이어질 것입니다.

 소통 문제로 인한 고통은 이미 곳곳에서 나타나고 있습니다. 우선 대통령님의 지지율이 고통스럽지 않은가요? 숫자적 의미도 그렇지만 체감 지지율은 더욱더 큰 문제라고 생각합니다. 제 주변에서 감지되는 대통령님 지지도는 언급조차 하기에도 민망할 정도입니다. 일반적으로 대통령의 지지율은 곧 국정운영의 동력이라고 평가합니다. 이에 대한 특별한 조치가 마땅히 강구되어야할 것입니다.

〈퇴계와 고봉, 편지를 쓰다〉에서 소개하는 편지소통은 영혼의 교류 그 자체입니다. 두 분이 생산한 편지 콘텐츠는 특히 연륜의 차이 때문에 도저히 가능할 것 같지 않았기에 더욱더 놀랍습니다.

그래서 저는 이를 '조선 최고의 불가사의'이자 역사에 길이 빛나는 문화유산이라고 부르고 있습니다.

당시에 두 사람의 편지소통에 대하여 세상 사람들이 이런저런 말도 많이 했다고 합니다.

"하룻강아지 범 무서운 줄 모른다."

"왜 젖 냄새 나는 애와 천리를 논하시오?"

충분히 그런 소리가 나올 법도 합니다. 32세의 무명 청년과 58세의 성균관 대사성 그리고 전라도 광주에서 태어나 독학으로 공부한 청년과 경상도 안동이 낳은 당대 최고의 석학이 한 해도 거르지 않고 13년 동안 편지소통을 했으니 말입니다.

- 대통령님, 퇴계 선생님께 여쭈어 보면 어떨까요?

1558년 명종 13년 10월. 퇴계 선생님은 지금의 국립대 총장 격인 성균관 대사성이었습니다. 그리고 고봉 선생은 26세 연하의 이제 막 과거에 급제한 신참이었습니다. 경험이나 숙련의 정도에 있어서 크게 차이가 나는데 그런 것들을 어떻게 극복하고 소통을 이어 갈 수 있었는지 그저 놀랍기만 합니다. 그 비결이 무엇인지요?

특히 13년 중에서도 8년은 안부편지와는 또 다른 이른바 사단칠정론의 '논쟁(論爭)편지'였다는 점이 경이롭습니다. 이 또한 어떻게 가능했는지요? 편지로 이루어낸 조선 유학의 빛나는 발자취에 다시금 고개 숙여 경의를 표합니다. 선생님은 또한 선조 임금에게 고봉을 '통유(通儒)'라 추천했지요. 통유란 세상사에 통달한 실력 있는 유학자라는 의미이니 고봉을 당대 최고의 지성으로 추켜세우신 것입니다. 선생님의 사람과 배움을 대하는 자세가 이러할지니 선생님이 조선 최고의 스승으로 불리는 것은 어쩌면 당연한 일인 것 같습니다.

- 대통령님, 고봉 선생님께도 또한 여쭈어 보세요.

고봉 선생님, 나이나 직위 등의 차이에서 비롯되는 곤란함은 아마도 퇴계보다는 선생님이 더했을 것이라고 짐작됩니다. 그럼에도 자신의 생각을 거침없이 표출하는 그 강직함은 어디서 연유한 것인지요? 다음의 예는 도발적이기도 해서 몇 번을 읽어도 조마조마한 마음입니다.
"당신의 생각이 의심스럽습니다."
"당신은 인간의 본성을 잘 모르는 것 같습니다."

선생님의 경우를 보면 하느님은 천재들에게 재능과 더불어서 애로(隘路)를 만나게 한다는 말이 떠오릅니다. 선생님의 아우라(aura) 넘치는 모습에 비하여 건강이 좋지 않은 것 같아 안타까웠기 때문입니다. 선생님은 아시는지요? 조선 22대 개혁군주 정조 임금이 선생님을 무척 좋아했던 것 같습니다. 선생님이 작성한 〈논사록 論思錄〉을 열심히 보셨다고 하고 또한 선생님에 대한 좋은 평판도 남기셨으니 말입니다.
"호남의 인사 중 가장 걸출한 이가 고봉이다"

대통령님, 오늘날 퇴계 이황과 고봉 기대승 두 분을 조선 최고의 브로

맨스이자 멘토와 멘티라고 합니다. 그런데 그 무엇보다도 뜨거운 관전 포인트는 두 분이 남긴 역사적인 소통과 우정입니다. 어떻게 가능했을까요? 저는 다음과 같이 세 가지 요인을 확인하면서 저 자신의 소통기준으로 삼고자 합니다. 대통령님도 참고해보시기를 권해봅니다.

첫 번째는 '오픈 마인드 Open Mind' 즉 열린 마음이 으뜸 요인이라고 생각합니다. 특히 진리에 관해서는 누구든지 토론할 수 있다는 그런 마음을 가지고 있었기 때문에 편지의 기적이 만들어 진 것 아니겠습니까?
두 번째는 탄탄한 실력입니다. 13년이라는 지속 가능성은 서로에게 도움이 되는 알짜가 없었다면 유지되지 못했을 것입니다. 그것은 바로 '실력'일 것입니다. 그 실력이 '사단칠정론(四端七情論)'의 원류가 되었고 조선 성리학 전체를 아우르는 화두가 된 것입니다.
세 번째는 상호존중의 자세입니다. 고봉 선생이 퇴계 선생을 대하는 존경은 말할 것도 없고 퇴계 선생은 편지논쟁을 후배를 사랑하는 하나의 방법으로 여긴 것이 아닐까 싶습니다. 기꺼이 의견을 듣고 받아들이면서 또 한편으로는 후배의 학문적 열정을 콕 찍어서 자극하고 있으니까요.

대통령님, 두 분의 감동적인 편지소통 스토리를 접하고 나니 우리사회의 소통 현실이 더욱더 개탄스럽게 느껴집니다. 두 선생님이 혀를 차며 꾸짖는 목소리가 귓전을 맴도는 듯합니다. "쯧쯧 어리석은 사람들아 ......" 하고 말입니다. 퇴계와 고봉 같은 조상이 있기에 후세의 저희들은 행복을 더해갑니다. 대통령님의 발자취도 후대에 좋은 평가를 받았으면 좋겠습니다. 이 편지가 작은 도움이 될 수 있기를 진심으로 바랍니다.

2022년 11월 25일

문소리 배우님께

> 애도는 실천하는 용기라고 합니다.
> 더구나 공인의 경우에는 더욱더 그럴
> 것입니다. 영향력이 큰 만큼 반향도 크기
> 때문입니다. 이런 측면에서 보면 문소리님의
> 시상식 애도는 감동이었습니다. 소리님을
> 응원하고 싶었습니다.
>
> 『애도예찬·哀悼禮讚』
> – 왕은철 지음

지난 11월 29일 오전 11시경 지하철 6호선 전철 안에서 제 귀를 의심케 하는 대화소리를 들었습니다. 30대 중반 정도로 보이는 남자 승객 두 분이 이런 이야기를 주고받고 있었던 것입니다.

"문소리 걔 머냐? 연기는 XX하면서 정치 바람만 들어서……. 시상식을 개판으로 만드나!"

다름 아닌 제43회 청룡영화상 시상식에서 문소리님이 이태원 참사에 희생된 동료를 애도(哀悼)한 발언을 두고 한 말이었습니다. 깜짝 놀랐습니다. 발언 내용이 어떤 것이기에 저러나 하고 말입니다.

사실 저도 이태원과 관련이 있는 사람이어서 더욱더 그런 마음이 들었는지도 모르겠습니다. 이태원에는 제 일터가 있고 이태원역 1번 출구 참사 지점은 평소에 점심을 먹고 나서 산보를 겸해서 자주 거닐던 장소 중의 한 곳이었습니다.

저는 영화상 시상식 중계를 직접 보지는 못했고 인터넷 포털 뉴스에서 헤드라인을 눈대중 정도로 본 기억만 있었던 터였습니다. 부랴부랴 문소리님의 시상식 발언 동영상을 찾아보았습니다.

> "늘 무거운 옷가방을 들고 다니면서 나랑 일해 준 안지호, 지호야 정말 고마워, 사랑해. 네가 얼마 전에 10월 29일 날 숨 못 쉬고 하늘나라로 간 게 아직도 믿기지 않지만 이런 자리에서 네 이름 한번 못 불러준 게 굉장히 마음이 아팠고, 너를 위한 애도는 이게 마지막이 아니라 진상규명되고, 책임자 처벌되고, 그 이후에 더더욱 진짜 애도를 할게. 지호야 사랑해."

제 기준으로 보면 특별한 문제점을 발견하지 못하겠는데 이런 발언에 불편함을 느끼는 사람들이 많음에 놀랐습니다. 아마도 오히려 정치적인 시각이 끼어들었기 때문이 아닌가 싶습니다. 진상규명이나 책임자 처벌 같은 말들을 빌미삼아 말이죠. 그러고 보니 애도에 대하여 한 번 더 곱씹어 보게 되더군요. 더 좋은 애도 방법은 없을까, 그리고 과연 진정한 애도라는 것이 무엇인가하고 말입니다.

저도 어느덧 환갑의 나이를 넘어서고 나니 이런 저런 부고(訃告)를 많이 접하게 됩니다. 게다가 30개월 넘게 요양병원에 누워 계시는 95세 아버님도 계시고 하니 죽음과 상실 그리고 웰다잉(Well-Dying) 뭐 이런 주제에 깊은 관심을 갖고 있던 중이었습니다. 자연스럽게 한권의 책을 다시 들여다보게 되었습니다.

〈애도예찬〉은 17편의 문학 작품에 나타나는 상실과 죽음에 대한 다양한 애도의 사례를 담고 있는 책입니다. 읽는 내내 진정한 애도란 무엇인가를 생각하게 해주는 한 편의 '애도 서사시'이기에 남다른 감동을 얻을 수 있었습니다. 〈애도예찬〉에서 작가가 소개하는 애도분석의 축은 크게 두 가지 이론에 근거하고 있습니다.

프로이트(Sigmund Freud 심리학자, 의사)와 자크 데리다(Jacques Derrida 철학자) 두 사람의 애도이론이 바로 그것입니다.

프로이트의 애도는 상실의 슬픔에 매달리지 말고 또 다른 대상에게 리비도(libido 심리적 에너지)를 투자해서 상실과 슬픔에서 벗어나라는 것입니다. 일정 시간이 지나도 소멸되지 않는 애도는 정상적이지도 않다고 합니다. '멜랑꼴리(melancholy)'라는 낯익은 용어가 바로 이런 뜻이지요. 프로이트의 주장은 주로 사회와 정신분석학자들이 크게 동조하는 반면 이기적인 접근이라는 비평을 받기도 합니다.

자크 데리다의 애도는 프로이트의 생각과는 사뭇 다르고 비판적입니다. 고인은 단지 기억으로만 존재할 뿐이기에 기억 속에서 보존됨으로써 상실의 슬픔을 극복할 수 있다는 것입니다.
따라서 애도는 끝이 없고, 위로할 수 없고, 화해할 수 없는 대상이라는 것입니다. 물론 과거에 집착하는 것처럼 보이기에 우울증을 불러일으킬 수 있다는 비판을 받기도 합니다.

자 그렇다면 정작 나만의 진정한 애도 방법은 어떻게 정리할 수 있을까요? 〈애도예찬〉에서 제시하는 17편의 사례를 현재화하고 자기화해서 꼼꼼히 궁리해보았습니다. 그런데 '망각(忘却)'과 '기억(記憶)'으로 대변되는 두 사람의 이론은 정반대의 주장처럼 들리고 게다가 철학적인 개념에 치우친 것 같아서 쉽게 손에 잡히지가 않더군요.

결론적으로 진정한 애도에도 뾰족한 해결책이 없다는 생각에 이르게 되었습니다. 어느 한 쪽만이 옳다고 단정할 수 없고 애도의 원인이 되는 상실, 죽음, 이별 등이 사람들이 처한 저마다 모두 다르기 때문이지요. 다만 두 이론을 자신의 상황에 맞게 잘 활용하는 것이 지혜로운 방법이 될 듯싶었습니다. 이런 방법과 더불어서 저는 책속의 다음 문장이 더욱더 현실적이어서 저의 애도전략의 한 방편으로 삼기로 했습니다.

'어쩌면 애도는 언어의 매개 없이는 가능하지 않은 것인지도 모른다. 그리고 애도는 말로 할 수 없던 슬픔을 말로 표현하면서, 즉 언어의 영역으로 끌어오면서 비로소 시작되는 것인지도 모른다.'

이 문장의 시사점은 무엇일까요? 아마도 사랑이 그렇듯이 애도도 마음속에 담아두지 말고 겉으로 표현해야 진정한 가치가 생성된다는 뜻이 아닐까요? 잊지 않겠다고 말하고, 슬프다고 눈물 흘리며 울고, 이해할 수 없다며 절규하고 원망하고 …… 그리고 시간에 맡기는 것. 그 이상도 이하도 아닌 것 같습니다.

애도는 또한 실천하는 용기라는 말에 고개를 끄덕이게 됩니다. 더구나 공인의 경우에는 더욱 더 그럴 것입니다. 영향력이 큰 만큼 반향도 크기 때문입니다. 이런 측면에서 보면 문소리님의 시상식 애도는 깊은 의미가 있다고 보여 집니다. 공식 생방송 중에 대중에게 슬픔과 사랑과 배려를 직접 말로 표현하는 용기가 돋보였기 때문에 그렇습니다. 입장을 바꿔서 과연 저라면 문소리님처럼 할 수 있을까 하고 생각해 보기도 했습니다. 그렇게 하지 못할 것 같았습니다. 그래서 더욱더 문소리님의 애도가 무게를 더하게 되는 것입니다.

영화 〈박하사탕〉에서 문소리님이 윤순임 역으로 등장할 때 킥킥하고 웃었던 기억이 새롭습니다. 충북 청주시에 소재하는 저의 미원초등학교 동창생 중에도 순임이라는 이름의 친구가 있거든요. 아무튼 그런 이유에서 그리고 좋은 연기 때문에 문소리님을 평소에 관심을 가지고 보아왔는데 이렇게 이태원 그리고 슬픔과 애도라는 것을 계기로 편지 인사를 드리게 되어서 정말 뜻 깊게 생각합니다.

배우는 사람들에게 좋은 영향력을 발휘할 수 있기에 남다른 사람들 입니다. 물론 그만큼의 책임과 의무도 막중한 것이지만요. 그래서 배우라는 직업이 어렵고 아무나 할 수 없다고 하는 것일 것입니다.
아무쪼록 연기와 개념 두 영향력 모두를 아우르는 멋진 배우로 오래오래 건승하길 바랍니다.

2022년 12월 7일

손흥민 축구 선수님께

> 월드컵의 좋은 추억을 남겨주어서 고마웠습니다. 감사드리고 싶었습니다. 4년 후의 더 멋진 월드컵을 기약해 보고 싶었습니다. 그때도 오늘과 같은 기적과 감동을 대한민국 국민 모두와 함께 나눌 수 있으면 좋겠습니다.
>
> 『긴긴밤』
> - 루리 글·그림

    손흥민 선수님 안녕하세요. 꼭 답장을 쓰고 싶었습니다. 지난 12월 9일 흥민님이 인스타그램(Instagram)을 통하여 전한 '감사편지'를 잘 읽었기 때문입니다. 축구실력만큼이나 마음을 표현하는 솜씨도 월드클래스(world-class) 여서 놀랐습니다. 감사라니요. 오히려 제가 감사해야 했습니다. 저 뿐만 아니라 많은 축구팬들도 그렇게 느꼈을 것입니다. 편지선물에 대한 최고의 답례는 답장편지가 아닐까 합니다.

    흥민님은 평소에 어떤 루틴(Routine)을 가지고 있나요? 저도 제 나름의 루틴을 가지고 있는데 일정하게 책방에 가는 습관이 그 중의 하나입니다. 제가 사는 수서역에서 송파구 문정동에 있는 가든파이브 서점까지 약 4Km의 송파탄천둘레길을 걸어서 왕복하는 일이 바로 그것입니다. 걷기 운동도 하고 책을 읽기도 하는 것이기에 즐겁고 의미 있는 이벤트라고 여기고 있습니다.

그런데 서점을 찾는 일이 마냥 즐겁기만 한 것은 아닙니다. 가끔은 짜증도 납니다. 서점의 판매구역 때문에 그렇습니다. 저는 소설이나 시 등 문학과 에세이를 판매하는 구역을 자주 찾는데 그 바로 옆에 아동도서 판매구역이 있습니다. 이게 무슨 문제냐고할지도 모르겠습니다. 어떨 때 보면 그 지역이 지나치게 왁자지껄 시끄럽거든요. 게다가 일부 악동(惡童) 친구들이 막 뛰어다녀서 부딪힐 때도 있고요.

지난 11월 둘째 주 일요일에도 서점을 찾았습니다.
그날은 특히나 몹시 혼잡했습니다. 그런 와중에 귀에 쏙 들어오는 소리가 하나 있었습니다. 다름 아닌 어떤 여자 어린이가 아빠한테 책을 사달라고 조르는 소리였습니다.

"아빠, 그 책 장난 아니래……."

궁금하더군요. 도대체 어떤 책인가 하고 말입니다. 그래서 아빠와 딸의 책 고르는 모습을 지켜보게 되었습니다.
그들이 유별난 행동을 하며 구입한 책은 바로 〈긴긴밤〉이라는 책이었습니다. 물론 저도 엉겁결에 구입했습니다.
이렇게 이상한(?) 계기로 손에 쥐게 된 〈긴긴밤〉은 이상한 놀라움을 지니고 있었습니다. 이 책은 '제21회 문학동네어린이문학상 대상'이라는 타이틀을 지니고 있기에 마땅히 어린이 동화책입니다. 그런데 책을 읽다 보면 이건 뭐지 하는 생각이 꾸역꾸역 올라옵니다. 동화지만 어른들도 읽으면 좋을 일종의 교양철학 책 같은 울림을 느낄 수 있었습니다. 게다가 타인들의 독후감을 들여다보니 저와 비슷한 생각을 가진 사람들이 많은 데에 또 한 번 놀라지 않을 수 없었습니다.

〈긴긴밤〉은 동물세계의 이야기이지만 우리 사람들의 이야기이기도 합니다. 주인공 노든은 코뿔소인데 우여곡절을 연속하여 겪습니다. 사랑하는 가족을 잃고, 인간들이 일으키는 전쟁도 겪고, 친구와도 헤어집니다. 여러 차례 시도 끝에 동물원에서 벗어나 펭귄 치쿠와 함께 여정을 시작합니다. 그런데 얼마 지나지 않아 치쿠 마저 펭귄 알 하나를 노든에게 남긴 채 죽고 맙니다.

노든의 보살핌 속에 아기펭귄이 태어나고 노든과 아기펭귄은 둘만의 여정을 시작합니다. 노든은 아직 세상을 모르는 아기펭귄을 위해 자신이 겪었던 이야기를 말해주죠. 아기펭귄은 노든을 통해서 세상을 배우고 그가 삶의 전부인 것처럼 느끼게 됩니다. 결국 그들은 살아남았고 노든은 초록색으로 일렁거리는 지평선의 바다 즉 초원에 남고, 어린 펭귄은 세상의 전부였던 노든 곁을 떠나 깊고 검푸른 수평선의 바다를 향해 자신의 길을 가는 것으로 이야기는 마무리됩니다.

11월 21일 드디어 2022년 카타르 월드컵이 시작되었습니다. 이번 월드컵은 제게 조금 더 특별했던 것 같습니다. 〈긴긴밤〉 때문이었습니다. 손흥민님을 비롯한 태극전사들의 경기를 응원할 때마다 이 책이 자꾸 오버랩(overlap)이 되었습니다. 그때마다 이유가 무엇일까 생각하게 되더군요. 물론 정답을 발견하기까지는 오랜 시간이 필요하지 않았습니다. 바로 이것이었습니다.

"기적이다!"

〈긴긴밤〉을 읽고 느낀 울림이 '기적'인데, 우리 월드컵 대표팀의 플레이를 보면서 느낀 울림도 또한 '기적'이었던 것입니다. 즉 모두가 1%의 가능성을 100%의 기적으로 만들어 내는 주인공이었던 것이죠. 그 맨 앞에는 〈긴긴밤〉의 노든과 어린펭귄이 그리고 월드컵 대표팀의 캡틴 손흥민님이 서 있었습니다. 이렇게 〈긴긴밤〉과 월드컵 대표팀은 기적이라는 감동의 줄로 연결되는데 그 기적을 만드는 공식이 하나 있었습니다. 물론 제가 발견한 것인데 흥민님도 공감했으면 좋겠습니다.

기적 = (희망) + (자기다움) + (함께)

■ 희망 (Hope)
〈긴긴밤〉에서의 기적은 노든과 어린 펭귄이 공동의 뚜렷한 희망과 목표를 가지고 있었기에 가능했던 것입니다. 그들의 희망은 끝까지 살아남아서 각자의 바다에 도달하는 것이었습니다.

태극전사의 기적도 마찬가지입니다. 분명한 목표가 있었기에 중단 없는 전진이 가능했습니다. 꼭 이루어내고자 했던 목표와 희망이 무엇이었습니까? 원정 16강 그 이상의 성적을 내는 것 아니었나요?

■ 자기다움 (Identity)
〈긴긴밤〉의 기적을 가능케 하는 두 번째 요인은 제몫하기 능력입니다. 나는 나답게 너는 너다운 모습으로 즉 '나로 살아갈 때' 좋은 결과를 얻을 수 있다는 것을 보여줍니다.

카타르 월드컵 대표팀의 기적도 이와 다르지 않았습니다. 수비는 수비, 공격은 공격 등 각자의 포지션에서 자신이 가지고 있는 최고의 기량을 발휘했기에 12년만의 원정 16강 진출이라는 기적을 얻을 수 있었던 것이 아닐까요?

■ 함께 (Together)

〈긴긴밤〉의 기적은 희망 공유나 자기 몫 하기를 하나로 엮였기에 가능했습니다. 노든과 어린 펭귄은 '우리'라는 연대의식을 가지고 함께 했습니다. 그 '우리'는 고통과 두려움을 극복하는 힘이 되었습니다.

국가대표팀의 월드컵 기적도 역시 '함께의 가치'를 극대화한 결과라고 생각합니다. 우리는 이것을 멋지게 원팀 스피릿(One Team Spirit)이라고 합니다.

"동지섣달 긴긴밤이 짧기만 한~ 것은 / 근심으로 지새우는 어머~님 마음...." 이렇게 시작하는 노래를 들어보았는지요? 올 11월, 12월은 월드컵이 있었기에 긴긴밤이 짧게 느껴졌던 것 같습니다. 좋은 추억을 남겨주어서 고맙습니다. 거듭 감사드립니다. 더 멋진 4년 후를 기약해봅니다. 그때도 오늘과 같은 감동을 함께 나눌 수 있으면 좋겠습니다. 물론 그렇게 될 것이라고 믿습니다. 국민 모두가 한마음 한뜻으로 손흥민 선수님과 긴긴밤을 함께하기에 그렇습니다. 손흥민 선수님은 대한민국의 자부심입니다. 언제나 건승을 기원합니다.

2022년 12월 19일

박태숙 미원초·중학교 동창님께

> 손님들로 북적이는 그런 식당을 접고 고향으로 간다고요? 엄마 살아 계실 때 잘하려고. 그 마음에 박수를 보냅니다. 엄마와 함께 미동산 수목원과 옥화 휴양림 그리고 미원천 벚꽃 길을 거닐면서 오래도록 행복하기를 기원하겠습니다.
>
> **『한 여자』**
> – 아니 에르노 지음

친구님, 깜짝 놀랐지요? 정응 친구가 왜 편지를 썼을까하고 말입니다. 결론부터 말을 하자면 친구의 어머니 때문이었습니다. 세월이 갈수록 어머니, 아버지라는 단어를 대할 때마다 가슴이 찡해집니다. 나훈아의 '홍시' 노래를 끝까지 부르지 못하는 요즈음입니다.

"힘든 세상 뒤쳐질세라, 사랑땜에 아파할 세라"

어머니는 달리 뭐라 표현할 수 없는 위대한 존재인 것을 우리는 잘 알고 있지요.

태숙 친구님은 저로 하여금 '신(神)은 모든 곳에 있을 수 없기에 어머니를 만들었다'고 하는 그 어머니에 대하여 다시금 생각해 보게끔 해주었습니다. 그것이 뭐 대수냐고 생각할 수도 있습니다. 그러나 그렇지 않습니다. 어머니도 어떤 자극과 동기부여가 있어야 한 번 더 생각하게 되는 것 같습니다. 어머니에 대하여는 너무 당연한 것으로만 생각을 하니까요. 저는 늘 "엄마가 미안해~"라는 어머니의 그 말을 곧이곧대로 믿고 있으니까 말이죠. 친구님도 그렇지 않나요?

최근에 〈한 여자〉라는 책을 읽었습니다.
2022년 노벨 문학상 수상자인 프랑스 여류 작가 아니 에르노가 그녀의 어머니에 대하여 쓴 작품입니다. 어머니가 돌아가신 후 1986년 4월 20일부터 1987년 2월 26일 까지 약 10개월 동안 어머니의 일생을 회고하며 기록한 내용을 담고 있습니다.

작가의 표현에 의하면 이 책은 전기(傳記)도, 소설도 아니며 문학과 사회학, 그리고 역사 사이에 존재하는 그 무엇이라고 했습니다. 한 개인에 관한 소소한 기록이라는 것이죠. 어머니에 대한 이야기이지만 담담하고 때로는 냉정한 시선이 담긴 것이 이 책의 특색이기도 하고요.

작가는 평소에 어머니를 자랑스러워하지 않았습니다. 오히려 부담스러워했고 때로는 창피한 존재로 여기기도 했습니다. 그런 어머니가 돌아가셨습니다. 어머니와의 지난날을 되돌아보니 어머니의 입장을 이해하게 되고 어머니를 잘못알고 있었다는 것을 깨닫게도 됩니다.
어머니야말로 진정한 자신의 영웅이고 자신에게 중요한 유일의 여자였다는 것이죠.

작가는 이 글을 쓰면서 때로는 '좋은' 엄마를 때로는 '나쁜' 엄마를 마주하게 됩니다. 고함, 억척, 이해와 소통 부족, 부끄러움, 원망, 희생, 사랑, 헌신 등등. 그리고 글을 쓰는 동안 거의 밤마다 어머니 꿈을 꾸며 어머니를 만나게 됩니다. 그래서 그녀는 울먹입니다. 가슴팍이 파란실핏줄들로 덮여 있었던 어머니의 마지막 모습을 떠올리면서 말입니다. 그녀의 심정을 직접 들어 보겠습니다.

> "나는 어머니에 대해 글을 쓰는 것이 아니다. 차라리, 어머니가 살아 있는 시간과 장소에서 어머니와 함께 살아간다는 느낌이다."

지난 12월 10일에 친구님의 가게에서 우리의 미원중학교 서울경기지역 동창모임이 있었지요. 그날도 예의 맛있는 음식과 편안한 분위기가 가득했기에 행복했습니다. 헤어질 때는 배와 마음이 포만감으로 가득 찼습니다. 상호, 인찬, 인숙, 점순, 순희, 현숙 친구들과 인덕원역까지 약 1.5km를 걸어갔습니다. 차가운 날씨였지만 입을 다물지 못하고 친구님에 대한 고마움을 이야기했습니다.

그런데 그날은 친구님에 대한 고마움뿐만 아니라 놀라움도 함께 이야기 했습니다. 무엇 때문에 그랬을까요? 그것은 친구님이 "고향 엄마에게로 갈래"라는 말 때문이었습니다. 의왕에서 지금 운영하고 있는 보쌈식당도 잘되고 있지 않습니까? 손님들로 북적이는 그런 식당을 접고 고향 어머니 곁으로 달려가겠다고 하니 그 까닭이 궁금하지 않을 수 없었습니다. 물론 이유를 알고 나서 더 놀라기도 했지만요.

"엄마 살아 계실 때 잘 하려고요 ……."

친구님의 그런 모습을 보면서 10여 년 전에 읽었던 신경숙 작가의 〈엄마를 부탁해〉를 떠 올렸습니다. "엄마를 잃어버린 지 일주일째다"라는 첫 문장을 시작으로 엄마의 실종, 엄마 흔적 찾기, 엄마에 대한 다양한 시선과 가족 간의 갈등을 거치지요. 엄마에 대하여 잊고 있던 기억들이 복원되고 모르던 사실이 알려지게 됩니다. 그러면서 가족들에게 엄마는 더욱 소중한 존재로 부각됩니다.

〈엄마를 부탁해〉는 출간 초기에 많은 사람들의 눈물을 훔치게하여 화제가 되었는데 저 역시도 눈물을 찍어가면서 읽었던 기억이 새롭습니다. 이 책은 해외에서도 많은 관심을 끌었는데 미국뿐만 아니라 영국, 폴란드 등 여러 국가에서 출판되기도 하였습니다.
그런데 이와 같은 화려한 겉면 이면에는 제 개인적으로 마음에 들지 않는 몇 가지도 있었습니다.

그중에서 제목이 특히 마음을 불편하게 했습니다. '엄마를 부탁해'라니요? 부탁(付託)이란 말은 어떤 일을 해 달라고 당부하여 맡김을 의미합니다. 그런데 엄마를 부탁한다고 하니 귀찮은 존재를 떠미는 면피행위 같기도 했고, 엄마를 어떤 사물로 대하는 것 같았기에 언짢기도 하고 심지어 슬픈 생각까지 들었던 것입니다. 그런데 이 소설이 주목을 받는 데에는 제목이 큰 역할을 했다고 하여 허탈해하기도 했습니다.

사실 "엄마를 부탁해"는 엄마에 대한 미안함의 역설적인 표현입니다. 평소에 잘해드리지 못한 것에 대한 후회입니다. 또한 이런 미안함과 후회를 담은 엄마에 대한 사랑이기도 합니다.
아무튼 이 소설은 읽는 이의 가슴을 후벼 파기에 기억에 오래 남아 있습니다. 물론 효심 강한 친구님도 이 소설을 읽어 보았겠지요?

 어버이 살아계실 때 섬길 일을 다 하지 못하면 나중에 애달프다고 했습니다. 수없이 많이 들어온 말이지만 이 또한 실천이 문제인 것이죠. "더 잘해드렸어야 했는데……" 많은 사람들이 이런 회한만을 반복하니 더욱 안타깝습니다. 저도 아버지를 요양병원에 모시고 나니 더욱더 살아생전의 효도에 대하여 뒤늦은 후회를 하게 되더군요. 그런 의미에서 태숙 친구님의 실천적인 효도가 더욱 특별해 보이는 것 같습니다.

 친구님의 고향인 미원(米院)은 예로부터 살기 좋은 곳으로 유명했지요. 쌀(米)이 유명하고 인심이 넉넉했기 때문입니다. 어린 시절에 봄이면 진달래 따먹으러 뒷동산을 헤맸고, 여름이면 수박서리에 가슴을 졸이기도 했지요. 가을이면 의광이네 과수원에서 감을 따먹었고, 겨울이면 재수네 집 안방에 모여 화롯불에 고구마를 구워 먹었고요. 이제는 어머니와 함께 미동산 수목원과 옥화 휴양림 그리고 미원천 벚꽃 길을 거닐면서 오래도록 행복하기를 기원하겠습니다. 그리고 응원하겠습니다.

2022년 12월 26일

금교돈 고대교우회보 편집위원회 위원장님께

> 선배님의 디테일 리더십이 많은 사람에게 행복을 선물했습니다. 선배님이 주신 사랑에 대한 '보은(報恩)' 숙제를 하고 싶었습니다. 토끼의 해인 올해도 건강과 행복이 선배님의 품 안에서 깡충깡충 뛰는 한 해가 되기를 기원합니다.
>
> 『세 가지 질문』
> – 톨스토이 지음

선배님, 지금이 1월 4일이니 2023년 새해 들어 벌써 나흘이 지났습니다. 늦었지만 새해 인사드립니다. 올해가 토끼의 해이니 건강과 행복이 선배님의 품안에서 깡충깡충 뛰는 한해가 되기를 기원합니다. 다름이 아니라 지난해에 선배님이 주신 사랑에 대한 '보은(報恩)' 숙제를 제대로 하지 못한 것 같아서 이렇게 글을 올리게 되었습니다.

지난 해 12월 20일이었습니다. 무교동 곰국시집에서 선배님이 위원장으로 활약하고 계시는 '고대교우회보편집위원회'의 송년회가 있었습니다. 그런데 그 날의 여운이 지금도 남아있을 정도로 그 모임은 특별한 추억으로 기억되고 있습니다. 물론 함께한 분들의 의견도 저와 다르지 않을 것입니다. 모두들 잊지 못할 송년파티라고 하니까요. 행복한 순간 이라는 것이 이런 느낌을 두고 하는 말이 아닐까합니다. 급기야 왜, 특별한 감동을 받았는지, 무엇 때문에 행복감을 느끼게 되었는지를 자문(自問)해보게 되더군요.

그날의 행복 유발에는 여러 요인이 작동했습니다. 우선 여금미 국장님의 독려에 힘입은 높은 참석률이 분위기를 한껏 고조시켰습니다. 조영석, 전성철, 강민주 이상 세 분만 빠지고 모든 분들이 참석했으니까요. 게다가 장형(長兄)이신 송수근 前 위원장님의 한턱내기와 강재형 위원의 최정상급 MC로서의 진행솜씨가 더해져서 참석자 모두가 지축을 박차게 만들었지요. 그런데 제가 생각하는 가장 핵심적인 요인은 바로 배려하고 실천하는 '금교돈 리더십'에 있었습니다.

선배님의 리더십은 위대한 소설가 톨스토이의 단편 〈세 가지 질문〉에 나오는 현자의 대답과 그 맥을 같이 하기에 더욱 귀중해 보입니다. 이른바 톨스토이의 '행복 공식'입니다.

이것은 행복 전파 교육자인 최인철 교수님도 '행복 프레임'의 사례로 소개하고 있기에 더욱 흥미롭습니다. 행복으로 가는 길은 지금 순간을 충분히 즐기고 감사하는 것으로부터 비롯된다고 하면서 톨스토이의 〈세 가지 질문〉을 상기하라고 강조하고 있으니까요.

질문 하나, 세상에서 가장 중요한 때는 언제인가?

톨스토이의 첫 번째 질문은 때(when)에 관한 것이었습니다. 대답은 '바로 지금 이 순간'이었는데 그 이유는 오직 지금 이 순간만이 우리가 마음대로 다룰 수 있는 유일한 시간이라는 것입니다. 그런 것 같습니다. 지금 이 순간의 의미를 아는 사람은 최선을 다해서 그 순간을 디자인합니다. 의미를 만들고 즐거움을 만들고 추억을 만듭니다. 그리고 건강한 내일을 뒷받침합니다.

선배님은 익히 이 질문에 대한 정답을 알고 있는 듯 했습니다. 12월 20일 저녁 6시 30분 즈음의 그 순간이 가장 중요한 때임을 몸소 증명해 보였기 때문입니다. 좋은 술을 들고 좋은 건배사를 제창했습니다. 송년회에 대한 남다른 의미부여도 했습니다. 신년의 목표를 공유케 하고 분투노력을 당부했습니다. 그 순간의 모습을 보며 저는 감동했고 아마도 참석한 위원들의 느낌도 마찬가지였을 것입니다. 이것이 바로 선배님이 발휘한 지금 이 순간의 리더십이 만든 유쾌한 기적인 것입니다.

질문 둘, 세상에서 가장 중요한 사람은 누구인가?

톨스토이의 두 번째 질문은 사람(Who)에 관한 것입니다. 그는 말했습니다. 가장 중요한 사람은 '지금 나와 함께 있는 사람'이라고 말입니다. 이유인즉슨 앞으로 그 어떤 상황에서 그 누구와 자신이 어떤 인간관계를 맺을지 모르니까 가장 중요한 사람은 지금 함께 있는 사람이라는 것입니다. 행복하려면 행복한 사람 옆으로 가라는 말도 있습니다. 지금 내 곁에서 행복을 함께 엮고 있는 사람이 누구인지 돌아보고 소중이 여길 일임을 가르쳐주고 있습니다.

두 번째 질문에 대한 선배님의 답은 당연히 20일 그 순간 함께한 '고대교우회보편집위원들'이었을 것입니다. 선배님이 그들을 진정 중요한 사람이라고 여긴 증거가 차고도 넘치니까요. 사람을 소중하게 대하면 그 사람은 소중한 감동을 얻게 됩니다. 그날 참석한 위원들이 전해온 감동의 목소리를 들어보겠습니다.

"리더십의 진수를 보여 주었습니다"

"이렇게 즐거운 송년파티는 참 오랜만이었습니다."

질문 셋, 세상에서 가장 중요한 일은 무엇인가? '

톨스토이의 마지막 세 번째 질문은 무엇을(What)할 것인가에 관한 것입니다. 그리고 정답도 내놓았습니다. 가장 중요한 일은 '지금 함께 있는 그 사람에게 착한 일을 행하는 것'이라고 말입니다.

그 이유가 사뭇 철학적입니다. 그 사람을 위해 이 세상에 인간이 보내졌고, 오직 이를 위해 인간이 이 세상에 왔다는 것입니다. 그리고 이 사실을 잊지 말라고 권고합니다.

선배님은 물론 그날 가장 중요한 일을 몸소 실천했습니다. 그날 함께한 사람들에게 큰 선행을 베풀었기 때문입니다. 선물 하나하나에는 사랑의 무게, 정성의 크기, 배려의 품이 고스란히 담겨있었습니다. 이 같은 특별함이 담긴 선물은 위원님들 각각의 품에 소중하게 전달되었습니다. 저는 제가 가진 추첨번호 15번이 불리 울 때는 행운의 복권 당첨 소리인 것 같아 벌떡 일어섰던 기억이 즐겁습니다.

선배님의 리더십을 핵심적으로 압축하자면 '지금 당신, 리더십'입니다. 톨스토이의 〈세 가지 질문〉 내용을 기초로 하여 이렇게 의미를 덧붙여서 정리할 수 있을 것 같습니다.

'가장 중요한 시간은 오지 현재뿐입니다. 현재라는 시간이야말로 모든 것을 지배하기 때문입니다. 가장 중요한 사람은 지금 당신과 함께 있는 그 사람입니다. 지금 당신과 함께 있는 사람 외에, 다른 사람과는 그 어떤 일도 도모할 수 없기 때문입니다. 가장 중요한 일은 지금 당신과 함께 있는 그 사람에게 착한 일을 베푸는 일입니다.'

그날 제가 받은 선물은 USB 미니가습기와 핸드크림입니다. 비싼 것은 아니지만 예쁘고 다정한 선물입니다.
미니가습기는 제 책상위에서 메마른 공기뿐 아니라 목마른 마음까지도 촉촉함을 더해주고 있습니다. 핸드크림의 소비자는 제 아내와 딸인데 "선물 고르는데 보통 신경을 쓴 게 아니에요"라는 그들의 생생한 증언은 저를 미소 짓게 했습니다. 그 바쁜 와중에도 선물을 고르고 가치를 부여하던 선배님의 모습이 눈에 선합니다.

2023년 계묘년에 소망합니다. 선배님의 '지금 당신, 리더십'과 같이 행복을 전해주는 리더십이 만천하에 가득하기를 말입니다. 성기영 위원님은 한 발 더 나아가서 '살신성인 리더십'이라는 멋진 표현을 날렸더군요. 이러한 헌신의 리더십은 본인은 어렵고 힘들겠지만 보다 많은 사람들에게는 따뜻한 행복을 안겨주기에 더욱 남다른 것 같습니다. 그래서 늘 고맙고 또 고맙습니다.

2023년 01월 04일

안중근 의사(義士)님께

> 미덥지 못한 후손들을 꾸짖는 준엄한 목소리가 쩌렁쩌렁 울렸습니다. 우리 사회에 불고 있는 '안중근 열풍'을 나누고 싶었습니다. 의사님을 주인공으로 하는 소설과 뮤지컬 그리고 영화가 사람들의 관심을 끌고 있거든요. 얼마나 다행인지 모르겠습니다. 이런 현상이 오래오래 지속되길 간절히 소망합니다.
>
> 『하얼빈』
> – 김훈 지음

   지난 1월 7일 토요일 오후 1시30분경, 새해 인사를 겸해서 의사님의 묘소가 있는 효창공원을 찾았습니다. 그날따라 의사님의 표지석과 묘비에 새겨진 글귀가 더욱 안타깝고 쓰라리게 다가왔습니다.

   "이곳은 안중근 의사의 유해가 봉환되면 모셔질 자리로 1946년에 조정된 가묘입니다."
   "아직까지 유해를 찾지 못하여 빈 무덤으로 혼백을 모십니다."

미덥지 못한 후손들을 꾸짖는 의사님의 준엄한 목소리가 쩌렁쩌렁 울리는 듯했습니다.

그런데 의사님, 오늘은 잠시 노여움을 푸시고 미소 한 번 지어주세요. 좋은 소식 몇 가지를 가지고 왔으니까요. 지금 우리 사회에는 이른바 '안중근 열풍'이 불고 있답니다. 의사님을 주인공으로 하는 소설과 뮤지컬 그리고 영화가 많은 사람의 관심을 끌고 있습니다.
얼마나 다행인지 모르겠습니다. 이러한 현상이 오래오래 지속되길 간절히 바래봅니다. 책 그리고 극장과 공연장에서 느낀 감상을 의사님과 함께 나누어 보고자 합니다.

소설 〈하얼빈〉

1905년 의사님이 상해에서 돌아온 무렵부터 1910년 사형선고가 집행된 31세까지의 활동을 다루고 있는 장편소설입니다. 그런데 이 소설은 의사님에 대한 여느 서사와는 다른 부분이 있어서 특히 주목을 받고 있습니다. 작가의 시선이 의사님을 대의에 찬 '영웅' 안중근보다는 '청년 인간' 안중근에 더 초점을 맞추었기 때문입니다.

김훈 작가의 말을 직접 들어보겠습니다.
"저는 무엇보다 안중근의 청춘, 영혼과 생명력, 이런 것들을 소설로 묘사해보고 싶은 것이 소망이었습니다."
작가는 의사님을 50여 년 전인 대학시절부터 가슴에 품고 있다가 작년 2022년 8월에 〈하얼빈〉이라는 작품으로 세상에 내놓은 것입니다. 의사님, 이 작가 분 멋지지 않습니까?
저는 그 결기가 의사님과 닮은 것 같아서 더욱 흥미롭게 이 소설을 읽었고 머리와 가슴으로 진한 감동을 느꼈습니다.

뮤지컬 〈영웅〉

의사님, 뮤지컬이라는 단어가 생소하지요? 뮤지컬(Musical)은 노래, 춤, 연기가 어우러지는 무대극 공연 양식입니다. 오페라와 연극의 중간쯤에 위치한다고 볼 수 있습니다.

오늘 말씀드리는 뮤지컬 〈영웅〉은 의사님의 마지막 1년을 다루고 있는데 의사님의 의거 100주년을 기념해서 2009년 10월 26일에 처음으로 공연되었습니다. 조국을 위해 헌신한 영웅의 신념과 고뇌를 잘 담아낸 훌륭한 작품이라는 평가를 받고 있습니다.

뮤지컬 〈영웅〉은 2009년 이후부터 지금까지 14년을 지속해 오고 있기에 더 큰 박수를 받고 있는 것 같습니다. 의사님의 영혼(靈魂)을 살아 움직이게 해준 부활의 생명줄 같은 것이 아닐 수 없습니다. 의사님께 이 글을 쓰는 지금 이 순간에도 이 뮤지컬이 공연되고 있답니다. 저도 귀와 가슴이 뻥 뚫리는 귀한 감동을 얻을 수 있었습니다.

영화 〈영웅〉

영화 〈영웅〉은 뮤지컬 〈영웅〉을 바탕으로 재탄생 된 이른바 '뮤지컬 영화'입니다. 쌍천만 감독인 윤제균 감독이 연출을 맡아서 더욱 화제를 모으고 있기도 합니다.

1909년 10월 26일 하얼빈에서 이토 히로부미를 사살한 뒤 일본 법정의 사형 판결을 받고 순국한 의사님이 거사를 준비하던 때부터 죽음을 맞이하던 순간까지 그 잊을 수 없는 마지막 1년을 그리고 있습니다.

원래는 2020년 3월에 개봉예정이었으나 코로나19의 영향으로 인하여 연기되다가 작년 2022년 12월에 개봉되었습니다. 이 영화도 지금 이 순간 전국의 많은 극장에서 관객들을 만나고 있습니다. 〈영웅〉이라는 같은 이름의 뮤지컬과 영화가 쌍두마차가 되어서 '안중근 열풍'을 주도하고 있는 셈입니다. 영화는 소설과 뮤지컬의 좋은 점을 취한 것 같습니다. 그래서 그런지 감동부위도 머리에서 발끝까지 온 몸으로 확대되어서 저의 눈과 귀 그리고 가슴과 머리가 호사를 누리도록 해주었습니다.

"독립된 나라에 묻혀 편히 쉬고 싶다."는 의사님의 유언을 접할 때마다 가슴이 찢어질 듯이 심한 아픔을 느낍니다. 의사님은 2023년 1월 10일 지금 현재 어디에 계시는지요?
아마도 천국에서 편히 계시리라 생각합니다. 아니 그렇게 믿겠습니다. 의사님께 여쭙고 싶은 것이 하늘과 땅 사이만큼 가득하지만 그 중에서도 오늘은 세 가지만을 골라서 의사님께 올려봅니다.

하나, 단지동맹 (斷指同盟)

의사님은 조국의 독립을 위하여 이토 히로부미를 죽이기로 결의했지요. 3년 이내에 이를 성사시키지 못하면 자살로써 국민에게 속죄하겠다며 피로써 항일투쟁의 의지를 다지셨습니다.
그리고 1903년 3월초에 약속을 지키기 위해서 항일투사 동지들과 함께 왼손 넷째 손가락의 첫 관절을 잘라, 혈서로 '大韓獨立(대한독립)'이라 쓰며 독립운동에 헌신하셨습니다. 추운 겨울 자작나무 숲에서 불어오는 칼바람을 맞으며 말입니다.

의사님 같은 그런 장부의 모습 앞에서 저같이 나약한 남자는 차마 고개를 들지 못하겠습니다. 그 뜨거운 조국애와 간절함을 담아 이 한 손가락을 조국을 위해 바치셨고 잠자는 숲을 깨우듯 어두운 이 세상을 깨우자고 맹세하셨습니다. 그런데 그렇게 사랑했던 조국인데 남과 북으로 분단된 오늘날 조국의 모습을 보시면 어떤 생각이 드시는지요?

둘, 이토 히로부미

의사님, 저의 상상에 의하면 아마도 의사님은 저승에서 이토는 만나지 못했을 것 같습니다. 의사님은 천국의 나라에 계실 것이 분명한데 이토는 지옥의 나라에 있을 터이니 말입니다. 의사님이 이토를 사살한 후에 의사님의 가족은 온갖 간난고초를 겪어야만 했습니다. 정작 죄인은 이토 히로부미 그 자인데도 말입니다.

의사님, 이토 히로부미가 죽어야할 이유를 다시금 명명백백 알리고 싶습니다. 의사님의 외침처럼 조선의 국모 명성황후를 살해한 미우라는 무죄이고 이토를 쏴 죽인 의사님은 사형을 선고한 일본법은 엉망진창이기 때문입니다. 의사님을 벌할 자는 아무도 없습니다. 의사님은 조국과 민족을 위하여 할 일을 했을 뿐입니다.

셋, 어머니 조 마리아

의사님, 후세 사람들은 이야기 한답니다. 그 어머니에 그 아들이라고 말입니다. 아니 믿지 않는 사람들도 많습니다. 어머니 조 마리아 여사님이 편지에서 목숨을 구걸하지 말고 나라를 위해 떳떳하게 죽으라고 한 말 그것을 두고 말이에요. 어머니의 소망처럼 그곳에서 뜨거운 모자(母子)의 정을 나누고 계시는지요.

어머니 조 마리아 여사님은 많은 귀중한 흔적을 남기셨습니다. 의사님께 드린 옥중의 편지와 흰색 한복 수의(囚衣) 그리고 어머니의 울부짖음을 말입니다. 조 마리아 여사님 때문에 저는 특히 더 많은 눈물을 흘리게 되는 것 같습니다. 의사님, 어머니께서 편지에 적은 내용처럼 선량한 천부의 아들이 되어서 이 세상에 다시 태어날 준비를 하고 계시겠지요. 의사님 떠나실 때 어머님은 사랑하는 내 아들 도마를 한 번만 꼭 안고 싶다고 목 놓아 부르셨습니다. 그 어머니의 품에 오래오래 안겨계시는 의사님의 모습을 그려봅니다.

　　의사님, 의사님이 거사를 계획하고 실행했을 때가 31세의 청년이었지요. 어머니 그리고 아내와 세 명의 자식이 있었습니다. 이후에 어떤 일이 벌어질 지 누구보다도 잘 알았을 것입니다.
　　그런데도 신념을 가지고 결행했습니다. 저라면 어땠을까를 생각해보았습니다. 저는 31살에 첫 딸을 얻었고 직장 생활을 시작하던 졸병이었습니다. 아무리 다른 시대라고해도 절대로 의사님처럼 하지는 못할 것 같았습니다. 부끄럽고 미안한 마음뿐입니다.

　　외람되지만 의사님께 빚을 지고 있다는 마음에 개인적인 작은 보은(報恩)행사를 실행하고 있습니다. 매년 정기적으로 의사님을 찾아뵙는 것이 그 중의 하나입니다.
　　거사일인 10월26일에는 남산에 있는 의사님 기념관을 찾고 순국한 날인 3월26일에는 효창공원에 있는 의사님의 묘지를 찾는 것입니다. 물론 가끔씩은 바람 따라 의사님을 뵙기도 하지만요.

　　지난 1월 7일 효창공원에서 의사님을 뵐 때 백발의 남자 노인 네 분이 함께 있었습니다. 의사님과 같은 영웅이 아직도 고국의 품으로 돌아오지 못하고 있는 현실에 대한 그 분들의 분노와 한탄의 목소리가 여전히 귓가에 맴돌고 있습니다. 의사님의 고귀한 뜻을 알리고자 하는 제 작은 행동이 멈추지 않도록 하늘에서 지켜봐주시고 용기를 주시기 바랍니다. 의사님 덕분에 저희들이 이날을 살아갑니다.

감사하고 죄송하고 존경합니다. 영원히 영원히.

2023년 1월 10일

원우현 고려대 명예 교수님께

> 되돌아보면
> 교수님의 가르침이
> 있었기에 여러 어려움에서도
> 길을 잃지 않을 수 있었습니다. 주신
> 사랑과 은혜에 깊이 감사드립니다. 현역 시절
> 못지않은 왕성한 활동을 하고 계시는 모습은
> 정말로 멋지고 자랑스럽습니다. 아마도 100세
> 시대에 꼭 맞게 닮고 싶은 사람의 모습이기에
> 더욱 그런 것 같습니다. 늘 사랑하고
> 존경합니다.
>
> 『남는 건 사랑뿐일세』
> – 황숙희 지음

    교수님 안녕하세요. 저는 요즈음 예상하지 못한 활력 생활에 고무(鼓舞)되어 있습니다. 가만히 생각해 보니 그 원천이 바로 교수님과의 직·간접적인 만남 덕분이었습니다. 함께 식사도 했고, 약간의 일도 거들었으며, 꾸준히 SNS 소통도 하고 있지요. 아마도 환갑이 넘은 제가 스승님에 대한 사랑의 갈증을 뒤늦게나마 다소 채운 사실에 대한 기쁨인 것 같습니다. 저는 늘 교수님에게는 곁돌이 제자라는 생각을 했으니까요.

    물론 활력 생활의 절반은 역설적으로 후회와 반성으로 채워졌습니다.

지금껏 교수님을 제대로 알지 못하고 지내온 사실이 가슴을 아프게 했습니다. 제가 아는 교수님의 모습은 그야말로 빙산의 일각에 불과했던 것입니다. 교수님의 생애와 사상 그리고 연구 실적을 탐구하면서 얻은 깨달음입니다. 출간 준비 중인 『원우현 교수 평전』을 접했습니다. 하늘처럼 높고 바다처럼 깊은 교수님의 세계에 빠져들지 않을 수 없었습니다. 이 자체로도 분에 넘치는 영광의 시간이었습니다.

특히 교수님의 몽골 도전이 인상 깊게 다가왔습니다. 75세의 연세에 그런 결행을 한다는 사실에 경이로움마저 느꼈습니다. 머나먼 이국땅인데 가본 적도 없었다지요? 도전과제도 기존에 존재하는 것이 아니라 새로이 개척하고 창조하는 일이었지요. 육체적으로 정신적으로 더욱 힘에 부치는 일이었을 것입니다. 3년 6개월이라는 짧지 않은 기간에 말입니다. 자연스럽게 질문을 하게 됩니다. 어떤 기운이 작용한 것일까요? '원우현의 세계'를 구축할 수 있었던 가장 큰 동력은 무엇일까요?

"사명에 집중하는 한 주님은 그 사명을 이루시기 위하여 너를 반드시 지키고 능력을 주실 것이다."

결론적으로 말하자면 어머님 황숙희 여사님인 것 같습니다. 어머님은 몽골로 떠나는 백발의 아들에게 쪽지글을 쥐여주셨지요. 어머님 황숙희 여사는 초등학교 교사로 재직한 바 있고 평생을 교회 권사로서 나누는 삶을 몸소 실천하며 사셨습니다. 모태 신앙의 힘이 아들에게 전해진 것은 당연한 일이라 하겠습니다. 자연스럽게 예수님의 사랑이 몸에 배었을 것입니다. 왼쪽 가슴에는 어머니의 사랑이, 오른쪽 가슴에는 예수님의 사랑이 자리 잡았습니다. 이쯤 되면 세상에서 가장 숭고한 사랑이 아닐까요? 예수님과 어머님의 사랑은 강물이 되고, 바다가 되고, 바람이 되고, 구름이 되었습니다. 그렇게 원우현의 우주가 창조된 것입니다.

나아가 어머님이 남긴 신앙 고백서,『남는 건 사랑뿐일세』는 세상에서 가장 복이 넘치는 모자(母子)의 인연을 짐작하게 합니다. 이 책에는 어머님의 백수(白壽)로 이어진 삶과 신앙의 지혜가 오롯이 담겨 있지요. 한 시대를 견디며 가족과 이웃을 위해 조용히 헌신해 온 삶과 생각을 담고 있기도 합니다. 책에 대한 많은 칭송이 사람들 사이에서 오고 갑니다.

"봄샘에서 퍼 올린 사랑의 묘약"

"문학과 철학, 인생과 신앙에 대한 지혜의 샘"

"지혜로우신 분의 따뜻한 가르침"

평범한 아내이자 어머니, 이웃으로 살아온 그분이 겪은 삶의 굴곡, 그리고 그 안에서 피어난 사랑과 감사, 회한이 솔직하고 담백하게 담겨 있습니다. 세상을 향해 남기는 따뜻한 고백이기에 문학적인 수사 없이도 깊은 감동을 줍니다. '진심'에서 비롯된 힘 때문이죠. 그리고 결국 남는 것은 '사랑뿐'이라는 메시지를 조용히 그러나 깊게 전달하고 있습니다.

"나이 든 사람보다 이상(理想)을 잃고 게으른 사람이 더 늙어 보인다."

"감사는 우리를 건강하게 한다."

"노년이 될수록 도움받는 인생이 아니라 돕는 인생, 사랑받기를 기다리는 인생이 아니라 열심히 사랑하며 사는 인생이 되라."

『남는 건 사랑뿐일세』는 '말 없는 헌신'이 얼마나 위대한 사랑인지를 새삼 깨닫게 합니다. 주변 사람들과 상황에 대한 감사가 넘치기 때문이지요. 자신이 받은 하느님의 말씀에 대한 묵상과 우리를 거룩한 존재로 변해가게 하는 길고 지난한 여정을 볼 수 있습니다. '신' 앞에 선 단독자로서의 인간 존재의 본질을 '사랑'이라는 얼개로 엮은 책입니다.

이는 곧 교수님의 헌신적인 사역의 원천과 비밀이 되었음을 어렵지 않게 짐작할 수 있습니다.

『남는 건 사랑뿐일세』는 또한 개인의 이야기이자 시대와 가족, 공동체의 이야기입니다. 황숙희 여사는 자신의 삶을 통해 가족을 지탱했고, 이웃을 돌보는 데 소홀하지 않았습니다. 이러한 공동체적 책임 의식은 교수님이 공익적 사업에 적극적으로 나서게 된 원동력이 되었습니다. 응당 어머니로부터 배운 사랑의 실천을 사회 속에서 구현하고자 애썼고, 이는 교육자적 삶을 넘어 사회적 실천으로까지 이어졌습니다.

"하늘 아래 그 무엇이 넓다 하리요~
어머님의 희생은 가이 없어라…."

매년 5월 8일 어버이날이 되면 어김없이 들려오는 노래 〈어머님 은혜〉. 어디서든 이 멜로디가 들리면 고개를 떨구고 입술을 깨물게 됩니다. 교수님이 보내신 노래와 사진을 보고, 들으면서 가슴이 찡했습니다. 팔순의 아들 우현이 어머니를 그리는 마음이 감동을 자아냈기 때문입니다.

어머니의 영향이 얼마나 헌신적이었는지를 짐작하게 합니다. 얼마나 가없는 사랑을 베풀었는지를 생각하게 합니다. 제 가슴속 가장 깊은 곳에는 어머니의 위대함을 말하는 유대 속담 하나가 자리 잡고 있습니다. 『남는 건 사랑뿐일세』를 통하여 황숙희 여사님의 생애를 간접적으로 뵙고 나니, 더욱 그 의미가 솟구쳐 오릅니다.

"신은 모든 곳에 있을 수 없기에 어머니를 만들었다."

어머님의 은혜가 그렇듯이 스승의 은혜도 끝이 없지요. 프랑스 문학의 거장 빅토르 위고가 '가장 어두운 밤도 언젠가는 끝나고 해는 떠오른다.'라고 했듯이, 교수님께서 밝혀주신 지혜와 통찰의 빛을 따라 저도 꾸준히 정진하겠습니다.

되돌아보면 교수님의 가르침이 있었기에 여러 어려움에서도 길을 잃지 않을 수 있었습니다. 주신 사랑과 은혜에 깊이 감사드립니다.

사랑하고 존경하는 교수님, 지금 이 순간에도 현역 시절 못지않은 왕성한 활동을 하고 계시는 모습은 정말로 멋지고 자랑스럽습니다. 아마도 100세 시대에 꼭 맞게 닮고 싶은 사람의 모습이기에 더욱 그런 것 같습니다. 지금처럼 늘 건강한 모습으로 오래오래 곁에 계셔주시길 간절히 기도합니다. 때마침 스승의 날인 오늘 교수님에게 이런 편지를 올리게 되어 저도 무척 행복합니다.

2025년 5월 15일

김어준 뉴스 공장장님께

> 나의 독특함이 곧 나의 존재 가치라고 합니다. 공장장님에게 꼭 맞는 말입니다. 제게 늘 깨어있는 오늘을 시작하게 해주었습니다. 용맹한 사냥꾼의 모습에 박수를 보내고 싶었습니다. 공장장님을 싫어하는 분들에게도 마음의 문을 활짝 열기를 당부하고 싶었습니다.
>
> 『월든·시민불복종』
> – 헨리 데이비드 소로 지음

 김어준 공장장님 안녕하세요. 저는 한 때 FM 95.1 TBS 라디오를 듣는 일을 살아가는 큰 재미의 하나로 여겼던 사람입니다. '김어준의 뉴스공장', '이은미와 함께라면', '김기욱의 라꾸카라차' 등.

 그 중에서도 특히 '뉴스공장'은 애정을 더했습니다. 늘 깨어있는 오늘을 시작하게 해주었으니까요. 게다가 제 마음을 대변해 주는 것 같아서 고마울 따름이었습니다. 그런데 지금은 안타깝지만 더 이상 그 라디오를 듣지 않습니다. 불편한 진실이 몇몇 있지만 그 중에서 공장장님의 근황이 가장 큰 영향을 끼쳤던 것 같습니다.

저는 자칭 편지 예찬론자입니다. 편지를 쓸 때 가장 큰 행복감을 느낍니다. 언제부터인가는 어떤 책을 읽고 나면 그 감상을 편지로 쓰고 싶어지더군요. 이른바 '독서 편지'입니다. 우선 저 자신에게 보냅니다. 그리고 제일 먼저 생각나는 그 누군가에게 보내는 것입니다. 이런 일을 반복하다 보니 편지를 쓰는 일이 저의 주업이 되고 말았습니다. 이렇게 인터넷 신문에 정기적으로 독후감 편지를 쓰고 있으니 말입니다.

최근에 읽은 책은 헨리 데이비드 소로의 〈월든·시민 불복종〉이라는 책입니다. 이미 널리 알려진 〈월든〉에 연설문 형식의 글인 〈시민 불복종〉을 포함해 놓은 것입니다.

예전에 〈월든〉은 읽은 적이 있었는데 이번에 다시 읽어 보니 색다른 느낌으로 다가 오더군요. 저자인 소로 또한 다른 사람으로 보이고요. 아마도 가장 큰 이유는 처음 접하는 〈시민 불복종〉때문인 것 같습니다.

책장을 넘기다 보니 한 사람의 얼굴이 떠올랐습니다. 바로 '김어준 공장장님의 얼굴'이었습니다. 왜 이럴까를 자문해보았습니다. 작가 소로가 전달하고자 하는 메시지가 공장장님이 전하는 생각이나 말 그리고 행동과 같다고 느꼈기 때문이었습니다. 비록 시대가 다르긴 하지만 말입니다. 소로가 1845년 봄 월든 호수의 숲속으로 들어갔으니 오늘을 기준으로 하면 약 178년의 시간차가 나는군요.

〈월든·시민 불복종〉은 잠에서 깨어난 사람이 이제 막 잠에서 깨어나려고 하는 사람에게 해주는 귓속말 같은 것입니다.
그런가하면 〈월든·시민 불복종〉은 독립정신과 생명사상을 바탕으로 초월을 지향하는 구도자의 모습을 구현한 예술작품이라는 평을 듣기도 합니다. 그래서 그런가요. 법정스님, 레프 톨스토이, 마하트마 간디, 마틴 루터 킹 등이 이 책을 인생 고전으로 사랑했고 이 책으로부터 깊은 영감을 받았다고 합니다. 이처럼 의미 충만한 책으로 부터 '3가지의 응원 메시지와 1가지의 당부 메시지'를 골라서 공장장님에게 독서 편지를 쓰는 이유에 대신하고자 합니다.

응원 메시지 하나, 독특함

소로가 〈월든·시민 불복종〉에서 주장하는 핵심 메시지는 저마다의 사람들이 개인적 자유를 획득해야 한다는 것입니다. 그리고 방법론도 제시해줍니다. 자연을 잘 관찰하고, 생활을 간소화하며, 특히 타고난 자기 자신의 독특함을 높이 평가해야 한다는 것입니다. 저는 이 중에서도 '자신의 독특함'을 높이 평가해야 한다는 말이 바로 공장장님을 염두에 두고 하는 말처럼 들렸습니다.

'환상의 시사 아이돌, 고깃빛깔 김어준'.
제가 보기에 공장장님은 스스로 자신의 독특성을 가장 높이 평가하는 사람입니다. 이런 유형의 사람 중에는 기인(奇人)이라는 소리를 듣는 사람이 많습니다. 실제로 공장장님도 이 시대의 기인이라는 평가를 받고 있는데 본인은 어떻게 생각하는지요? 공장장님의 이러한 독특성이 지속되기를 희망합니다. 그리고 이러한 차별적인 정체성이 좋은 영향력을 내뿜는 하나의 상징으로 널리 알려졌으면 좋겠습니다.

응원 메시지 둘, 원칙

〈월든·시민 불복종〉에는 인상 깊은 문장이 여럿 있습니다. 다음의 문장도 그 중의 하나입니다. 제가 힘겨운 문제로 생각하는 원칙과 정의에 대한 이야기이기 때문입니다. 살아가면서 어떤 행동이나 이론 따위를 일관되게 지켜간다는 것은 참으로 어려운 일이 아닐 수 없습니다.

"원칙 있는 행동, 정의에 대한 감각과 실천 등이 사물과 그 관계에 변화를 가져온다. 정의는 본질적으로 혁명적이고, 있는 그대로의 사물과 관계로만 구성되지 않는다. 정의는 국가와 교회를 나눌 뿐 아니라 가족들도 나눈다. 심지어 나눌 수 없을 듯한 개인도 가능한데, 그 악마적인 것과 신성한 것을 나누는 것이다."

'2023년 1월 27일 유튜브 구독자 119만명'
공장장님의 인생 원칙이란 바로 '사람 냄새'라는 것이 제 판단입니다. 아니 양심도 하나 더 추가해야겠습니다. 과찬의 말씀이라고요? 그렇지 않고서는 공장장님의 생각이나 행동 그리고 탁월한 성과를 설명할 방도가 없습니다. 공장장님이야 말로 모두가 예스(Yes)할 때 노(No)라고 말하는 사람 아닙니까? 시쳇말로 이런 '깡'은 사람을 위한 양심과 정의에 따른 원칙에서 생겨나고 가치 지향적인 원칙을 따르는 사람은 그때그때의 환경에 휘둘리지 않는 법입니다.

응원 메시지 셋, 실천

〈월든·시민 불복종〉에서 소로는 멕시코와의 전쟁 중단과 노예제도 폐지를 주장하고 그에 대한 구체적인 실천을 촉구했습니다. 특히 말만 앞서고 실천하지 않는 정부에 대해서는 협력하지 말고 차라리 불복종하라고 주장했던 것입니다.

그의 실천 의지의 한 면을 함께 확인해보겠습니다.

"나는 우리가 먼저 사람이 되어야지, 먼저 국민이 되어서는 안 된다고 생각한다. 정의보다 법률을 더 존중하는 태도는 바람직하지 못하다. 내가 인정할 수 있는 유일한 의무는 언제 어디서라도 내가 옳다고 생각하는 것을 실천하는 것이다."

"일을 하고자 할 때 가장 먼저 해야 할 일은 그냥 하는 거다." - 김어준

제가 공장장님을 응원하는 요인 중의 하나는 공장장님의 실천력 때문입니다. 즉 공장장님은 매력적인 실천가입니다. 공장장님의 실천 어록이 'Just do it!', 정주영 회장님의 "이봐 해봤어?" 그리고 김대중 대통령님의 상징인 '행동하는 양심' 등 이른바 전설적인 실천의 사례에 포함되기를 간절히 희망해봅니다.

당부 메시지 하나, 포용

저는 소로의 인생을 '3기'로 요약합니다. 기인, 기적, 기억. 즉 기인의 기질을 가지고 기적을 만들고 영원히 기억된 사람이라는 것이죠. 그런데 기인은 탁월함 만큼이나 허점도 많습니다. 그러기에 반대의 파고도 높고 사납습니다. 그럼에도 그는 흔들리지 않았습니다. 그 힘은 어디에서 나오는 것일까요?

그것은 나와 다른 즉 '차이'에 대한 깊은 생각에 있었습니다. 다음과 같은 소로의 말이 그것을 대변하고 있습니다.

"만약 어떤 사람이 동료들과 보조를 맞추지 않는다면, 그것은 그가 다른 목소리를 듣고 있기 때문이다. 그 사람에게 자신이 듣는 음악 소리에 따라 걷게 하라. 그 소리가 아무리 신중하고 또 멀리서 울려오더라도"

공장장님에게도 물론 반대 의견이 들끓습니다. 제 지인 중에도 '편파 뉴스 공장장!'이라고 하면서 공장장님을 흉보는 사람들이 꽤 있습니다. 그런 그 모두를 다 끌어안을 수는 없고 원칙이 없는 타협도 있을 수 없을 것입니다. 결론은 압도해야 합니다.

경청과 포용은 압도의 좋은 방법입니다. 공장장님을 싫어하는 분들에게도 뉴스공장의 문을 활짝 열었으면 좋겠습니다. '海納百川해납백천 有容乃大유용내대'. 바다가 위대하다는 것은 모든 물을 받아들이는 포용력 때문이 아닙니까?

공장장님이 고수를 넘어 언론 거장(巨匠)의 길을 갔으면 좋겠습니다. 어설픈 문자를 들이대서 죄송합니다.

용맹한 사냥꾼은 고귀한 사랑의 꽃인 에델바이스(edelweiss)를 얻고자 죽음을 마다하지 않고 험한 벼랑을 오릅니다. 마찬가지로 공장장님도 보다 많은 사람들에게 깨달음의 꽃을 따주기 위해서 월요일부터 금요일까지 매일 아침 절벽을 오르내리는 사냥꾼이자 계몽가인 것입니다. 우리나라 언론의 새로운 지평을 열고 있는 그 값진 열매는 그렇게 해서 맺어 지는 것이겠지요.

저는 공장장님의 '겸손은 힘들다' 스튜디오를 바라보자면 소로의 월든 호숫가 오두막집이 떠오릅니다. 소로가 호수와 숲의 자연 속에서 깨달음을 얻고 책과 일기와 같은 콘텐츠를 생산한 것처럼 공장장님은 엘리베이터 없는 4층 공간에서 새로운 시사(時事)및 언론(言論)의 호수를 창조하고 있는 것 같습니다.

  단언컨대 세상 많은 사람들이 소로에게서 영향을 받았다고 말하는 것처럼 지금부터는 대한민국의 김어준에게 좋은 영향을 받았다고 말하는 사람들이 더욱더 많아 질 것입니다. 건승을 기원합니다.

2023년 1월 28일

조지 오웰 작가님께

> 위대한 결과는
> 위대한 용기가
> 만든다고 하지요. 작가님은
> 용기가 있는 사람이어서 존경하고
> 따르고 싶었습니다. 특히 제게는 작가님이
> 지니고 있는 바로 그 용기가 부족하기에 특히
> 그랬습니다. 작가님은 글쓰기와 삶이 일치해서
> 더욱 멋져 보입니다. 양심과 진리를 찾기 위해
> 고행의 길을 떠나는 구도자의 모습, 그 자체에
> 박수를 보냅니다.
>
> 『카탈로니아 찬가』
> – 조지 오웰

 조지 오웰 작가님, 작가님이 1903년 6월생이니 1961년 6월생인 저하고는 58년의 차이가 나는군요. 제게 할아버지뻘이 되는 셈입니다. 작가님 살아생전에 편지는 자주 쓰셨는지요? 저는 책을 읽고 그 감상을 누군가에게 편지글을 써서 보내는 일을 하고 있습니다. 작가님에 대하여 몇 가지 궁금증이 생겨서 이렇게 불쑥 여쭈어 봅니다. 모든 일이 그렇듯이 편지를 쓰는 일에도 애로사항이 있습니다. 수신인, 즉 편지를 받을 사람을 정하기 어려울 때가 그 중의 하나입니다.

1938년에 출간된 작가님의 르포르타주(reportage)인 〈카탈로니아 찬가〉를 읽었습니다. 여담입니다만 작가님의 작품을 손에 쥐고 읽기까지에는 나름 치열한 경쟁이 있었습니다. 제가 열심히 참석하고 있는 독서 클럽에서 정해 놓은 책을 선정하는 원칙 때문이었습니다. 여러 권의 책을 놓고 의견을 모아서 읽을 책을 결정하니까요. 〈카탈로니아 찬가〉는 다음의 책들과 비교 검토되었습니다. 다자이 오사무의 〈사양〉, 알베르 카뮈의 〈시지프 신화〉, 어니스트 헤밍웨이의 〈노인과 바다〉. 모두 쟁쟁한 작가들의 유명한 작품들이지요.

앞에서 말씀 드린 대로 저의 〈독서 편지〉는 원래 계획대로라면 일차적으로는 제 주변의 누군가에게 보내져야 했습니다. 그런데 이번에는 처음으로 책을 쓴 작가에게 보내기로 마음먹었습니다. 작가님의 삶을 들여다보니 작가님의 인생이야 말로 그 어느 소설보다도 더 드라마틱한 스토리였습니다. 반항아·노동자·저널리스트·작가·사회주의자·은둔자의 삶. 그런데 그것을 관통하여 제 눈에 비친 작가님의 컨셉은 바로 '용기(勇氣 Bravery)였습니다. 즉 조지 오웰은 용기가 있는 사람이어서 존경하고 따르고 싶다 뭐 이런 결론이었던 것입니다. 용기의 구체적인 실체를 세 가지로 좁혀서 공유 드리고자 하는데 작가님은 정작 어떻게 생각하실지 궁금합니다.

하나, 실천의 용기

저는 글쓰기나 강연에서 우문현답이라는 말을 종종 사용합니다. 원래의 의미는 어리석은 질문에 현명한 대답을 하는 것을 말하지만 '우리의 문제는 현장에 답이 있다'라고 유머식으로 풀이하여 활용하고 있습니다. 작가님이야 말로 우문현답의 용사입니다. 작가님은 스페인 내전이 발발하자 파시즘에 맞서 싸우기 위해 자원입대하였습니다. 우문현답의 현장을 찾은 것이죠. 그때의 경험과 환멸을 바탕으로 해서 〈카탈로니아 찬가〉를 탄생시켰던 것이고요. 그 노력 덕분인가요. 그 책은 작가님을 20세기 가장 영향력 있는 목소리의 주인공으로 만든 역작이며 전쟁소설의 고전이라는 평가를 받고 있습니다.

작가님, 팩트 체크(Fact Check)라는 말을 들어보셨는지요? 요즈음 이런 말이 유행하는데 왜 그럴까요? 가짜 뉴스 때문입니다. 정확성이나 정보의 사실 여부를 제대로 검증하지 않는다는 방증이기도 하고요. 글쓰기에 종사하는 사람들은 특히나 작가님을 본받아야 할 것입니다. 작가님은 일찍이 팩트 체크를 몸소 보여주었으니까요. 사실과 진실의 확인은 진정한 용기를 필요로 합니다. 용기는 실천을 낳고 실천은 위대한 결과를 낳는 것 같습니다. 작가님처럼 말입니다.

둘, 비판의 용기

작가님을 상징하는 이미지에는 부조리 고발, 비판, 풍자의 대가 등과 같은 연상 키워드가 동반됩니다. 어떤 한 사람이 이런 유형의 이미지를 갖기까지에는 합당한 이유가 있을 것인데 바로 용기입니다. 비판이라는 단어를 예를 들어보겠습니다. 비판(批判)은 사물의 옳고 그름을 판단하여 밝히거나 잘못된 점을 지적함을 말합니다. 옳고 그름은 상대적인 것이어서 한 바탕의 싸움이 불가피합니다. 그것을 뚫고 나가는 힘은 '모두 까기 인형'과 같은 용기뿐일 것입니다.

"비판과 풍자 문학의 정수"라는 평가를 받고 있는 〈동물농장〉은 작가님의 용기를 특히나 생생하게 증언하고 있습니다. 당시에 소련의 스탈

린주의를 풍자하고 비판한다는 것은 몹시도 어려운 일이었을 것입니다. 출판사들이 작가님의 책을 출판하기를 꺼려했다는 사실은 쉽게 이해가 되고 남음이 있습니다.

셋, 양심의 용기

작가님은 예언가 노스트라다무스이기도 합니다. 1949년 출간 된 〈1984〉에서 작가님이 언급한 내용들이 74년의 세월이 지난 오늘날에도 현재 진행형으로 벌어지고 있으니까요. 국가가 개인의 사상과 행동을 통제하고 억압하는 전체주의 미래사회를 예견했습니다.

그런데 오늘날에는 빅브라더가 한둘이 아니라 오히려 더 늘어난 것 같습니다. 사람의 빅브라더뿐만 아니라 CCTV, 인터넷, 휴대폰 등과 같은 기계의 빅브라더까지.

〈1984〉가 고전임에도 오늘 현재의 소설로 여겨지는 것은 무엇 때문일까요? 제가 생각하는 그 이유는 바로 작가님의 양심에 있습니다. 이념이나 진영의 논리를 넘어서 자유, 평등, 인류애를 향하는 그 양심 말입니다. 양심과 상식에 근거해서 사실과 진리를 추구한 것이기에 세월이 갈수록 더 빛을 발하는 것입니다. 이는 인간을 압제하는 모든 형태를 타파하고자 하는 작가님의 실천적 저항에 다름 아니니까요. 작가님은 파리와 런던의 하층민 생활에서부터 광부들의 궁핍한 삶까지 직접 체험하였다고 했습니다. 이 같은 밑바닥 경험을 바탕으로 하는 사실적 집필활동 또한 용기 충만한 양심의 기록이기도 한 것입니다.

하늘에 계신 조지 오웰 작가님, 이곳의 유행어 가운데 '부러우면 지는 거다.'라는 말이 있습니다. 그 말이 진짜라고 해도 저는 작가님이 한없이 부럽습니다. 아니 좋아하고 닮고 싶습니다. 제게는 작가님이 지니고 있는 용기가 부족하기에 특히 그렇습니다. 작가님은 글쓰기와 삶이 일치해서 더욱 멋져 보입니다. 작가님은 양심과 진리를 찾기 위해 고행의 길을 떠나는 구도자의 모습 그 자체입니다.

특히나 정치적 목적의 동기에 의한 글쓰기를 배우고 싶습니다. 여기서 작가님이 말하는 '정치적'이라는 말은 광범위한 의미로 사용되고 있다고 하셨지요. 작가님의 에세이 선집 〈나는 왜 쓰는가〉에서 이에 대한 핵심 문구를 되새기면서 글을 맺고자 합니다.

"정치적 목적의 글쓰기는 세상을 특정 방향으로 밀고 가려는, 어떤 사회를 지향하며 분투해야 하는지에 대한 남들의 생각을 바꾸려는 욕구를 말한다. 다시 말하지만, 어떤 책이든 정치적 편향으로부터 진정으로 자유로울 수 없다. 예술은 정치와 무관해야 한다는 의견 자체가 정치적인 태도인 것이다."

2023년 2월 8일

오세훈 서울시장님께

> 공권력과 모성애(母性愛)의 대결을 막고 싶었습니다. 모성애는 무너지지 않기 때문입니다. 죽은 자식 앞에서 어머니는 원자 폭탄이고 때로는 맹수이기도 합니다. 어머니라는 존재는 신이 어디에나 있을 수 없기에 만들었다고도 하지 않습니까? 이태원 참사 희생자에게 미안함을 전하고 싶었습니다.
>
> 「어머니」
> – 막심 고리키 지음

시청 앞 서울광장을 찾았습니다. 2023년 2월 8일 수요일 오후 3시경이었습니다. 광장 중앙의 스케이트장에서는 부모님과 어린이들이 즐거운 한때를 보내고 있었습니다. 그런가하면 유광색의 경찰복을 입은 경찰들이 경찰차량과 함께 광장을 빙 둘러 에워싸고 있었습니다.

광화문 쪽 한 방면 공간에는 '10.29 이태원 참사 희생자 합동분향소'가 설치되어 있었습니다. 평화와 갈등이 공존하고 있는 현장에 서있자니 안타까운 마음 그지없었습니다.

그런데 이 글을 쓰고 있는 2월 15일 오후 1시경 현재, 이 공간에서 갈등이 더욱 심각하게 폭발하고 있습니다. 원망과 포악의 소리가 난무하기에 시청 건물에 걸려있는 대형 플래카드에 새겨진 문구가 더욱 저의 가슴을 시리게 만들었습니다.

'겨울이 온 세상에 말했다. 홀로 추운 삶은 없다고'

그런데 분향소를 사수하겠다는 유가족들의 모습이 홀로 추운 삶의 모습 그 자체로 다가왔습니다.

시장님, 혹시 러시아 작가 막심 고리키의 〈어머니〉라는 소설을 읽어보셨는지요? 아마도 객관적으로 분류되는 시장님의 이념 성향으로 볼 때 접하기가 어려웠을 것이라는 생각이 들기는 합니다. 더구나 한 때 고리키의 저서는 금서(禁書)로 지정되기도 했으니까요. 사실 저도 읽은 지가 얼마 되지 않습니다.

〈어머니〉는 20세기 러시아 문학사에서 일대 전환점을 이룬 작품으로 평가받는 동시에, 전 세계 독자들에게 '혁명의 교과서'로 읽혀왔습니다. 그런데 이 책이 더욱 특별한 의미가 있는 것은 이데올로기나 진영의 논리를 떠나서 어머니와 아들이 인간다운 삶의 권리를 깨우치는 극적인 스토리를 이루고 있기 때문입니다.

여주인공 닐로브나는 밑바닥 삶을 운명이거니 여기며 살아가는 여인이었습니다. 술 취한 남편으로부터 두들겨 맞는 등 그야말로 당시 공장 마을 어디에서나 흔히 볼 수 있는 그런 노동자의 아내에 불과했습니다.

그러나 그녀는 깨닫고 변화합니다. 아들 빠벨이 노동자의 삶을 거부하고 혁명가가 되었을 때 그녀는 아들과 함께 투사로서의 길을 나섭니다.

어머니와 자식의 관계는 이런 것입니다. 우리나라에도 닐로브나와 같은 투사(鬪士)의 어머니가 많이 있음은 두말할 것도 없겠지요. 닐로브나는 개 같은 년이란 욕설을 듣고, 어깨와 머리 할 것 없이 마구 두들겨 맞아 눈앞이 캄캄하고 정신이 어두워져도 외치고 또 외칩니다.

"아들 이름에 먹칠을 할 순 없지, 두려울 게 뭐 있나!"
"천벌 받을 어리석은 놈들! 진리가 네 놈들 머리 위에 떨어질 날들이 있을게다!"

고(故) 박완서 작가님은 자식을 먼저 잃는 '참척(慘慽)의 고통'을 겪었습니다. 남편이 폐암으로 사망한 지 석 달 후 아들 원태를 잃었습니다. 5남매의 외아들이었고 서울대 의대 레지던트였던 그런 아들이었습니다. 그녀는 왜, 이런 일이 내게 일어나느냐는 물음을 수없이 퍼부었습니다. 아무 대답도 얻을 수 없었습니다. 급기야 그녀는 신(神)을 저주하고 부정하기도 했습니다.

"참척을 당한 에미에게 하는 조의는 그게 아무리 조심스럽고 진심에서 우러나온 위로일지라도 모진 고문이요 견디기 어려운 수모였습니다. 하루살이도 가혹한 형벌의 시간이 되었습니다."

10.29 이태원 할로윈 참사 희생자 가족들을 보면 소설 속의 그 어머니 닐로브나와 박완서 작가님의 모습이 떠오릅니다. 특히, 고(故) 이지

한 배우님의 어머니 조미은님은 이제 투사라는 호칭이 오히려 더 어울릴 정도가 되었습니다. 그런데 시장님, 결론적으로 공권력이 모성애와 싸움을 하는 것은 가장 어리석은 경우입니다. 모성애는 무너지지 않습니다. 죽은 자식 앞에서 어머니는 원자 폭탄이고 때로는 맹수이기도 하기 때문입니다. 어머니라는 존재는 신이 어디에나 있을 수 없기에 만들었다고도 하지 않습니까?

설치와 철거, 이런 문제는 이데올로기나 정치적 메시지에 휘둘리면 아무것도 되는 것이 없습니다. 오로지 사람에 대해서만 이야기해야 할 것입니다. 사람에 대한 사랑만이 모든 것입니다. 영국 소설가 새뮤얼 버틀러의 말을 크게 외치고 싶습니다. 그가 "살아가는 일은 결국 사랑하는 일이다'라고 말한 것처럼 말입니다. 사랑의 마음을 가지면 새로운 눈을 뜨게 됩니다. 그만큼 대화의 여지도 넓어집니다. 이 갈등이 잘 해결되어서 시장님이 '애민(愛民) 시장'으로 거듭나는 계기가 되기를 진심으로 바라면서 세 가지의 호소를 드려봅니다.

하나, 갈등의 본질 찾기

시장님, 이태원 참사에서 배워야 할 교훈은 무엇인가요? 온전한 추모와 '재발방지' 아닙니까? 이러한 본질을 고려한다면 갈등의 양상도 바뀔 것입니다. 분향소의 공간도 중요하지만 절대적인 것은 되지 않을 것입니다. 형식적인 행위는 진정한 위로도 되지 못하고 재발방지에도 도움이 되지 않습니다. 유가족의 주장이 나쁜 선례가 될 것이라고 말하는데 이것에 대한 인식의 전환이 또한 필요합니다. 오히려 좋은 선례를 만들 절호의 기회로 삼아야 할 것입니다.

둘, 법과 공권력의 해석

미국의 사상가이자 문학가인 헨리 데이비드 소로의 역작인 〈시민 불복종〉에서의 표현을 빌자면 가장 적게 통치하는 정부가 가장 좋은 정부이고 정의보다 법률을 중시하는 태도는 바람직하지 못하다고 했습니다. 이런 주장이 제기된 시기가 무려 174년 전입니다. 그런데 21세기 대한민국은 어떤 모습인가요? 혹시 법 만능주의에 매몰되어 공권력이나 정치가 법이 아니면 아무것도 하지 못하게 된 것은 아닌지요? 만일 그렇다면 편리성에 근거한 가장 일차원적인 노력 같기에 실망을 넘어 후진국의 모습을 보여주는 것이기에 더욱더 속이 상한 것입니다.

셋, 입장을 바꿔서 생각하기

불통(不通)문제를 해결하는 가장 본질적인 방법은 입장을 바꿔 생각하는 역지사지(易地思之)가 정답입니다. 딸 바보, 손자 바보로 알려진 시장님께서 자식을 잃은 유가족의 어머니와 아버지의 입장에서 이 문제를 바라보기를 간곡히 요청 드립니다. 특히 시장님은 어린 시절부터 어려운 환경을 경험하고 또한 그것을 잘 이겨냈기에 분향소 갈등 문제도 역시 잘 해결할 것임을 믿어 의심치 않습니다.

10.29 참사 유가족 분향소의 갈등을 바라보자니 심훈의 소설 〈상록수〉에 나오는 한 장면이 생각납니다. 교실에서 쫓겨난 아이들이 머리만 내밀고 담에 매달려 있는가 하면, 나무에 올라가 교실 안을 들여다보고 있었지요. 이에 감격한 영신은 칠판을 아예 밖으로 옮깁니다. 그리고 칠판에 커다랗게 적습니다.

"아무나 오게, 아무나 오게."

이태원 참사 희생자 유가족이 마치 〈상록수〉에서 배움에 굶주렸지만 쫓겨나고만 그 학생들 같아 보여서 안타깝습니다. 오히려 그들에게 최고의 명당을 찾아서 제안드릴 수는 없을까요? 그것이 재발방지는 물론이고 희생자를 추모하는 방식에 있어서도 역사에 길이 남을 좋은 선례를 만드는 일이 아닐까요?

"10년 전에는 머리로 일했지만, 이제는 마음으로 일하겠습니다."

시장님께서 2021년 재보궐선거 유세 중에 한 말인데, 제가 시장님을 큰 기대감을 가지고 바라보게 된 계기가 되기도 했습니다. 마음으로 일하는 시장님을 늘 응원합니다.

2023년 2월 15일

2장

강물은 흘러 흘러 바다로 간다.

 강물은 언제나 바다를 향해 흐른다. 그 흐름은 멈춤이 없고, 자신이 흘러야 할 방향을 알고 있는 듯하다. 강물은 그 자체로도 아름답지만, 산과 들을 지나며 바위와 자갈을 만나고, 때로는 물살이 빨라지기도 하고 고요히 머물기도 하며 끝없이 변화한다. 그 여정 속에서 강물은 단단해지고, 깊어지며 마침내 넓은 바다에 닿는다.

 편지를 쓰는 일도 이와 같다. 마음속에서 일렁이는 어떤 감정이나 생각이 글이라는 형태로 흘러나오기 시작한다. 처음에는 막연하고 불확실한 물줄기 같지만, 써 내려가다 보면 점차 모양을 갖추고, 말이 되고, 이야기가 된다. 때로는 머뭇거리고, 적절한 표현을 찾지 못해 멈추기도 한다. 이 말로는 부족할까, 오해를 낳진 않을까 걱정도 된다. 하지만 그 모든 흐름을 지나며 편지는 점점 진심을 품은 강물로 깊어 간다.

 편지를 쓴다는 것은 단순한 행위가 아니다. 그것은 마음을 건네는 예술이며, 서로를 이해하고 이어주는 다리다. 강물이 바다를 만나듯, 우리의 마음도 편지를 통해 또 하나의 넓은 세계와 만난다. 오늘도 그 강물의 시작점에서, 조용히 마음을 꺼내어 본다.

이재명 더불어민주당 대표님께
"처염상정(處染常淨)의 상징이 되어주세요."

케어리 필립 주인공님께
깨달음이 있어야 인간의 굴레에서 벗어날 수 있다.

임은정 검사님께
용기란 진실을 향한 발걸음이다.

스롱 피아비 당구 선수님께
가장 높이 나는 새가 가장 멀리 본다.

홍순성 던롭스포츠코리아 대표님께
진지함은 가면이 아니라 거울이다. 자신을 속이지 않으려는 노력이다.

고(故) 현미 가수님께
인생은 짧고 예술은 영원하다.

윤석열 대통령님, 이재명 대표님, 두 분께
한 통의 편지가 역사를 바꿀 수 있다.

한동훈 법무부 장관님께
가짜뉴스 몰아내려면 법(法)이 중심을 잡아야 한다.

한성정 배구 선수님께
대한민국을 적시는 효심(孝心)의 강물

차정숙 엄정화 두 친구님께
우정이야말로 삶의 진짜 보약이다.

이재명 더불어민주당 대표님께

> 역경과 고난을 뚫고 오늘에 이르기까지의 인간 이재명의 삶이 감동적으로 다가왔습니다. 그 모습은 마치 진흙 속에서 싹을 틔우는 연꽃의 모습이었습니다. 전하고 싶었습니다. 처염상정(處染常淨)의 상징이 되어 달라고 말입니다.
>
> 『올리버 트위스트』
> - 찰스 디킨스 지음

이재명 대표님, 양평에 있는 연꽃 정원 세미원(洗美苑)을 잘 아시지요? 경기도지사를 지내셨으니 모를 리 없을 것입니다. 물을 보고 마음을 씻고, 꽃을 보고 마음을 아름답게 하는 곳. 연꽃 축제에 몇 번 가보았는데 정말 장관이더군요. 드넓은 연꽃 바다를 바라보고 있으면 마음도, 몸도 깨끗하고 아름다워지는 것 같았습니다.

연꽃은 고상한 겉모습과는 달리 피어나기까지는 매우 어려운 과정을 거친다고 하지요. 낮고 어두운 진흙 속에서 싹을 틔우기 때문에 그렇다고 합니다. 그래서 연꽃은 처염상정(處染常淨)이라고 불리는데 이 말이 의미하는 바가 예사롭지 않습니다.

　우리 인간들에게 어느 곳, 어느 자리에 있어도 탐욕(貪慾)에 물들지 말고, 깨끗함을 간직하고, 맑고 향기롭기를 충고하고 있지요. 연꽃 앞에서 한없는 부족함을 절감하는 이 시간입니다.

　영국 작가 찰스 디킨스의『올리버 트위스트』라는 책을 읽으며 세미원의 연꽃을 떠올렸습니다.

　『올리버 트위스트』는 산업혁명에 들떠있는 영국 사회의 뒷골목 실상을 폭로하고 있습니다. 그런데 그것보다도 더욱 강한 메시지는 행복의 조건은 사랑과 선(善)함에 있다는 것입니다.

　주인공인 소년 올리버는 처염(處染) 같은, 즉 어둡고 굶주린 환경에서도 순수하고 맑은 인간 본성을 끝까지 잃지 않았습니다. 제가 연꽃을 연상한 이유도 여기에 있습니다.

　올리버가 작은 연꽃이라면 대표님이야말로 큰 연꽃입니다. 아니 실제로 꼭 그렇게 되어야 합니다.

　역경과 고난을 뚫고 오늘에 이르기까지의 모습은 '처염상정의 연꽃 이야기'와도 꼭 맞아 떨어지기 때문입니다. 그런데 아쉽게도 모두가 대표님으로부터 그런 처염상정의 이미지를 품고 있는 것 같지는 않습니다. 아마도 그런 우려는 대표님도 잘 알고 있고 이에 대한 마땅한 해결책을 찾기 위해서 고심하고 있을 것이라 믿습니다.

　다만 여기에서 저는『올리버 트위스트』를 읽고 나서 느끼는 감상에 근거해서 몇 마디 말씀을 드려보고자 합니다.

독서편지이니까요. 독서편지는 말 그대로 책을 읽고 나서 특정인에게 편지를 쓰는 것입니다. 제 느낌에 따를 뿐 별도의 원칙은 없습니다. 친구에게도 쓰고 문학 작품 속의 주인공에게도 쓰기도 하고 때로는 유명 인사에게 쓰기도 합니다. 물론 윤석열 대통령님이나 오세훈 서울시장님에게도 편지를 쓴 적이 있습니다. 그래서일까요, 언제부터인가 제게 은근한 압력이 들어왔습니다.

"이재명 대표에게도 써보세요."

물론 저 자신도 대표님을 마음에 두고 있었습니다. 다만 어떤 책이 적합한지에 대한 고민이 있었던 것일 뿐이었죠. 내심 『올리버 트위스트』를 생각하고 있었습니다.

올리버의 역경이 대표님의 어린 시절의 모습과 겹쳐 보였기 때문입니다. 또 이 작품은 대표적인 좋은 결말의 사례인데 대표님의 정치인생도 그러했으면 하는 바람이 있었고요.

게다가 독서클럽이나 대학 친구 모임 등에서 이재명 대표님에게 독서편지를 쓰고 싶은데 좋은 책을 추천해달라고 했더니 공교롭게도 『올리버 트위스트』를 많이 내세우더군요. 책을 좋아하는 다수의 사람이 올리버를 대표님과 연결하는 것을 알 수 있었습니다.

『올리버 트위스트』의 가장 큰 특징은 당시 영국 사회의 빈곤, 범죄, 아동 노동 문제 등을 현실적으로 묘사했다는 점입니다. 구빈원(workhouse)의 비인간적인 환경, 아동 범죄 조직의 잔인성, 그리고 빈민들을 억압하는 사회 시스템을 생생하게 그려내며 깊은 인상을 남겼습니다. 특히, "I want some more(좀 더 주세요)"라는 올리버의 대사는 구빈원의 궁핍하고 비참한 현실을 상징하는 명대사로 남아 있습니다.

    소설 속 인물들은 대부분 선과 악이 극명하게 나뉩니다. 순수하고 착한 올리버는 가혹한 현실 속에서도 자신의 도덕성을 잃지 않는 인물로 그려집니다. 반면, 페이긴(Fagin)과 빌 사이크스(Bill Sikes) 같은 악당들은 탐욕스럽고 잔인한 인물들로 묘사되어 선한 올리버와 대조를 이룹니다. 이러한 단순한 인물 구도는 도덕적 메시지를 쉽게 이해하도록 돕는 역할을 합니다.

    『올리버 트위스트』는 이후의 사회 비판적 소설들에 큰 영향을 미쳤습니다. '디킨스적(Dickensian)'이라는 용어를 탄생시키는 데 일조하기도 했고요. 또한, 이 소설은 수많은 영화, 드라마, 뮤지컬(특히 1968년 영화 '올리버!')로 재탄생하며 대중문화에 지속적인 영향을 미치고 있습니다. 날카로운 사회 비판 의식과 인간에 대한 깊은 연민은 이 소설을 시대를 초월한 고전으로 만들었습니다. 사회의 가장 약한 존재인 아이들을 통해 우리 사회가 나아가야 할 방향에 대해 지금도 끊임없이 질문을 던지고 있습니다.

    『올리버 트위스트』를 읽다 보면 또한 장 자크 루소가 말한 낯익은 경구 하나가 생각납니다. '인내는 쓰고 그 열매는 달다.' 그런데 이 말 또한 참으로 어려운 말이 아닐 수 없습니다. 실천하기가 어렵기 때문이지요. 인내의 방법이야 저마다 다를 것입니다. 그런데 올리버의 경우를 보면 이런 말을 할 수 있을 것 같습니다.

    "사랑의 마음을 갖자. 사랑이 모든 것이다. 진실로 선하자, 선한 인간 본성이 결국은 이긴다."

 작품 속에서 소매치기 집단의 우두머리인 페이긴이 교수형에 처하게 됩니다. 그는 악인의 대표 격인 인물인데 그럴 때 올리버는 페이긴의 모습을 보면서 이렇게 말합니다.

"아, 하느님! 이 불쌍한 사람을 용서해주세요."

 『올리버 트위스트』가 해피엔딩으로 끝날 수 있었던 것은 올리버가 브라운로우나 메일리 부인과 로즈, 그리고 로즈번과 같은 따뜻하고 친절한 인연과 만남 때문이었습니다.
 그런데 이런 만남은 그냥 오는 것이 아니죠. 보은(報恩)의 마음, 사랑의 마음을 가지고 또한 실천했기에 가능했던 것입니다. 대표님도 올리버처럼 그랬으면 좋겠습니다. 그래서 귀한 인연이 대표님 곁에 가득했으면 좋겠습니다.

"삶에 대한 절망 없이는 삶에 대한 사랑도 없다."

 고난을 이야기하다 보니 알베르 카뮈의 말도 상기하게 됩니다. 그는 또한 부조리의 세계에 대하여 인간은 피할 수 없는 운명을 맞이하게 되므로, 좌절을 각오하고라도 인간적인 노력을 거듭하여 가치를 회복해야 한다는 주장을 펼쳤습니다.
 저는 카뮈의 이 말이 아주 좋습니다. 주저앉거나 무너지기 일보 직전에 다시 일어서는 힘을 얻었기 때문입니다. 뜨거운 햇살에서 풍성한 결실을 얻을 수 있는 것처럼 사람도 고난 속에서 강해지고, 고난에 의해서 지혜로워지고, 고난과 함께 성장한다는 것을 깨닫게 됩니다.

　제가 대표님을 좋아하고 대표님에게 기대를 거는 이유는 여럿 있습니다. 그런데 그 중의 으뜸은 대표님은 바로 '고난을 아는 지도자'라는 사실 때문입니다. 올리버 트위스트처럼 착한 본성을 잃지 않고, 카뮈처럼 그 어떤 고난에도 당당하고, 처염상정의 연꽃처럼 저열한 정치판에 물들지 않고 늘 저만치에서 희망의 빛을 비추는 지도자 중의 지도자이길 응원하겠습니다. 항상 고맙습니다.

2023년 7월 11일

케어리 필립 주인공님께

> 굴레를 극복해 갈 방법을 찾고 있었습니다. 깨달음이 있어야 인간의 굴레에서 벗어날 수 있다지요? 주인공님이 살던 시대와 지금의 상황이 매우 다름에도 주인공님의 깨달음은 별처럼 반짝입니다. 그래서 인생의 거센 바다를 항해하고 있는 저에게 등대지기 같은 거룩한 도움을 제공했습니다. 세 가지의 핵심적인 깨달음을 제 삶의 나침반으로 삼고자 합니다. 이에 신고합니다.
>
> 『인간의 굴레에서』
> – 서머싯 몸 지음

필립님 안녕하세요. 이렇게 불쑥 나타나서 미안합니다. 다름이 아니라 필립님이 주인공으로 등장하는 서머싯 몸의 소설 〈인간의 굴레에서〉를 읽다가 주인공님의 삶이 예사롭지 않아보였기에 편지를 전하게 되었습니다. 〈인간의 굴레에서〉는 1915년에 발표된 작품이니 2023년의 지금과는 108년이라는 시간적인 차이를 지니고 있지요. 그럼에도 마치 오늘날의 이야기처럼 다가오는 것이 몹시도 흥미로웠습니다.

〈인간의 굴레에서〉는 주인공님이 인생과 사회에 눈떠가는 과정을 그린 이야기입니다. 그런데 주인공님의 경우는 다른 여타 성장소설의 주인공과는 결이 조금 다르게 다가왔습니다. 영웅적인 성장이 아니라 고뇌에 찬 성장이기에 그런 것 같습니다. 주인공님의 인생은 작품의 제목에 그 콘셉트가 분명하게 나타나 있습니다. 즉 굴레를 쓴 인간은 어떻게 그 굴레를 극복해 갈 것인가에 관한 것이죠.

주인공님은 어떻게 굴레에서 벗어났는지요? 제가 보기에 깨달음이라는 것이 정답인 것 같습니다. 주인공님이 살던 시대와 지금의 상황이 매우 다름에도 주인공님의 깨달음은 별처럼 반짝입니다. 그래서 인생의 거센 바다를 항해하고 있는 사람들에게 등대지기 같은 거룩한 도움을 제공하는 것 같습니다. 그 중에서 세 가지의 핵심적인 깨달음을 골라서 제 삶의 나침반으로 삼고자 합니다.

하나, 인생을 대하는 자세

필립 주인공님. 주인공님의 삶을 처음 접했을 때는 참으로 안타까운 마음이 가득했습니다. 열악한 환경 때문이었습니다. 주인공님은 조실부모(早失父母)하고, 절름발이 불구이고, 이기적이고 냉정한 큰 아버지 밑에서 살아야 했지요. 불쌍함, 답답함, 비참함의 굴레를 쓴 외톨이로 보이기도 했습니다. 주인공님의 이러한 모습에 대하여 안타까움과 손가락질을 하다 보니 1000페이지의 분량임에도 마지막 페이지를 넘기기까지는 그리 오랜 시간이 필요하지 않았습니다.

그런데 결론적으로 주인공님의 인생은 긍정적입니다. 외줄을 타듯이 아슬아슬했지만 종국에는 굴레의 본질을 깨닫고 그것에서 벗어날 수 있는 지혜를 얻었으니까요. 자신의 영혼을 잘 다스렸다고나 할까요. 얼마나 힘이 들었겠습니까? 그래서 주인공님의 깨달음에 진정 어린 응원의 박수를 보내게 되는 것입니다.

"나는 정상적이라고 할 수 있는 것이 오히려 드문 일임을 깨달았다. 모든 사람이 몸에든 마음에든 어떤 결함을 가지고 있다. 그래서 나를 배신하고 나에게 고통을 가져다준 그 여자 밀드레드도 용서할 수 있다. 사람의 좋은 점은 받아들이고 나쁜 점은 참아내는 일뿐이라는 것, 그것을 한 가지 분별 있는 태도로 삼아야 할 것이다."

둘, 사랑을 대하는 자세

사랑을 대하는 주인공님의 자세는 도저히 이해하기가 어려운 것이었습니다. 빵점 이하의 점수를 줄 수밖에 없는데 주인공님의 자아와 자존이 드러나지 않기 때문입니다. 간과 쓸개 그 모든 것을 다 내주면서까지 한 여자에게 굴욕적인 집착을 반복하게 되는 이유도 거기에 있는 것입니다. 주인공님의 여러 콤플렉스 때문인가요? 사랑의 몽롱함과 불가항력적임을 인정한다고 해도 이건 아닌 것 같습니다.

인생만사 무엇이든 한쪽으로 치우치면 문제가 발생합니다. 특히 남녀의 사랑에 있어서는 더욱 그런 것 같습니다. 주인공님이 나중에 모성애적인 선행과 아름다운 심성을 지닌 샐리라는 여자를 만난 것은 천만다행을 넘어서 기적 그 자체인 것입니다. 그 기적도 역시 다음과 같은 깨달음을 통하여 만날 수 있었음은 물론입니다.

"가장 단순한 무늬, 그러니까 사람이 태어나서, 일하고, 결혼하고, 아이를 낳고, 죽음을 맞는 그 무늬가 동시에 가장 완전한 무늬다."

셋, 직업을 대하는 자세

주인공님의 직업 선택과정도 역시 한 편의 작은 드라마입니다. 재능과 적성과 의무감이 뒤엉켜서 갈피를 잡지 못했으니까요. 그런 경험에 비추어 볼 때 자기 적성에 맞는 직업을 찾아서 끊임없이 움직이는 것과 아니면 가급적 빨리 어느 직업을 선택해서 한 우물을 파는 것 중에서 어느 방법이 좋은 것인가요?

주인공님은 최종 직업으로 의사를 선택했습니다.
거기에 이르기까지 성직자, 공인회계사, 화가, 노숙자, 옷가게 안내원 등 여러 길을 기웃거렸습니다. 여기에서도 핵심은 깨달음인데 바로 자기 결정에 관한 것입니다. 나 필립의 운명은 내가 결정한다. 그렇기 때문에 앞으로 주인공님의 인생이 더 행복해 질 수 있을 것이라는 희망을 가져보게 되는 것입니다.

"혹시, 난 의사가 되게끔 태어났는지 몰라. 적성에 맞는 직업을 택했다면 그야말로 운이 좋은 것이다."

필립님의 경우를 보자면 인생은 주관식이기 때문에 보편적인 정답이란 있을 수 없다는 말이 떠오릅니다. 인간의 내면에 깃든 자유와 존엄성을 존중하고, 스스로 자신의 인생길을 결정할 수 있는 능력을 갖추는 것이 얼마나 중요한지도 깨닫게 됩니다. 삶의 정답 찾기는 스스로 찾지 않는다면 하등의 의미도 취할 수 없을 것입니다. 주인공님의 자문자답에서 그 실마리를 찾을 수 있을 것 같습니다.

"준비만 하는 데에 지쳤어요. 이제 진짜 인생을 살고 싶습니다."

고전(古典)이라는 샘은 읽기를 거듭할 때마다 색다른 물맛을 제공합니다. 시간과 공간을 초월하여 영향을 줄 수 있는 작품만이 '고전'이라는 칭호를 받는 것은 주지의 사실이지요. 고전의 가치는 무궁무진하겠지만 무엇보다 중요한 것은 삶의 의미에 대한 진지한 물음을 던지고, 스스로 사유할 수 있는 시간을 준다는 점일 것입니다. 그러기에 또 다른 깨달음을 얻을 수 있는 것이고 자신만의 인생 무늬를 짜는 데에 도움을 얻을 수 있는 것 아닐까요?

굴레가 씌워져 삶이 고단할 때면 다시 필립 주인공님을 찾도록 하겠습니다. 감사합니다.

2023년 3월 6일

임은정 검사님께

> 용기란 진실을 향한 발걸음이라고 하지요. 검사님의 '행동하는 용기'에 대하여 응원해 주고 싶었습니다. 검사님의 애잔하고 고단한 고군분투의 모습에서 에밀 졸라의 용기를 발견하게 됩니다. 졸라가 프랑스 역사에 그의 용기를 남긴 것처럼 검사님의 하루하루의 삶은 대한민국 역사에 경이로운 무늬로 장식될 것입니다.
>
> 『나는 고발한다.』
> - 에밀 졸라 지음

지난 3월 8일 대학 친구들과 함께 효창공원을 찾았습니다. 영화, 소설, 뮤지컬로 뜨거웠던 '안중근 열풍'에 자극을 받고, 순국선열을 찾아 그분들의 숭고한 희생을 기려보자고 다짐 한 바 있었습니다. 그에 대한 실천의 일환이었던 것이죠. 김구 선생님 묘와 삼의사(義士)묘 앞에서 성찰의 시간을 가졌습니다.

특히 가묘로 조성된 안중근 의사의 묘 앞에서는 한참을 머물러야 했습니다. 아직도 유해 봉환이 이루어지지 못하고 있으니까요. 일제 강제 징용 피해 배상 문제 등 일본과의 갈등 해법을 둘러싼 논란이 분분한 때라서 더욱더 그런 마음이 들었던 것 같습니다.

효창공원을 찾은 후유증이 예상보다 컸습니다. 독립운동에 헌신하신 의사님, 열사님들의 용기와 기개에 관한 존경과 한탄이 거듭됐으니까요. 그러던 중에 전혀 예상하지 못했던 사건이 발생했습니다. 임은정 검사님이 대화의 주인공으로 등장했기 때문입니다.

"임은정 검사야말로 진정한 용기를 가진 현대판 애국열사다. 감히 검찰의 비정상을 세상에 드러내기 때문이다."

사실 검사님은 지금 그 누구보다도 '핫한' 인물입니다. 검사님의 용기야말로 예전에 없었던 미증유의 용기이기 때문입니다. 검사님의 어록이 저를 행복하게 하면서 한편으로는 검사님의 용기에 경의를 표하게 합니다. 아마 저와 같은 생각을 하는 사람들이 부지기수일 것입니다. 제가 제일 좋아하는 어록 하나를 골라 봅니다.

"당당한 검찰입니까, 뻔뻔한 검찰입니까, 법무부(法務部)입니까, 법무부(法無部)입니까"

모난 돌이 정을 맞는 것처럼 두각을 나타내는 사람은 미움도 쉽게 받지요. 그래서일까요? 검사님에 대한 평가도 극단적입니다. 도가니 검사에서부터 작가 검사, 얼치기 운동권 형 검사, 항명 검사, 내부 고발 검사, 심지어 꽃뱀 검사까지. 그뿐이면 오히려 다행입니다. 조직 밖으로 내쫓지 못해서 안달이지요.

오죽하면 검사 자격 심층 심사 대상자로 내몰았을까요? 쫓겨날 위기를 넘기고 '살아 돌아온 것'에 대하여 다시 한번 진심으로 축하의 마음을 전합니다. 정년퇴임을 하는 그날까지 대한민국 검사, 시민 검사로서 목소리를 내주길 바랍니다. 응원하겠습니다.

저는 약 35년 동안 직장생활을 했습니다. 그 경험을 비추어 볼 때 '내부 고발의 용기(勇氣)'야말로 용기 중의 용기라고 확신합니다. 내부 고발은 조직 내 부정, 비리, 불법 행위 등을 외부에 알리는 행위이지요. 당연히 사회 전체의 투명성과 공정성을 높이는 데 중요한 역할을 합니다. 내부 고발은 또한 사회 시스템의 맹점을 드러내고 개선할 수 있는 기회를 제공하며, 정의로운 사회 구현에도 기여합니다. 그런데 치명적인 위험도 있지요. 바로 부당한 대우를 받을 수 있다는 우려가 그것입니다.

내부 고발도 조직의 형태에 따라서 다양하게 나타납니다. 특히 검찰 조직에서의 내부 고발 말입니다. 검사동일체의 원칙, 상명하복이라는 독특한 문화에서는 내부 고발이야말로 일반인의 생각을 뛰어넘는 상상 그 이상으로 어려운 행위일 것입니다. '행동하는 양심'을 강조했던 김대중 전 대통령님이 하늘에서 검사님의 '행동하는 용기'에 대하여 칭찬해주고 계실 것이라는 생각을 해봅니다.

근대의 저명한 신학자이자 작가인 폴 틸리히는 "진정한 용기란 가장 중요한 것을 위해 보다 덜 중요한 것을 버릴 수 있는 것이다."라고 말했습니다. 인생은 어차피 모든 것을 다 누릴 수가 없고 다 가질 수가 없다는 사실 때문입니다. 무언가를 얻기 위해서는 다른 무언가를 버릴 수 있어야 하는데 대부분의 사람은 그렇지 못하는 데에 반하여 진정한 용기를 가진 사람들은 그것을 감수한다는 것이죠.

〈나는 고발한다! J'accuse!〉를 쓴 에밀 졸라는 자타가 공인하는 프랑스의 대문호(大文豪)입니다. 그러나 그것만으로는 부족합니다. 졸라에게는 '용기의 상징'이라는 위대함을 하나 더 추가해야 하기 때문입니다. 졸라는 진정한 용기와 행동하는 지성이 무엇인가를 몸으로 보여주었습니다. 프랑스 작가이자 에밀 졸라의 친구였던 아나톨 프랑스는 졸라의 영결식 조사(弔辭)에서 졸라에 대하여 이렇게 말했습니다.

"우리는 그를 부러워합니다. 방대한 저작과 위대한 참여를 통해 조국을 명예롭게 했기 때문입니다. 우리는 그를 부러워합니다. 걸출한 삶과 뜨거운 가슴이 그에게 가장 위대한 운명을 선사했기 때문입니다."

졸라는 무엇을 얻고 무엇을 버렸나요? 그는 모든 것을 다 포기했다고 해도 과언이 아닙니다. 부와 명예는 물론이고 목숨까지도 걸었던 것입니다. 얻은 것은 무엇이었을까요?

양심, 진실, 정의, 그리고 그런 가치가 살아 숨 쉬는 자유 조국 프랑스에 대한 희망일 것입니다. 저조차도 그의 용기에 고개가 절로 숙여지는 이유가 바로 여기에 있는 것입니다.

검사님의 애잔하고 고단한 고군분투의 모습에서 에밀 졸라의 용기를 발견하게 됩니다. 졸라가 프랑스 역사에 그의 용기를 남긴 것처럼 검사님의 하루하루의 삶은 대한민국 역사에 경이로운 무늬로 장식될 것이니까요. 그래서인지 검사님이 에밀 졸라와 〈나는 고발한다!〉를 검사님의 저서에서 언급한 것이 지극히 자연스러운 일로 다가왔습니다.

"불의한 시대에 편하게 살면 내가 잘못 살고 있는 거다."는 말이 비수처럼 가슴속으로 찔러들어 옵니다. 용기 있는 사람만이, 세상을 바꾸려는 사람만이 당당하게 "나는 고발한다!"를 외칠 수 있습니다. 검사님이야말로 이 시대의 깨어있는 양심입니다.

　요즘 저희는 '웃픈 이야기'를 자주 합니다. "그런 말 하지 마, 검찰 압수 수색당해!" 제가 대학에 다니던 1980년대 초반의 5공 시절로 회귀한 듯합니다. 역사 시계가 거꾸로 가는 것 같기도 하지만 임은정 검사님 같은 검사님이 있기에 희망을 보게 됩니다.

　〈계속 가보겠습니다〉, 검사님의 저서 제목이지요. 저도 검사님과 함께 계속 가보겠습니다. 계속 응원하겠습니다. 비록 지금 외롭고 쓸쓸하지만, 성원하는 사람들이 많이 있음에 힘을 내기 바랍니다. 대한민국 검사 임은정 파이팅!

2023년 3월 15일

스롱 피아비 당구 선수님께

> 당구 실력뿐 아니라 인생
> 실력도 멋진 스롱 피아비님을
> 응원하고 싶었습니다. 가장 높이 나는
> 새가 가장 멀리 본다는 진리를 실천하는
> 그 모습에 박수를 보내고 싶었습니다. 많은
> 사람에게 당구의 대명사를 넘어서 인간 승리의
> 본보기가 된 스롱 님으로부터 희망 얻는 법을
> 배우고 싶었습니다.
>
> 『갈매기의 꿈』
> – 리처드 바크 지

    우선 축하 인사부터 드립니다. 정규투어, 팀 리그에 이어 마침내 월드챔피언십에서 우승을 차지해서 그랜드슬램(grand slam)을 달성했더군요. 저는 당구를 잘 치지는 못하지만 매우 좋아합니다. 형님과 동생이 당구광(狂)이라는 등 여러 이유가 있습니다. 하지만 가장 큰 요인은 바로 피아비 선수님입니다. 피아비 님은 당구 실력뿐만 아니라 인생 실력에서도 큰 감동을 주고 있기 때문입니다.

    당구의 대명사를 넘어서 꿈과 희망의 아이콘 그리고 인간 승리의 본보기가 된 피아비 님을 바라보면 헬렌 켈러 작가님의 말이 떠오릅니다.

"희망은 사람을 성공으로 이끄는 신앙이다. 희망이 없으면, 아무것도 성취할 수가 없으며 희망 없이는 인간 생활이 영위될 수 없다."

그런 것 같습니다. 희망을 품는 것은 삶의 어려움과 도전에 대처하는 데 도움이 되며, 더 나은 미래를 상상하고 그것을 실현하기 위해 노력하는 원동력이 되는 것이죠. 그래서 많은 사람이 희망을 잃지 말라고 당부합니다. 어려운 상황에서도 긍정적인 면을 찾으려고 노력해야 합니다. 자신감을 갖고 작은 성취들을 통해 희망을 키워나가야 합니다.

주변 사람들과 희망에 대해 이야기하고, 서로에게 힘이 되어주는 것이 중요합니다. 아무튼 희망은 삶의 어려움 속에서도 앞으로 나아갈 수 있게 하는 소중한 가치입니다.

피아비 님은 꿈과 희망을 전하는 무지개이며, 해바라기꽃입니다. 이런 비유가 마음에 드는지요? 그런데 제 생각에는 그 무엇보다도 리처드 바크의 소설 〈갈매기의 꿈〉과 잘 연결되는 것 같습니다. 저는 이 소설을 30여 년 만에 다시 읽었는데 피아비 님과 연결하여 들여다봐서 그런지 한층 더 극적이고 감동적인 느낌으로 다가오더군요.

〈갈매기의 꿈〉은 갈매기 조나단 리빙스턴의 일생을 그린 우화(寓話) 소설입니다. 조나단은 삶의 본질에 대해 끊임없이 사색하며 꿈과 희망 그리고 신념을 실현하고자 노력합니다. 〈갈매기의 꿈〉은 지금, 이 시각에도 세계의 많은 독자로부터 사랑을 받고 있는데 그 이유는 남들이 사는 방식보다는 내가 원하고 사랑하는 삶을 살아야 한다는 가슴 뻥 뚫리는 교훈을 전해주기 때문일 것입니다. 소설에 대한 평가는 다양하지만 크게 다음과 같은 세 가지 관점으로 요약할 수 있겠습니다.

주인공 조나단 리빙스턴이 끊임없는 훈련과 도전을 통해 비상의 한계를 극복하고 더 높은 경지에 이르는 과정을 그립니다. 많은 독자는 이 이야기를 통해 자신의 잠재력을 발견하고, 현실에 안주하지 않고 끊임없이 노력하는 자세의 중요성을 배웁니다. 이러한 점에서 이 소설은 삶의 목표를 설정하고 이를 달성하기 위한 동기 부여를 제공하는 자기계발서로 평가받습니다.

조나단은 또한 다른 갈매기들과 달리 먹이를 구하는 것에 만족하지 않고, 나는 행위 자체의 아름다움과 자유를 추구합니다.
그의 이러한 행동은 집단의 규칙과 사회적 관습에 얽매이지 않고, 자신의 개성과 진정한 자유를 찾아 나서는 용기에 대한 찬사로 해석됩니다. 때문에 이 소설은 획일적인 삶을 거부하고 자신만의 길을 개척하는 사람들에게 큰 영감을 줍니다.

마지막으로 조나단이 새로운 비행 기술을 깨달아 동료들에게 전파하고, 결국에는 추방당했다가 다시 돌아와 그들을 이끄는 모습은 예수 그리스도의 삶과 비유되기도 합니다.
또한, 그가 도달하는 '완전한 비행'의 경지는 불교의 깨달음이나 다른 종교적 구원의 개념과 연결되어 해석되기도 합니다. 이러한 관점에서 '갈매기의 꿈'은 단순히 갈매기의 이야기가 아니라, 인간의 영적 성숙과 구원에 대한 은유적인 우화로 평가받고 있습니다.

더불어 '피아비 님의 인생 드라마'와 〈갈매기의 꿈〉에서 얻은 세 가지의 깨달음을 공유해 봅니다.

제게 그랬던 것처럼 깨달음은 또 다른 많은 사람이 자기 내면에 존재하는 가능성을 확인하는 데에 도움이 될 것입니다. 그리고 자신이 가야 할 길을 올바르게 안내하는 이정표가 될 것입니다.

하나, 남다른 꿈과 희망

대개의 갈매기에게 중요한 것은 나는 일이 아니라 먹이였습니다. 하지만 조나단에게 중요한 것은 먹이보다는 비행(飛行)이었습니다. 조나단은 남다른 꿈과 희망을 품고 있었던 것입니다. 조나단은 삶에 있어서 제일 중요한 것은 자신이 가장 하고 싶은 일에서 완벽함에 도달하는 것임을 증명해 보였습니다.

피아비 님의 꿈과 희망도 꽤 독특했지요. 의사의 꿈을 접고 아버지의 감자 농사를 돕던 20세의 나이에 국제결혼을 했으니까요. 피아비 님의 이런 선택에 부모님은 동의하지 못했을 것입니다. 피아비 님도 갈매기 조나단처럼 남다른 꿈과 희망을 품고 있었기에 가능했던 것입니다. 고향에서 감자를 캐는 아가씨로 계속 남아있었다면 오늘의 피아비 님과 같은 모습이 되기는 어려웠을 것입니다.

둘, 남다른 노력

조나단은 자신이 하고 싶은 일이 바로 비행이었기에 몇 시간이고 하늘을 날고 어려운 기술들을 시도할 수 있었습니다. 한계에 도전하고 연습하고 또 연습했습니다. 도전과 실패를 반복했으며 죽음을 무릅쓰고 바람과 싸우고 높이와 싸우고 속도와 싸웠습니다. 평범함을 받아들이지 않겠다는 자신과의 약속을 지켰고 결국 갈매기의 전설이 되었습니다.

피아비 님의 노력은 본인이 직접 실행해 온 일이기에 제가 구체적으로 언급하는 것이 오히려 부질없을 것입니다. 처음에는 한국어가 서툴러 배우는 데 애를 먹었으나, 말이 안 통하면 그림을 그려가며 기술을 익혔지요. 어떤 날은 오전 11시부터 다음 날 오전 7시까지 무려 20시간을 연습한 적도 있을 정도로 정말 독하게 연습했지요.

셋, 남다른 인연

조나단의 성장에는 두 명의 스승이 있었습니다. 족장 챙과 교관 설리번을 만난 것입니다. 그들로부터 마음먹기와 비행 실력을 더불어 다스리는 방법을 배우게 됩니다. 할 수 있다는 자신감을 얻게 되고 남을 사랑하는 법을 배우게 됩니다. "자네는 내가 만 년간 봐온 갈매기 중에서 배우는 데 가장 두려움 없는 갈매기야." 이런 가르침을 받고 성장한 조나단은 자신도 후배 갈매기들에게 좋은 스승이 됩니다.

피아비 님에게 있어서 일생일대의 최고 인연은 단연 남편 김만식 님일 것입니다. 김만식 님은 외조의 대왕이자 최고의 스승입니다. "살림은 내가 할 테니 당구 연습만 해라"며 당구 코치까지 수소문해서 연결해 주고, 연습 때나 시합이 있을 때는 항상 함께했지요. 피아비 님이 한국 국적을 취득하지 않은 이유와 자녀 관련 이야기까지 듣고 나면 김만식 님의 피아비 님에 대한 사랑과 배려에 경의의 손뼉을 치게 되는 것입니다.

"가장 높이 나는 새가 가장 멀리 본다."

〈갈매기의 꿈〉에 나오는 유명한 문장입니다. 지금, 이 순간 피아비 님의 꿈도 더 높이 더 멀리 진행되고 있지요. 피아비 님이 전하는 "할 수 있다"라는 외침이 희망의 메아리로 울려 퍼지고 있습니다. 특히 고국 캄보디아에 '종합 스포츠센터'를 건립하는 등 착한 영향력을 전파하고 있는 피아비 님의 모습은 아름다운 감동 그 자체입니다.

　이 글을 쓰고 있는 지금 창문 너머에 때 이른 연둣빛 신록과 개나리의 수줍음이 완연합니다. 추운 겨울이 지나고 따스한 봄이 오면 자연의 온갖 생명이 다시 태어납니다. 봄이 신선한 생명력으로 그 존재감을 뽐내는 것처럼 피아비 선수님도 '당구 여왕과 희망의 천사'로 오래오래 그 존재감을 뽐냈으면 좋겠습니다.

2023년 3월 23일

홍순성 던롭스포츠코리아 대표님께

> '진지함 경영'이 신선하게 다가왔습니다. 진지함의 가치는 시대를 초월하는 힘을 가지고 있음을 확인하고 싶었습니다. 진실과 거짓, 인간의 이중성, 사회적 위선 사이에서 진지함을 배우고 싶었습니다. 그 무엇보다도 귀한 인연을 지속하고 싶었습니다.
>
> 『진지함의 중요성』
> – 오스카 와일드 지음

    대표님, 나이를 더해갈수록 만남과 인연의 경외감에 관한 생각을 많이 하게 됩니다. 만남은 인연이고 관계는 노력이라는 문장 앞에서 한참을 머물곤 하지요. 후회도 많이 합니다. 제대로 노력하지 못했기 때문이지요. 만남은 꽃이 피어나는 과정과 같습니다. 각기 다른 곳에서 자라난 꽃들이 어우러져 아름다운 정원을 이룹니다.

    만남도 서로 다른 삶의 배경을 가진 사람들이 모여 특별한 경험을 만들어 내지요. 대표님과의 인연도 그런 것이었습니다. 비록 길지 않은 시간이었지만, 따뜻한 기쁨으로 남아있습니다. 대표님이 비교적 젊은

CEO임을 고려하면 더욱 특별한 매력임이 분명합니다.

서래마을에서 옛 직장 동료들과 모임을 했습니다. 이국적인 분위기와 함께 맛집을 찾고자 함이었습니다. 여러 이야기를 나누었는데 예상과는 달리 골프 이야기를 많이 나눴습니다. 모두 골프의 재발견에 목소리를 높였습니다. 물론 골프의 좋은 점만을 이야기한 것은 아니었습니다. 골프는 칠수록 어렵다는 이야기도 있었고, 누구는 실내 연습장만을 찾는다고 했습니다. 저는 보는 골프만 한다고 이야기해서 핀잔을 듣기도 했습니다. 서래마을에서 골프 이야기의 꽃을 피우니 자연스레 서래마을의 대표님이 생각나더군요.

우연히 읽은 책 하나가 대표님의 소환을 재촉했습니다. 『진지함의 중요성(The Importance of Being Earnest)』이라는 책입니다. 오스카 와일드(Oscar Wilde)의 희곡 작품인데 진실과 거짓, 인간의 이중성, 사회적 위선을 다루고 있습니다. 『진지함의 중요성』은 '나비처럼 날아 벌처럼 따끔하게 쏘는 코미디'로 소개되고 있습니다. 짐작한 대로 많은 희극적 요소를 담고 있고 경쾌하고 유머러스한 분위기를 가지고 있습니다. 등장인물들의 재치 있는 대사와 행동이 웃음을 자아냅니다.

그런가 하면 이 책은 반전의 매력도 지니고 있습니다. 코미디와는 거리가 먼 진짜 진지함의 울림도 얻을 수 있기 때문입니다. 인간의 이중성과 사회적 위선을 풍자하며 현대 사회의 문제점을 비판합니다. 왜 거짓말을 하는지, 이들의 거짓말이 어떤 결과를 초래하는지에 대한 질문을 던지고 있습니다. 욕도 아름다움이 있는 것일까요? 작가 오스카 와일드는 언어의 아름다움을 강조하며 세련되고 우아한 언어를 사용합니다.

메시지의 침투력이 높은 이유를 여기에서 찾을 수 있지요.

　명품 브랜드의 기준이 개성 있는 상징 기호의 확보에 있다고 해도 과언이 아닙니다. 퍼스널브랜드도 마찬가지입니다. 개인 브랜드가 지니는 가장 강력한 상징은 자신만의 키워드를 갖는 일입니다. 대표님의 키워드는 무엇일까요? 저는 '골프와 진지함'을 대표님의 키워드라고 여기고 있습니다. 동의하는지요?
　아무튼 골프와 진지함이라는 우연한 일상이 대표님과 연결되어서 흠칫 놀랐습니다. 그래서 지금 대표님에게 편지를 쓰고 있지만 말입니다. 특히 대표님과 회사의 성장 모습을 보면서 진지함의 가치는 시대를 초월하는 힘을 가지고 있음을 확인하게 됩니다. 진지함은 단순한 태도가 아니라, 삶을 살아가는 방식 그 자체이기 때문이지요.

　물론 저도 진지함을 사랑하는 사람 중의 하나입니다.
　진지함은 성장과 발전을 촉진합니다. 가끔 진지함을 무거운 태도나 엄격함과 혼동하기도 합니다. 하지만, 진지함은 한계를 극복하고 더 나은 사람이 되기 위한 필수적인 요소입니다. 집중을 통하여 역량을 향상시키고 새로운 가능성을 열어줍니다. 진지함의 가치를 널리 알리고 일상생활에서 적극적으로 실천해야 합니다. 이를 통해 더 나은 미래를 만들어 나갈 수 있을 것입니다.

　진지함을 사업의 성과 측면과 연결해 보면 흥미로운 세계를 발견하게 됩니다. 결론적으로 진지함은 탁월한 경영 철학임을 알 수 있었습니다. 현대 비즈니스 세계에서 성공은 단순히 운이나 기회의 산물이 아닙니다. 기업의 성과를 결정짓는 중요한 요소 중 하나는 바로 진지함입니다. 진지함은 기업의 전략, 문화, 그리고 직원들의 행동에 깊이 뿌리내려야 할 핵심 가치입니다.

하나, 전략적 진지함

기업이 성공하기 위해서는 전략적 진지함이 필요합니다. 이는 기업이 장기적인 목표를 세우고, 이를 달성하기 위해 체계적이고 지속적인 노력을 기울이는 것을 의미합니다. 예를 들어, 애플(Apple)은 혁신적인 제품을 개발하기 위해 끊임없이 연구하고 개발에 투자합니다. 이러한 진지함이 애플을 세계적인 기업으로 성장시킨 원동력입니다.

대표님 회사도 이와 맥락을 함께합니다. 놀랍습니다.

"1달러짜리 상품을 진지하게 대하지 않는 회사는 1,000달러 상품에 대해서도 진지하지 못한 경우도 많다."

둘, 문화적 진지함

기업의 문화는 직원들의 행동과 태도를 결정짓는 중요한 요소입니다. 진지함이 기업 문화에 내재화되면 직원들은 자신의 업무에 대한 책임감과 열정을 가지게 됩니다. 이는 고객 만족도를 높이고 기업의 성과를 향상시키는 데 큰 역할을 합니다. 예를 들어, 구글(Google)은 직원들의 창의성과 혁신을 장려하는 문화를 가지고 있으며 이는 구글이 세계적인 IT 기업으로 성장하는 데 큰 역할을 했습니다.

대표님 회사도 마찬가지입니다. 탁월한 선택이 아닐 수 없습니다.

"어떠한 의사결정도 간단히 진행하지 않는다. 그중에서도 당연히 고객과 시장, 소비자를 최우선으로 하고 있다."

셋, 행동적 진지함

직원들의 행동 하나하나가 기업의 성과에 큰 영향을 미칩니다. 진지함이 행동에 반영되면 직원들은 자신의 업무를 꼼꼼하게 처리하고 문제를 해결하기 위해 적극적으로 노력합니다. 이는 기업의 생산성을 높이고 고객 만족도를 높이는 데 큰 역할을 합니다.

대표님의 경우도 마찬가지입니다. 톡톡 튀는 아이디어와 과감한 결단이 만들어 낸 히트상품이 이를 증명합니다. 박수를 보냅니다.

'젝시오 런'. '반반 볼' '품절 템' '젝시오 파더 & 선 클래식' 등등.

자연은 놀라운 가르침을 줍니다. 계절의 변화는 인내와 기다림의 중요성을 가르칩니다. 봄이 오기 전 겨울은 언제나 춥고 길지만, 그 기다림 끝에 오는 봄은 더욱 아름답습니다. 사업도 마찬가지일 것입니다. 때로는 어려운 시기가 있을 수 있습니다. 하지만 그 인내와 기다림이 결국에는 더 큰 성공으로 이어질 것입니다. 새로운 아이디어와 도전을 두려워하지 말고 끊임없이 발전해 나가길 바랍니다.

마지막으로, 진지하다는 것은 마음 쓰는 태도나 행동 따위가 참되고 착실하다는 의미입니다. 이는 '사회적 책임'을 다하는 기업가가 되는 일일 것입니다. 자연은 우리에게 많은 것을 베풀지만, 그 대가를 바라지 않습니다. 대표님도 사회적 책임을 다하는 기업가로서, 사회에 이바지하는 모습을 보여주길 바랍니다. 대표님의 위대한 여정이 자연의 가르침과 함께 더욱 빛나길 기원합니다. 항상 건강하시고 행복하길 바랍니다. 늘 응원하겠습니다.

2024년 9월 11일

'영원한 디바(Diva)' 고(故) 현미 가수님께

> 상실의 아픔이 왜 이렇게 심할까를 생각해 보게 되었습니다. 가슴이 죄어오고 팔이 부러진듯했거든요. 감정을 나누라는 조언이 눈에 들어왔습니다. 슬픔과 아픔을 참지만 말고, 감정을 나누어 마음의 부담을 덜어내라고 하더군요. 편지 쓰기를 그 방법으로 선택한 것입니다.
>
> 『헤르만 헤세, 음악 위에 쓰다.』
> - 헤르만 헤세

현미 가수님, 선생님의 갑작스러운 별세 소식에 아연실색(啞然失色)하지 않을 수 없었습니다. 당시에 저는 제 나름의 음악 놀이에 심취해 있었습니다. 우리의 삶에서 음악과 노래의 힘, 음악인의 위대함 등에 대하여 무릎을 치며 공감하는 시간을 보내고 있었거든요. 구체적 상황이 궁금할 것입니다. 짧지 않지만, 이렇게라도 말씀드려보겠습니다. 그래야 제 마음이 어느 정도 진정이 될 듯해서입니다.

이야기는 헤르만 헤세라는 작가에서부터 시작됩니다. 그는 제가 좋아하는 외국 작가 중의 한 사람입니다. 노벨문학상을 수상했고 〈데미안〉, 〈수레바퀴 아래서〉 등 주옥같은 작품을 선보였습니다. 이 또한 제가 좋아하는 작품입니다. 부처를 향한 깨달음의 여정을 다룬 〈싯다르타〉는 동양의 정취가 풍성하기에 친근함이 더해집니다. 게다가 작가의 취미가 알몸 등산이었다는 사실은 덤으로 관심을 끌기에 충분했습니다.

헤르만 헤세의 매력은 그 정도에서 끝나지 않습니다. 나무나 정원 가꾸기, 그리고 음악에 관한 고견까지 그 폭넓은 관심사에 놀라지 않을 수 없습니다. 그래서 읽게 된 것이 〈헤르만 헤세, 음악 위에 쓰다〉라는 책입니다. 헤세가 음악에 대해서 탐색한 소설과 시, 수필과 편지들을 아우른 것입니다. 이 책은 마치 문장 위에서 음표가 춤을 추는 듯이 하는 데 헤세의 정밀한 음악적 감수성 덕분입니다.

〈헤르만 헤세, 음악 위에 쓰다〉에서 헤세는 본문 첫 페이지에 음악에 대한 자신의 단상을 밝혀놓았습니다.

> '우리 삶에 음악이 없다면!. 누군가 나나 그럭저럭 음악적이라 할 사람에게서 바흐의 성가곡을, 〈마술피리〉나 〈피가로의 결혼〉의 아리아들을 빼앗고 금지하고 기억으로부터 떼어놓는다면, 우리 같은 사람에게 그것은 몸의 장기(臟器) 하나를 잃는 것과도 같을 것이며 감각(感覺) 하나를 반쯤 또는 전부 상실하는 것과도 같을 것이다.'

음악의 가치를 헤세답게 멋지게 표현한 것 같지 않나요? 그런 생각을 하면서 한편으로는 엉뚱한 시도를 해보았습니다. 아리아(Aria)와 성가곡 대신에 제가 좋아하는 가수와 노래를 대입해 본 것입니다. 조용필의 〈바람의 노래〉, 나훈아의 〈테스형〉, 현미의 〈밤안개〉 같은 우리의 가수와 노래에서부터 존 바에즈의 〈Diamonds & Rust〉, 빌리 조엘의 〈Piano Man〉 같은 외국 가수나 노래까지 말입니다.

위에서 언급한 것처럼 "우리 사회에 〈밤안개〉가 없었다면 ……. 장기를 잃고 감각을 상실하는 아픔이 ……." 하면서 선생님의 실존에 감사하며 선생님을 눈앞에 그려보고 있었습니다. 그런 와중에 선생님의 별세 소식을 접하니 충격이 더욱 컸던 것입니다. 그러면서 상실의 아픔이 왜 이렇게 심할까를 생각해 보게 되었습니다. 가슴이 죄어오고 팔이 부러진듯했거든요. 이유를 크게 3가지 정도로 요약할 수 있었는데 선생님은 어떻게 생각하실지 모르겠습니다.

하나, 노래 〈밤안개〉

선생님은 저를 60년대 말 70년대 초의 아련한 어린 시절로 되돌려 놓았습니다. 〈밤안개〉는 그 시절에 남다르게 보이고자 하는 동네 삼촌이나 이모들의 애창곡이었습니다. 물론 저도 따라서 많이 흥얼거렸습니다. 세 살 버릇 여든 간다는 말은 예나 지금이나 잘 맞아 떨어지는 것 같습니다. 제가 10세 때 현미 선생님에 대해 인식했던 강렬한 이미지가 지금껏 강하게 그리움으로 남아있었던 것입니다.

둘, 카리스마

선생님은 긍정의 아우라(aura)가 특히 멋져 보였습니다. 자신감에서부터 솔직함, 건강함, 유머 감각까지 이 모든 것이 응축되어 뿜어내는 카리스마는 매력 만점이었지요. 선생님의 이런 독특한 기운은 전통적인 여인상에 익숙했던 제게 천둥과 번개 같은 놀라움을 안겨주었습니다.

그래서 선생님에 대한 저의 흡인력이 특별하게 작동했나 봅니다.

셋. 인생 스토리

선생님의 화려한 삶 뒤에는 1·4후퇴 때 부모를 따라 월남하던 중 어린 여동생 둘을 외가에 두고 온 아픔이 있었지요. 저의 처가도 이산가족이라서 선생님의 인생 스토리에 강한 유대감을 느꼈나 봅니다. 실향민의 애환을 가까이서 지켜보았거든요. 게다가 노사연, 이무송 부부 가수님, 한상진 배우님과 박정은 감독님 부부까지 제가 좋아하는 분들이 선생님과 한 가족이라는 점도 선생님에 대하여 더욱 애틋한 마음이 들도록 했던 것 같습니다.

그런데 진짜 문제는 상실의 아픔을 극복하는 방법에 관한 것이었습니다. 이런저런 자료를 찾아보았는데 감정을 나누라는 조언이 눈에 들어왔습니다. 슬픔과 아픔을 참지만 말고, 가족, 친구 등에게 감정을 나누어 마음의 부담을 덜어내라고 하더군요. 저는 편지 쓰기를 그 방법으로 선택한 것입니다. 이 편지가 저 하늘 어디에서도 노래하며 춤추고 계실 선생님의 영혼에 가 닿았으면 좋겠습니다.

선생님과의 아픈 이별은 음악에 대한 헤세의 통찰에 깊은 공감을 하도록 해주었습니다. 헤세는 어느 편지에서 음악에 대하여 다음과 같은 말을 남겼습니다.

"음악은 내가 무조건적으로 경탄을 바치는, 반드시 존재해야 한다고 믿는 유일한 예술이다."

이렇듯 노래는 많은 사람에게 강력한 영감과 감동을 줄 수 있는 예술 형태입니다. 노래는 인간의 감정을 표현하고 다른 사람들과 공유할 수 있는 강력한 수단이기도 합니다. 다시금 느껴봅니다. 인생은 짧지만, 예술은 영원하다는 그 사실을 말입니다.

사람들은 선생님에 관해 이야기를 할 때면 선생님의 노래 〈떠날 때는 말 없이〉를 많이 거론하더군요. 가수는 그가 부르는 노래와 같은 운명의 길을 걷는다나요. 그런데 선생님은 떠날 때는 말 없이 가셨더라도 가슴 벅찬 큰 감동을 남겨놓으셨지요. 보고 싶은 얼굴로 오래오래 기억될 선생님께 뒤늦게나마 사랑과 감사의 마음을 전합니다.

2023년 4월 18일

윤석열 대통령님,
이재명 더불어민주당 대표님, 두 분께

> 잘못된 동반자의 모습을 지적하고 싶었습니다. 두 분의 마음에는 국민은 아예 안중에도 없는 듯 보입니다. 이점도 확인하고 싶었습니다. 두 분이 서로에게 한 통의 편지를 전달하기를 소망했습니다. 화해하는 데에 편지가 효과적인 수단으로 활용되니까요.
>
> 『곰스크로 가는 기차』
> – 프리츠 오르트만 지음

　두 분의 우리나라 대한민국 지도자님, 제가 좋아하는 말 가운데 하나가 동반자(同伴者)라는 말입니다. 어떤 행동을 할 때 짝이 되어 함께 상호작용하고 상호존중 하는 관계의 사람을 일컫지요. 영혼의 동반자, 인생의 동반자 등으로 널리 사용됩니다. 국정의 동반자 또는 국정의 파트너라는 말도 그중의 하나입니다. 이 용어가 예전에는 정치 뉴스에 자주 등장했었는데 어느 순간부터 아예 사라져 버린 것 같습니다.

막스 베버는 정치를 "국가의 운영 또는 이 운영에 영향을 미치는 활동"이라고 정의했습니다.

국정 운영의 동반자 관계는 너와 내가 딱 양 진영으로 나누어서 대결하는 것이 아니라 함께 역할 분담을 하고 협력하여 국가 발전에 이바지하는 것을 말합니다. 대통령님과 대표님은 각각의 역할에 있어서 가장 중요하고 영향력이 있는 국민 대리인임은 자명한 사실이고요.

매사 타이밍이 중요하다고 하지요. 저는 4·19 혁명 기념일을 주목했습니다. 그 어떤 기념일보다도 정파의 논리에 치우치지 않는 날이라고 생각했기 때문입니다. 이런 기대감을 가지고 지켜보았는데 결과적으로는 올 63주년 4·19 혁명 기념식 행사는 그 기대를 충족시키지 못했습니다. 잘못된 동반자의 모습이 두드러졌을 뿐 아니라 거짓·선동, 사기꾼, 독재 같은 단어들이 기념식장을 맴돌았습니다.

송구스럽지만 대통령님의 메시지는 누구를 향한 것인지 저는 알 길이 없었습니다. 사용된 단어의 적절성도 그렇고 상호 소통의 모습이 보이지 않았습니다. 협치(協治)의 가능성은 물거품이 되었습니다. 아니 함께 정치할 생각이 없는 것으로 보였다면 지나친 억측일까요?

최근 프리츠 오르트만의 〈곰스크로 가는 기차〉라는 소설을 읽었습니다. 이 소설의 매력 중의 하나가 무궁무진한 해석 가능성입니다.

'곰스크'란 실제의 도시가 아니라 사람이 살아가면서 이상향으로 그리고 있는 상징적인 장소입니다. 또한, 그곳에 도착하고자 하는 인생의 목표 같은 것이기도 합니다.

남편과 아내가 '곰스크'라는 곳으로 기차 신혼여행을 갑니다. 여자는 곰스크로 가고 싶지 않지만 마지못해 남자를 따라갑니다. 그러다가 간이역에서 잠시 기차가 정차하게 되는데, 그곳에서 쉬다가 그만 기차를 놓치고 맙니다. 여러 가지 사건이 발생하고 결국 남자는 여자의 바람대로 간이역이 있는 마을에 정착합니다. 아이들이 태어나고 교사라는 일자리도 얻어서 겉으로는 안정된 것 같지만 남자는 여전히 곰스크로 가는 꿈을 버리지 못합니다.

〈곰스크로 가는 기차〉에는 의미 있는 시사점이 숨어 있는데 저는 한 가정의 성장 공식을 발견할 수 있었습니다. 그 원리는 단순합니다. 즉 남편과 아내 두 사람의 역할과 책임에 관한 것입니다. 한 사람은 이상론(理想論)을 펼치는 것이고 또 한 사람은 현실론(現實論)을 주장하는 것입니다. 그리고 더 중요한 것은 이 양자를 조화롭게 운영하면 그 가정은 발전할 수 있다는 것입니다.

> "한 번 더 생각해 보지 그래요? 곰스크에서 당신을 기다리는 것이 무엇인지 누가 알겠어요? 여기서는 묵을 곳도 있고 생활도 보장되며 일거리도 충분한데……."

작품 속에서 발견한 이 인생 공식은 국가 단위에도 그대로 적용될 수 있습니다. 국가를 하나의 커다란 가족으로 상상해 보는 것입니다.

그러면 대통령은 가장이자 남편의 역할을 하는 것이고 야당 대표는 아내의 목소리를 내는 것이라고 할 수 있을 것입니다. 물론 국민은 자식들인 셈이지요.

그런데 안타깝게도 대통령님과 대표님, 두 분은 문제가 많은 부부인 것 같습니다. 대화는 물론이고 그 흔한 부부싸움도 하지 않습니다. 쇼윈도 부부도 이와 같지는 않을 것입니다. 자식들은 아예 안중에도 없는 듯 보입니다. 오히려 자식들이 부모 걱정 때문에 마음고생이 이만저만이 아닙니다. 어떻게 하면 될까요?

두 분이 상대방에게 편지를 써볼 것을 권합니다. 〈곰스크로 가는 기차〉에서도 부부가 화해하는 데에 편지가 효과적인 수단으로 활용됩니다.

"곰스크에 가면, 나한테 편지 보내줄 거죠? 당신 주소라도 알려주세요. 아이가 태어나면 편지를 써야 하니까요!"

편지에는 상대방이 있습니다. 편지를 쓰는 동안 상대방을 마음속에 담아놓습니다. 그의 모든 것이 궁금합니다. 그의 슬픔과 괴로움에 공감하고 싶어집니다. 그를 응원하고 무엇인가를 주고 싶어집니다. 그래서 지우고 또 지우고를 반복합니다. 편지는 가장 간소한 정성을 들여서 가장 큰 기쁨을 얻을 수 있는 콘텐츠입니다. 편지는 너와 나, 우리가 따뜻한 행복을 나눌 수 있는 손난로입니다.

미국 대통령들은 전통적으로 평화적인 정권 이양의 상징으로 후임자를 격려하는 손 편지를 남겼습니다. 그리고 취임식에 참석해 새 정부의 출범을 축하하는 화합의 장을 보여줬습니다. 편지가 미국의 동반자적 정치문화 형성에 큰 역할을 하고 있다는 간접증거인 것입니다. 그런데 바이든 정부가 출범할 때 이 전통이 끝날 것이라는 우려가 있었습니다. 전임자인 트럼프 대통령의 괴팍성 때문이었습니다. 그러나 결국 트럼프도 바이든에게 편지를 남기면서 그 전통을 이어갔습니다. 너무나 부럽고 아름다운 정치문화, 동반자 문화가 아닐 수 없습니다.

우리나라에서도 정치 지도자들의 '편지 소통 문화'가 꽃피워지길 기대해 봅니다. 꼭 정권 이양의 시기가 아니더라도 편지 소통은 의미 있는 역사적 돌파구를 만들어 낼 수 있는 실용적인 수단입니다.

"밤새 잘 있었는가? 낯빛이 좋아졌으니 매우 다행이다. 출근하느라 피곤하지 않은가?"
"밤에 자다가 처마에서 물이 떨어지는 소리를 듣고서 농사를 망치게 될까, 걱정하느라고 닭이 세 번 울 때까지 잠을 이루지 못하였다. 늦게서야 비가 그쳤으니 기뻐 날뛸 지경이다. 간밤에 잘 잤는가?"

이 다정다감한 인사말은 조선 시대 정조 임금(1752~1800)의 편지에서 발췌한 문장들입니다. 정조는 국정의 문제나 의안이 발생하면 종종 편지를 보내 의논하고, 정책을 추진했다고 합니다. 정조는 이러한 편지 문화를 정치적으로 활용했던 것이지요.
윤석열 대통령님이 이재명 대표님께, 이재명 대표님이 윤석열 대통령님께로 시작하는 국정 운영 동반자의 편지, 생각만 해도 기분이 좋지 않습니까? 역시, 편지는 쓰고 볼 일입니다.

2023년 5월 3일

한동훈 법무부 장관님께

> 가짜뉴스가 근절되기를 기도했습니다. 가짜뉴스를 몰아내려면 법(法)이 중심을 잡아야 한다는 점을 알리고 싶었습니다. 검찰 조직과 업무의 중요성을 상기하고 싶었습니다. 법이 한쪽으로 치우치지 않고, 진실만을 바라보며 중심을 잡아야만, 평등하고 존엄하게 살아갈 수 있음을 확인하고 싶었습니다.
>
> 『검찰관』
> - 니꼴라이 고골

　장관님, 지난 4월 24일 동네 도서관을 찾았습니다. 찾는 책이 당연히 비치되어 있을 것이라고 생각했습니다. 그런데 예상과 달리 찾을 수가 없더군요. 아쉬웠지만 기왕 온 김에 다른 책을 대출하기 위해서 세계문학전집 코너를 두리번거렸습니다. 러시아 작가 니꼴라이 고골의 희곡 〈검찰관〉을 빼어 들었습니다. 이 작품에 대해서는 연극 등을 통하여 어느 정도 알고 있었지만 정작 책으로는 읽지 못했거든요. 게다가 최근 우리 사회에서 검찰에 대한 이야기가 많이 거론되고 있지 않습니까? 자연스럽게 법무부 장관님을 떠올리게 되었습니다.

〈검찰관〉을 읽은 후의 느낌은 좀 독특했습니다. 첫 느낌과 끝 느낌이 완전히 달랐으니까요. 첫 감상은 마치 개그콘서트의 한 코너를 보는 것처럼 배꼽을 잡는 것이었습니다. 당시 러시아 사회를 신랄하게 비판하고 풍자하니까요. 그런데 또 다른 느낌은 놀랍게도 슬픈 감정이었습니다. 진짜가 아닌 가짜가 판을 치고 긍정과 희망보다는 부정과 냉소의 구름이 덮여있으니까요. 게다가 등장인물들은 사기꾼이거나 부정부패에 물든 그런 사람들로 가득합니다. 줄거리를 잠깐 소개해 드리겠습니다.

암행 검찰관이 러시아의 어느 소도시를 방문한다는 소식이 전해진다. 시장을 비롯한 지방 유지들은 홀레스따코프라는 23세의 청년을 검찰관으로 착각한다. 이에 따라 기상천외의 에피소드가 연속해서 발생한다. 이 가짜 검찰관에게 관료들은 자신들의 비리를 감추기 위해서 뇌물을 받치며 아부를 하고, 소시민들은 시장의 비리에 대하여 폭로, 고발, 탄원을 한다.

가짜 검찰관은 이런 어처구니없는 해프닝을 자신이 알고 지내는 기자에게 편지를 써서 보낸다. 호기심 천국인 우체국장이 이 편지를 개봉하며 가짜 검찰관의 정체가 밝혀진다. 그는 사기꾼 기질을 갖춘 건달이었던 것이다. 이런 황당무계한 사실 앞에 모두가 넋을 잃는다. 이때 진짜 검찰관이 도착했다는 소식이 전해지고 모든 사람들이 경악에 빠져 돌처럼 굳어 버리며 막이 내린다.

당시 〈검찰관〉의 공연은 폭발적인 반응을 일으켰습니다. 그 시대의 핵심 정서를 건드렸기 때문입니다.

먼저 정치 사회적으로 큰 파장을 몰고 왔습니다. 악의적인 중상모략이라는 보수주의자들과 우리사회의 진면목을 보여주었다는 진보주의자들의 주장이 첨예하게 대립했습니다. 공연을 직접 관람한 니꼴라이 1세는 다음과 같은 관람 소감을 남겼습니다.

"음, 모두 멋있게 두들겨 맞았어. 그러나 누구보다도 호되게 얻어맞은 것은 황제인 나야."

그런데 황제의 이러한 쿨한 모습은 겉으로 뿐이었고 실제의 모습은 전혀 다른 것이었습니다.
작가 고골은 약 6년 동안 로마로 피신을 가야만 했습니다. 당국을 조롱하고 손가락질한 괘씸죄에 대한 벌칙이었던 것입니다.

〈검찰관〉은 '풍자의 미학'이라는 찬사를 받으며 일반 대중들에게도 크게 어필했습니다. 이러한 찬사는 오늘날에도 계속 이어지고 있습니다. 세계 곳곳에서 지금 이 순간에도 관객들이 이 작품 앞에서 포복절도하고 있으니까요.

〈검찰관〉의 에피소드는 '착각(錯覺)'에서부터 비롯됩니다. 그들은 왜 가짜 검찰관 홀레스따코프를 부처님의 눈으로 보지 못하고 돼지의 눈으로 보게 되었을까요? 관리들이나 아첨꾼들의 뒤가 구린 탓입니다. 숨겨둔 약점이나 잘못이 있는 것이죠. 그래서 그들은 헛것 즉 환영(幻影)을 진짜로 여기게 된 것입니다.

당시 러시아 사회는 한 마디로 '개판'이었습니다. 혼돈과 무질서 속에서 인간들의 속물근성과 탐욕이 극점을 찍고 있었던 것입니다. 이런 상황에서 가장 잘 통하는 것은 바로 위선과 거짓입니다.

사기꾼과 가짜들이 판을 치게 됩니다. 서로 속고 속이면서 엄청난 부작용을 만들어 냅니다.

안타깝게도 〈검찰관〉의 이 '웃픈' 메시지는 오늘날 우리 사회와도 무관하지 않은 것 같습니다. 우리도 가짜 이슈로 몸살을 앓고 있으니까요. 특히 가짜뉴스는 국민의 건전한 정신을 병들게 하고, 민주주의 질서를 어지럽히는 해악 중 하나입니다.

가짜가 아닌 진짜 세상을 만들기 위해서는 어떻게 해야 할까요? 작품 속에서는 크게 두 가지 방법을 제시하고 있음을 알 수 있습니다. 우선 개개인의 인성과 양심에 희망을 걸어보는 것입니다.

그런데 이는 다분히 이상적이라는 한계가 있습니다. 그렇다면 현실적인 방법은 무엇일까요? 그것은 자물쇠공의 아내가 흘레스타꼬프에게 억울함을 호소하면서 하는 말에서 찾을 수 있을 것입니다. 바로 '법(法)'으로 해결하는 것입니다.

"그런 일은 어느 법에도 없는 문제입니다."

법이 중심을 잡아야 합니다. 하루가 멀다 하고 쏟아지는 사건 사고 소식에 정신을 차릴 수가 없습니다. 각자의 주장만이 난무하고, 정의는 힘의 논리에 밀려 자취를 감춘 지 오래라고 합니다. 장관님도 동의하시나요? 법은 사회의 나침반이자 등대와 같습니다. 수많은 이해관계가 얽히고설킨 복잡한 현대 사회에서, 법은 모두가 공존할 수 있는 최소한의 질서를 제시한다고 배웠습니다. 법이 없다면, 세상은 힘센 자가 약한 자를 지배하는 정글로 변해버릴 것입니다.

법은 공정함과 정의를 향한 우리의 약속입니다. 그 약속이 흔들린다면, 사회는 혼란에 빠질 수밖에 없습니다. 법은 어느 한쪽으로 치우치지 않고, 오직 진실만을 바라보며 중심을 잡아야만 법 아래에서 평등하고 존엄하게 살아갈 수 있다는 믿음을 가질 수 있을 것입니다. 시대의 변화와 사회적 약자의 목소리에 귀 기울이며, 끊임없이 스스로를 성찰하고 발전시키는 노력이 필요하지 않을까요? 법이 정의로운 거울이 될 때, 비로소 더 나은 미래를 향해 나아갈 수 있을 것입니다.

장관님, 저는 법에 대하여 잘 알지 못하지만 법이 중심을 잡지 못하면 진짜와 가짜의 구분선이 무너진다는 정도는 알고 있습니다.

공정과 양심과 상식이 살아 숨 쉬는 그런 법적 시스템이 작동하도록 용기와 헌신으로 일해주시기를 간곡히 요청 드립니다. 장관님의 멋진 취임사처럼 말입니다.

"대한민국 국민은 짧은 시간에 민주화와 산업화를 동시에 이룬 위대한 사람들이고, 그런 공정한 시스템을 가질 자격이 충분한 사람들입니다."

2023년 5월 15일

한성정 배구 선수님께

> 대한민국을 적시는 효심(孝心)의 강물 같았습니다. 이 시대 최고의 아들과 최고의 아버지에게 고마움을 전하고 싶었습니다. 3년 넘게 요양 병원에서 투병하고 있는 제 아버지의 쾌유를 기원하고 싶었습니다. 아버지에게 다가가지 못했던 지난날을 반성하고 싶었습니다.
>
> 『아들과 아버지』
> – 이정록 글, 배민경 그림

 한성정 선수님, 지난 5월 9일은 특히 오래 기억될 듯합니다. KBS1-TV '아침마당'의 '화요초대석'에 한성정 선수님과 아버지 한은범님이 함께 출연했더군요. 결론적으로 정말 감동적이었습니다.

 오늘날에도 저런 젊은이가 있나 싶을 정도로 한 선수님의 대견함에 박수를 보냈습니다. 게다가 아버지의 인생철학을 들어보니 아버지 한은범님은 키는 왜소했지만, 정신은 하늘만큼의 높이를 지닌 분이더군요. 가슴 뭉클했습니다.

한 선수님과 아버지의 이야기가 특별하게 다가오는 것은 아마도 저의 저간의 사정과 무관하지 않았습니다. 저희 아버지는 3년 넘게 요양 병원에서 투병 중입니다.

그래서 그런지 아버지라는 단어만 들어도 아버지와 아들, 아들과 아버지를 자꾸 생각하며 눈물을 짜곤 했습니다. 그러던 중에 성정 선수님과 아버지의 이야기를 들었으니, 감정이 솟구쳤던 것입니다.

저는 지금 한 달에 한 번꼴로 아버지를 면회합니다. 코로나 면회 원칙 때문에 자주 뵙지 못해서 마음이 아픕니다. 그럴수록 더욱더 아버지와 관련된 책이나 영화, 음악을 찾게 되더군요. 최근에는 김동리의 단편 〈아버지와 아들〉, 이 작품은 전쟁 속에서도 피어나는 새아버지와 아들의 가슴 저미는 사랑 이야기를 담고 있지요.

러시아 작가 투르게네프의 〈아버지와 아들〉, 이 작품은 아버지 세대(구세대)와 아들 세대(신세대) 간의 갈등을 다루고 있습니다. 그리고 이정록 시인의 『아들과 아버지』라는 책을 읽고 있었습니다.

그중에서도 이정록 시인의 『아들과 아버지』가 특히 제 마음을 끌었습니다. 분류상 어린이 도서인 동화(童話)였는데 실제 내용을 살펴보니 오히려 제가 꼭 읽어야 할 이른바 '어른을 위한 동화'였기 때문입니다. 비유하자면 〈어린 왕자〉 같은 책이라고 할 수 있겠습니다.

〈아들과 아버지〉는 어릴 적 개구쟁이 시절에 경험했던 여러 가지 에피소드에 기발하고 재미난 상상력을 고구마 넝쿨처럼 보탠 것입니다. 그중에서도 특히 아버지와 관련된 시선과 추억이 가슴에 깊이 와닿았습니다. 그리고 이 지점에서 성정 선수님의 경우와 공통 분모가 작용해서 깊은 감정 몰입을 하게 된 것 같습니다. 그중 몇 가지를 소개해 봅니다.

하나. 아버지의 격려
"기적을 믿어라. 넌 네가 생각하는 거보다 훨씬 큰 사람이 될 거다. 한 번 따라 해 봐라."

동화 속의 아버지는 허풍쟁이입니다. 그런데 밉상은 아닙니다. 특히 아들에게 하는 허풍은 더욱 그렇습니다. 오히려 이 말은 다정과 신뢰의 표현이기도 해서 아들에게 큰 힘이 됩니다.

성정 선수님도 아버지의 격려에 큰 힘을 얻었을 것입니다. 그중 가장 큰 격려는 아버지가 경기장을 찾는 일이 아닐까, 합니다. 14년 동안 한결같이 경기장을 찾는다는 것은 제 생각으로는 도저히 이해하기가 힘든 일이었습니다. 아버지가 행동으로 보여주는 격려와 응원은 곧 성정 선수님에게 큰 에너지로 전달되었을 것입니다.

둘, 아버지와 아들의 거리
"아버지와 아들 사이는 늘 어색한 거야. 사랑하는 법을 배운 적이 없거든."
"아버지와 아들이란 게 본래 어설픈 거야"

작가가 〈아들과 아버지〉를 쓴 이유도 어색함, 어설픔에 있었습니다. 작가는 본인도 아버지한테 참 어설펐다고 고백하면서 세상의 모든 아버지와 아들이 헤프게 사랑을 나눴으면 좋겠다고 말하고 있습니다. 저의 경우도 꼭 그랬던 것 같습니다. 그래서 이 대목에서 감정이 복받쳐 오르게 되는 모양입니다.

성정 선수님의 경우는 일반적인 부자지간의 모습을 뛰어넘은 것으로 보였습니다. 다정다감한 소통으로 거리감이 전혀 없는 것처럼 보이니까요. 이는 진정한 사랑의 공감대가 형성되어 있기에 가능했을 것입니다. 아버지 한은범님은 "장애가 있는 아버지라서 미안하다."라고 고백하지만, 아들 성정님은 오히려 "아버지를 부끄러워하지 않는다."라고, 당당하게 말하고 있지 않습니까!

셋, 표현한다는 것

"고마워요."
"그래, 나도 고맙다. 아버지와 아들 사이에는 고마움이 살아 있어야지."

〈아들과 아버지〉에 나오는 부자지간의 훈훈한 대화입니다. 그러나 현실적으로 많은 아버지와 아들은 이런 표현에 서툴기에 이것은 아버지와 아들 사이에서 남아있는 영원한 해결 과제 이기도 한 것입니다. 그래서 저도 어디에서건 답을 찾고자 했습니다. 그런데 바로 성정 선수님이 그 답을 전해주었습니다.

한창 사춘기 시절에는 아주 작은 흠이 있어도 그것을 감추고 부끄러워합니다. 그런데 그런 것을 의식하지 않고 오히려 아버지와 아들이 서로 '미안, 사랑, 고마움'의 표현을 주고받는 모습은 아름다움을 넘어 숭고함까지 느끼게 해주었습니다.

"아버지의 시냇물이 제게로 와서 강물이 됐습니다.
마른 땅 적시며 잘 흘러가겠습니다."

책 머리말에서 작가가 남긴 말인데 성정 선수님도 그랬으면 좋겠습니다. 여기서 잘 흘러간다는 것은 배구를 지속해서 잘하는 그런 선수가 되는 것이겠지요. 그것이 곧 성정 선수님 개인의 성장과 아버지에 대한 진정한 효도 방법일 것입니다. 최고의 아들 한성정 선수님, 최고의 아버지 한은범님, 오래오래 파이팅입니다. 그리고 고맙습니다.

2023년 5월 23일

차정숙, 엄정화 두 친구님께

> 멀어진 두 친구님을 화해시키고
> 싶었습니다. 우정이야말로 삶의 진짜
> 보약임을 전하고 싶었습니다. 알고 있나
> 요? 우정이란 두 몸 안에 들어 있는 한 영혼인
> 것을. 또한 편지는 진정성을 전달하기에 적합한
> 수단이라고 판단했기 때문이지요.
>
> 『여성의 우정에 관하여』
> - 메릴린 옐롬, 테리사 도너번 브라운 지음

정숙, 정화, 두 친구님. 가슴이 몇 차례 철렁했습니다. 놀라움의 연속이었습니다. 불화의 당사자가 두 친구님이어서 처음 놀랐습니다. 다툼의 내용이 동기 카톡방에 공개되어서 더욱 놀랐습니다. 그 어떤 내용도 사전에 들어본 적이 없었고 그 이유도 몰랐기에 더더욱 놀랐습니다. 한참을 고민해 보아도 해결의 기미가 보이지 않아서 놀랐습니다. 두 친구님의 인연에 대하여 생각해 보고는 더욱 놀랐습니다.

충청북도 청원군 미원면 창고 마을. 이 시골에서 정숙 님과 정화 님은 소꿉놀이 친구로 함께 자랐습니다. 물론 지금까지 50여 년 동안 그 우정과 인연은 계속되고 있고요. 그 동네에서 재수, 정응, 은경, 은희, 광진, 완희 친구 등도 함께 지내며 정월 대보름날에는 밥 훔쳐 먹기, 쥐불놀이 하면서 하나가 되었고요. 특히 정숙 님과 정화 님은 아랫집과 윗집으로 마주해서 그 관계가 더욱 살가웠지요.

요즈음 유행하는 '낄끼빠빠'라는 신조어를 아는지요? '낄 때 끼고 빠질 때 빠져라.'를 줄여 이르는 말로 모임이나 대화 따위에 눈치껏 끼어들거나 빠지라는 뜻이라고 합니다. 친구님들의 문제를 해결하기 위한 아이디어보다는 이 말이 먼저 생각났습니다. 제가 관여하는 것이 주제넘을 수도 있으니까요. 그런데 저도 친구님들과 인연의 끈을 함께 묶고 있기에 관여하는 것이 옳다고 생각했습니다.

어떤 방법으로 끼어들까를 고민했습니다. 전화할까, 두 친구님을 따로따로 만나볼까, 아니면 차라리 세 명이 함께 만나면 어떨까 등등. 결국에는 이렇게 편지를 쓰는 방법을 택했습니다. 편지는 진정성을 전달하기에 적합한 수단이라고 판단했기 때문이지요. 저는 평소에 편지쓰기를 좋아하지만, 친구님들에게 쓰는 이번 편지는 무척 힘이 들더군요. 친구님들의 관계가 좋아지기는커녕 더 나쁜 상황이 될 수도 있을 거라는 걱정 때문이었습니다.

친구님들의 예기치 못한 불화가 저를 예민하게 만들었습니다. 도서관에서 『여성의 우정에 관하여』라는 여성 작가의 책이 눈에 쏙 들어왔으니까요. 작가는 이 책을 쓰게 된 계기를 30년 지기 여성 친구의 죽음 때문이라고 밝혔습니다. 그녀와 함께했던 우정이 얼마나 소중했으며, 다른 그 무엇도 그 우정을 대신할 수 없음을 뼈저리게 느꼈다고 했습니다. 그녀를 영원히 기리고 싶었는데 그것이 바로 '여성의 우정'에 관한 책을 쓰는 것으로 생각했던 것입니다.

『여성의 우정에 관하여』는 미국 여성 작가의 시선에 의한 우정 이야기를 다루고 있지만 마치 정화와 정숙 두 친구님의 우정에 관하여 이야기하는 것처럼 들립니다. 나라와 인종은 달라도 우정은 하나로 통하는 것 같습니다. 인생의 모든 일이 그렇듯이 우정도 '있을 때 잘해야 한다.'라는 상식을 되새겨 보게끔 해주기도 합니다.

"나이에 상관없이 남자든 여자든 좋은 친구들이 행복한 삶에 필수적인 요소이다. 남자들의 우정과 여자들의 우정은 다르다. 남자들은 함께 모여 어깨와 어깨를 나란히 하는 식의 관계를 맺는 데 비해. 여자들은 얼굴과 얼굴을 마주 보는 관계를 맺는 경향이 있다. 특히 여자에게 친구라는 것은 앙갚음당할 염려 없이. 공감과 응원을 기대하며 무엇이든 솔직하게 이야기할 수 있는 사람이다. 그렇다. 여자 친구들끼리는 할 말이 많다. 주워들은 소문으로 입방아를 찧고, 깊은 속내를 털어놓고, 부모나 배우자나 자식에게는 알리고 싶지 않은 일들도 서로에게 이야기한다."

저는 이런저런 강연에서 다음과 같은 퀴즈를 내곤 합니다.
친구님들도 한번 맞춰 보세요. 잠자리 날개가 바위에 스쳐 그 바위가 하얀 가루가 될 즈음에 그때야 한번 찾아오는 것은? 네 그렇죠, 정답은 인연(因緣)입니다. 큰 바위가 하얀 가루가 될 때쯤에 한 번 찾아오는 것이라니 인연 맺음은 그토록 어렵게 다가온다는 것이지요. 바로 두 친구님의 인연이 그런 것 아닌가요.

도대체 어떤 일이 있었는지는 잘 모르겠지만 하여간 빨리 화해했으면 좋겠습니다. 행복한 인생을 살아가는 데에는 우정 어린 친구의 존재가 으뜸이라고 합니다. 그래서 친구 사이의 우정을 보석과 같이 소중한 것이라고 노래하는 것이지요. 요즈음에는 직계 가족도 이런저런 사정으로 남보다 먼 사이가 되는 것을 종종 접하게 됩니다. 그에 반하여 친구 사이는 변함없이 유일하게 남아 있는 서로의 의지처일지도 모른다고 한다면 지나친 억측일까요?

두 친구님은 평생 우정을 지금껏 잘 표현했습니다. 어린 시절부터 할머니가 된 지금까지 행복과 굴곡을 함께 그렸습니다. 두 친구님은 찬란했던 시절이건 어두웠던 순간이건 모든 것을 함께했지요.

두 친구님의 인생은 두 친구님이 주인공으로 등장하는 한 편의 '우정 드라마'였습니다. 이 얼마나 아름답고 행복한 친구 사이입니까? 정숙, 정화, 두 친구님은 이런 귀한 인연입니다. 빨리 오해를 풀고 소주 한잔 합시다. 제가 대접하겠습니다.

아침이면 단톡방에 100세 시대를 잘 사는 법에 대한 정보가 가득합니다. 그중 하나가 친구입니다.

친구는 삶의 질을 높이는 중요한 요소입니다. 친구는 정서적 지지 체계의 중요한 역할을 합니다. 어려움을 함께 나누고, 긍정적인 영향을 주고받으며 삶의 활력을 얻을 수 있습니다. 본인의 속마음을 터놓을 수 있는 친구가 있으면 정신건강을 유지하면서 살아갈 수 있습니다. 나아가 전문가들은 다양한 친구 관계를 맺고 세대를 초월한 유대감을 형성하며 사회적 지지를 받는 것이 중요하다고 강조합니다.

나태주 시인은 〈풀꽃〉에서 노래했습니다. 자세히 보아야 예쁘고 오래 보아야 사랑스럽다고 말입니다.

정숙 님과 정화 님도 그렇게 지내오지 않았나요? 정화 님이 트로트를 구성지게 불러대면 정숙 님은 몸치에 어울리는 막춤을 추었지요, 자세히 오래 보았기 때문입니다.

다시 그 모습 그대로 잘 지냈으면 좋겠습니다. 아픔이 빨리 회복되었으면 좋겠습니다. 친자매 같은 그런 관계로 말입니다. 허물없이 지내던 그 친구로 말입니다. 아리스토텔레스가 말한 것처럼 우정이란 두 몸 안에 들어 있는 한 영혼이니까요.

2023년 6월 8일

노무현 대통령님께
깨어있는 시민 의식이 대한민국을 바로 세운다.

이석기 대표님께
'K-크루즈'의 위상을 드높이다.'

박항서 축구 감독님께
마음을 얻어야 기적도 얻는다.

줄리엣 애슈턴 작가님께
서른두 살 여자의 삶을 송두리째 뒤바꾸다.

김찬호 연구원님께
"제2의 인생, 수필처럼 사세요."

점례와 순임 초등동창 친구님께
"10월 14일, 6년 만에 정답게 만나요."

안토니우 구테흐스 UN 사무총장님께
"누가 골머리 앓는 우리 지구를 대변해 줄까요?"

고(故) 박대성 형님께
"네가 그리우면 나는 울었다."

진정자 진주문진생태찌개 사장님께
"제 꿈은 음식을 통한 보은(報恩)입니다."

토머스 허드슨 화가(畫家)님께
"꿈꾸어도 노래하지 않고 두 쪽으로 깨뜨려도
소리하지 않는 바위가 되리라."

3장

나무가 되고 숲이 되고 산이 되고

편지는 한 그루의 나무처럼 고유한 이야기를 품고 있다. 가지마다 저마다의 생각이 열리고, 잎사귀 하나하나에는 감정이 새겨진다. 나무가 긴 세월 동안 비와 바람, 봄과 겨울을 견디며 자라듯, 한 통의 편지도 시간 속에서 그 의미가 점차 깊어지고 변화한다.

나무들이 모여 숲을 이루고, 그 숲이 모여 하나의 산이 되듯, 편지 또한 단순한 기록을 넘어 관계의 지층을 형성하고 삶의 지형을 그려간다. 산에 오르면 숲과 나무들이 아래로 펼쳐지고, 위로는 하늘이 열린다. 편지를 쓰는 일은 마치 산을 오르는 여정과 같다. 한 걸음, 한 문장, 그 끝에 닿으면 우리는 이전보다 더 넓은 시야와 더 깊은 깨달음을 얻게 된다.

편지는 시간을 초월하는 힘을 지닌다. 오랜 세월이 흐른 뒤 다시 꺼내 읽으면, 잊고 지냈던 순간이 되살아나고, 묻혀 있던 감정이 다시 숨을 쉰다. 나이테를 바라보며 나무가 지나온 시간을 상상하듯, 우리는 편지로 과거의 마음을 더듬는다. 편지는 기록 그 이상이며, 시간과 공간을 뛰어넘는 사람과 사람 사이의 다리가 된다.

노무현 대통령님께

> 대통령님께 몇 가지를 고백하고자 합니다. 하나, 죄송합니다. 둘, 감사합니다. 셋, 자랑스럽습니다. 깨어있는 시민 의식이 대한민국을 바로 세운다, 기억하고 실천하겠습니다.
>
> 『링컨의 연설과 편지』
> – 에이브러햄 링컨 지음

    노무현 대통령님, 하늘나라 먼 곳에서 어떻게 지내시는지요? 사실 저는 해마다 5월이 되면 여러모로 심란(心亂)합니다. 계절의 여왕, 가정의 달 등 익숙했던 5월의 별명에 거부감이 생기기 때문입니다. 언제부터인가 5월은 여전히 인구에 회자되는 토머스 스턴스 엘리엇(1888~1965)의 '가장 잔인한 달 4월'을 제치고 제게 가장 잔인한 달이 되었습니다. 아마도 5.16, 5.18, 5.23 때문일 것입니다.

    무엇보다도 5월 23일은 대통령님이 돌아가신 날이라서 늘 가슴이 먹먹

합니다. 올해는 그 마음을 달래기 위해서 『링컨의 연설과 편지』라는 책을 읽었습니다. 대통령님은 링컨 대통령을 좋아했지요. 그래서 그런지 『링컨의 연설과 편지』에는 대통령님을 생각나게 하는 장면들이 많이 담겨있습니다. 그중에서 게티즈버그 국립묘지 헌정식 연설이 특히 그렇습니다. 연설의 마지막 구절은 민주주의의 핵심을 잘 정의한 명언으로 유명하지요.

"……. 그리고 인민의, 인민에 의한, 인민을 위한 정부가 지상에서 결코 소멸되게 하지 않을 것이라고 굳게 다짐하는 바입니다."

그 연설은 약 2분 분량의 짧은 연설이었다고 합니다. 그런데 임팩트가 대단했던 것 같습니다. 미국 역사상 제2의 건국 선언으로 일컬어질 만큼 칭송을 받고 있고 또한 시간이 갈수록 널리 사람들의 입에 자주 오르내리고 있으니까요. 요즈음 우리나라에서 "아내를 제가 버려야 합니까?" "부끄러운 줄 알아야지!" 등 대통령님의 연설 동영상이 큰 주목을 받는 것과 같은 맥락으로 여겨져서 기분이 좋습니다.

편지 쓰기는 진솔한 고백의 하나입니다. 이참에 저도 대통령님께 몇 가지를 고백하고자 합니다. 가수 송창식 님은 맨 처음 사랑 고백은 몹시도 힘이 든다고 노래했지요. 제가 하는 고백도 일종의 사랑 고백입니다. 그래서 우물쭈물 땀만 흘렸습니다. 바보처럼 말입니다. 최근 3년 동안에는 특히 그런 증세가 심했습니다. 이제는 그냥 놔두면 가슴이 터질 것 같았습니다. 세 가지를 말씀드리겠습니다.

하나, 죄송합니다.

먼저 불편한 진실을 드러내야 하겠습니다. 벌써 14년 전이네요. 2009

년 제가 한창 직장 생활을 하던 때였습니다. 5월 22일 금요일 저녁에 고객과 중요한 약속이 있었습니다. 여의도에 있는 단골 술집에 가서 부어라 마셔라 했습니다. 시간이 지나 깨어보니 다음날 토요일 아침이었습니다. 차 안에서 혼자 잤던 것입니다. 시쳇말로 필름이 녹았으니, 간밤의 기억이 도통 생겨나지 않아서 황당하기 그지없었습니다.

정신을 차리고 라디오를 켰습니다. 그런데 이 무슨 날벼락입니까! 노무현 대통령님이 서거하셨다는 뉴스를 접한 것입니다. 별의별 생각이 다 들더군요. 그중에서 특히 죄송함의 감정에 목이 메었습니다. 간밤에 저리 고뇌하셨을 동안에 저는 영업을 핑계로 흥청망청 유흥에 집중했으니까요. 흐르는 눈물 때문에 운전을 제대로 할 수 없었습니다. 한동안, 이 불편한 진실 때문에 부끄러워 얼굴을 들지 못했습니다.

둘, 감사합니다.

대통령님의 비극은 아이러니하게도 제게 빛나는 변화의 명분을 제공해 주었습니다. 제가 깨어있는 민주시민이 되고자 더욱 노력하게 되었다는 것입니다. '노무현 대통령을 배우자.' 이런 것이죠. 대통령님의 인생길을 기준선 삼아서 제가 가고 있는 길을 되새기게 된 것입니다. 실행 의지를 다지기 위해서 2013년부터는 '노무현재단'에 아주 적은 금액이지만 일정액을 후원해 오고 있습니다.

대통령님 덕분에 책을 가까이하고 글도 쓰는 사람이 되었습니다. 대통령님에게 책이 어떤 의미였는지를 어느 정도 알기 때문입니다. 대통령님이 재임 기간에 어떤 책을 읽었는지, 쓰고 싶었던 책은 무엇인지 알고자 했습니다. 대통령님의 책에 관한 이야기와 대통령님이 개발한 독서

대 모형 그리고 직접 밑줄을 긋고 메모하며 읽은 책도 만나보았습니다.

"좋은 책이 필요합니다. 지난날의 역사를 보면 책이 사람들의 생각을 바꾸었습니다. 앞으로도 그럴 것입니다. 그래서 책을 만들어 보자는 것입니다."

셋, 자랑스럽습니다.

'노무현 정신'이 대접을 받고 있는 것 같아서 기쁩니다. 물론 성에 차지는 않습니다. 그렇지만 세월 갈수록 점점 더 제대로의 평가를 받을 것이라고 확신합니다. "역사는 더디다. 그러나 진보한다."라는 그 멋지고 무거운 말처럼 말입니다. 요즈음에는 정치 진영을 가림 없이 '노무현 정신과 가치'를 이야기합니다. 물론 진정성은 없어 보입니다. 선거에서의 표를 의식한 것이겠지요. 그래도 좋습니다.

"민주주의의 최후 보루는 깨어있는 시민의 조직된 힘이다."

대통령님의 이 말씀이 민들레 홀씨 되어 널리 널리 퍼져갔으면 좋겠습니다. 높은 그곳에서 이 땅 위의 더 많은 시민이 깨어있을 수 있도록 굽어살펴 주시기를 바랍니다. 저도 하루하루 조금씩이라도 거듭날 수 있도록 더욱 노력하겠습니다. 더 열심히 책을 읽고 더 열심히 좋은 글을 쓰겠습니다. 그리고 더 열심히 언행일치 되도록 하겠습니다.

"요즘에는 별을 얼마나 보며 사니?"

시골 고향의 불알친구가 시인처럼 묻습니다. 어린 시절 농촌의 밤하늘은 도시에서는 보기 힘든 별들을 가득 담고 있었습니다. 마치 은하수가 흐르는 듯한 장관을 연출했지요. 낭만과 추억이 가득한 별이었습니다. 안타깝게도 친구에게 '별'에 대한 대답을 하지 못했습니다. 대신 도심의 불빛을 별 삼아 바라볼 뿐이라고 했지요. 사계절 언제나 그 자리를 지키는 북극성은 더욱 그리운 별입니다.

그러나 이제는 실망하지 않습니다. 북극성이 제 마음속에 들어왔으니까요. 수많은 별 중에서 유독 선명한 북극성. 길 잃은 나그네의 지팡이처럼 그리움의 밤을 밝혀주고 있습니다. 눈을 감을수록 모습은 더 또렷해지고, 가까이 갈 수 없는 거리만큼 그리움도 깊어지지요. 그렇습니다. 대통령님은 용기, 원칙, 진심, 애민의 상징으로 반짝이는 북극성(北極星)인 것입니다. 제 곁에 대통령님이 계셔주셔서 정말로 고맙습니다.

2023년 5월 30일

이석기 이스턴 크루즈 대표님께

'K-크루즈'의 위상이 드높아지길 기원합니다. 대표님 같은 항해자가 있다는 사실이 자랑스럽습니다. 인류 최초의 세계 일주 항해를 감행한 마젤란과 21세기 대한민국에서 크루즈 산업에 도전한 대표님은 바다를 향한 집념과 신념이라는 점에서 놀랍도록 닮았습니다.

『위대한 탐험가 마젤란』
– 슈테판 츠바이크 지음

이석기 대표님 안녕하세요. 지난 7월 24일부터 27일까지, 아내와 함께 귀사의 이스턴 비너스 호에 올라 일본 후쿠오카와 사카이미나토를 항해했습니다. 3박 4일, 짧다면 짧은 시간.

그러나 그 항해는 제 삶의 항로를 부드럽고도 강렬하게 바꾸어 놓았습니다. 마치 한 권의 장대한 서사처럼, 그 여정은 파도 위를 걸으며 '섬'의 본질과 '사랑'의 원형을 되새기게 했습니다.

저는 스스로를 '편지 쓰기 전도사'라 부릅니다. 느낀 것을 쓰고, 쓴 것을 나누는 삶을 살고 있습니다. 여행은 제게 글을 쓰게 만드는 가장 확실한 충동 기제입니다. 특히 이번 크루즈 여행은 그 충동의 강도가 삶의 전환점이 될 만큼 컸습니다. 무엇보다 이 여정의 뒤에 대표님의 오랜 도전과 땀이 있음을 알았기에, 이 편지는 단순한 여행 후기를 넘어 존경과 감사를 담은 마음의 인사입니다.

이스턴 비너스호는 바다 위에 세운 작은 문명 같았습니다. 모든 것이 완비된 수상 낙원에서의 하루하루는 일상에서 쌓인 피로와 번잡함을 말없이 씻어주었습니다. 객실의 침대 위에 누웠을 때 느껴진 그 포근함은 단순한 안락함을 넘어 '존중받는 휴식'의 감각이었습니다. 창밖으로 넘실대는 파도를 바라보며 책장을 넘기던 북카페에서의 순간은 제게 오래도록 간직하고 싶은 한 장면이 되었습니다.

그곳에서 저는 어린 시절을 떠올렸습니다. 충북 괴산의 산과 계곡, 안개 낀 새벽. 세상의 고요가 피부에 닿던 그 시간처럼, 바다는 제 마음을 고요하게 만들었습니다. 바다를 몰랐기에 바다를 더욱 동경했고, 동경은 곧 경외가 되었습니다. 경외심 속에서 이순신과 장보고를 떠올렸고 지금의 대표님도 그 대열에 서 우뚝 서 있다고 생각하게 되었습니다.

크루즈 여행의 잊지 못할 감동과 추억을 오래 간직하고 싶었습니다. 궁리 끝에 크루즈 여행의 특별한 의미를 업의 본질인 크루즈(cruise) 단어에 담아보고자 했습니다.
앞으로 진주를 품은 조개처럼 저와 함께 영원할 것입니다.

C – Comfort (안락함)

이스턴 비너스는 움직이는 특급 호텔이었습니다. 넓고 안락한 객실, 뽀송뽀송한 침구, 다정다감한 룸서비스 등 상상 그 이상의 환경이었습니다. 크루즈에서의 첫날 밤, 움직이지 않은 편안함은 자장가처럼 마음을 차분하게 했습니다. 35년 만에 다시 맞은 신혼 밤은 그렇게 최고의 하루에 방점을 찍었습니다.

R – Rest (휴식)

크루즈 여행의 핵심은 진정한 휴식입니다. 11층 풀덱에서 맞은 일출과 일몰은 깊은 치유의 언어였습니다. 어둠을 뚫고 해가 떠오를 때, 세상이 다시 시작되는 듯했습니다. 바다 위의 고요함은 제 마음속의 소음을 걷어갔습니다. 일몰은 수묵화의 한 장면처럼 정적이었고, 동시에 격정적으로 생동했습니다. 남다른 휴식이란 이런 것이 아닐까요?

U – Unique (특별함)

크루즈 여행만의 특별한 매력은 기항지(寄港地)에서의 다채로운 문화와 풍경에서도 얻을 수 있었습니다. 후쿠오카 타워는 사방으로 드넓고, 팔방으로 드높았습니다. 사카이미나토의 요괴 마을에서 느낀 상상력의 힘은 문화와 감성의 튀는 불꽃이었습니다.

I – Inspiration (영감)

탁 트인 바다 시야는 생각의 지평을 넓히고, 새로운 아이디어와 통찰력을 얻는 계기가 되었습니다. 어니스트 헤밍웨이도 바다에서 그 영감을 얻었을 것입니다. 공연 Dances of World, 영화 IF, 유랑가객 미니 콘서트, DJ Disco Night, 이스턴 베가스 슬롯머신 등 선내의 모든 공간에서도 영감의 기운은 넘쳐흘렀습니다.

S – Spectacle (장관)

별이 쏟아지는 밤하늘을 올려다보는 순간 깊은 평온함에 잠겼습니다. 도시의 소음에서 벗어나 '현재'를 사는 방법을 배웠습니다. 그러나 곧 대반전을 경험했습니다. 풀덱바, 멤버스 라운지, 마젤란 라운지, 아마데우스 라운지, 수영장, 자쿠지, 바다 전망 사우나는 제가 두고두고 이스턴 비너스를 그리워하고 다시 찾게끔 각인되고 있었습니다.

Experience (경험)

크루즈 여행은 단순한 이동 수단이 아니라, 삶을 풍요롭게 하는 총체적인 경험입니다. 젊은이들은 수영장에서 까르르 웃음을 터뜨렸고, 연세 지긋한 부부는 말없이 바다를 바라보며 손을 꼭 잡고 있었습니다. 인공의 불빛이 닿지 않는 그 깊은 밤, 저는 별빛의 무게를 처음으로 느꼈습니다. 이 모든 경이의 조각들이 모여, 이스턴 비너스에서의 삶은 풍성함의 총합 그 자체였습니다.

여행은 돌아온 뒤에 시작된다는 말이 있습니다. 보고 느낀 것들이 앞으로의 저를 조금씩 바꿔 놓을 것입니다. 아내는 이런 말을 남겼습니다.
"이제 우린, 그냥 부부가 아니라 크루즈 여행 동반자야."
그 말이 얼마나 따뜻하고 든든한지, 아내는 알까. 저는 속으로 대답했습니다.
"인생, 그 여정도 당신과 함께 저 바다를 건너고 싶어."

저는 진정한 '쉼'이 무엇인지 비로소 깨달았습니다. 크루즈 여행은 자신을 찾는 가장 좋은 방법이고 가장 호기심 어린 눈으로 세상을 바라보는 시간이었습니다.

특히 11층의 마젤란 라운지에서는 소름 돋는 전율을 느꼈습니다. 위대한 탐험가 마젤란이 떠올랐기 때문입니다. 마젤란의 일대기를 그린 책, 『위대한 탐험가 마젤란』을 다시 들여다보게 되었습니다. 한 구절이 귓가에 맴돌았습니다.

"먹을 것이 돛대를 묶는 가죽밖에 없을지라도 나는 항해를 계속할 것이다."

마젤란의 모습에서 대표님을 발견할 수 있었습니다. 세상의 모든 바다는 누군가에게는 두려움의 대상이지만, 누군가에게는 꿈을 실현하는 무대입니다. 500여 년 전, 인류 최초의 세계 일주 항해를 감행한 마젤란과 21세기 대한민국에서 크루즈 산업에 도전한 대표님은 바다를 향한 집념과 신념이라는 점에서 놀랍도록 닮았습니다.

마젤란에게 바다는 '지구는 둥글다.'라는 믿음을 증명할 무대였습니다. 미지의 세계를 향한 탐험과 진실에 대한 갈망은 죽음마저 불사하게 했습니다. 대표님에게 바다는 또 다른 방식의 꿈의 공간이었습니다. 대한민국에도 낭만과 문명이 만나는 '수상 호텔'과 같은 공간의 필요성을 믿었습니다. 바다 위에 산업의 새 지평을 만들겠다고 결심했고 대한민국 속에 '크루즈'라는 새로운 생활양식을 뿌리내리게 했습니다.

마젤란이 바다 저편의 지구를 상상했다면, 대표님은 바다 위의 문명을 상상했습니다. 그 누구도 가보지 못한 세계를 마음속에 먼저 그린 사람들이라는 공통점이 있습니다. 마젤란의 항해는 단순한 경제적 루트가 아니라 국경과 제국의 논리를 뛰어넘은 문명의 도전이었습니다. 대표님의 크루즈 사업 역시 대한민국 국적 크루즈의 운영 주체로서 한국형 크루즈 산업의 독립선언과 다름없었던 것입니다.

마젤란이 자연의 위험과 제국의 압박 속에서 항해를 완주하듯 대표님도 제도적 장벽과 시장의 무관심 속에서 '항해'를 멈추지 않았습니다. 도전은 언제나 외롭고 무모해 보이지만, 결국 인류의 지도와 우리의 상상력을 바꾸었습니다. 대표님의 바다를 향한 시선은 고귀합니다. 삶의 품격과 여행의 문화, 국격의 외연까지 확장하고자 하니까요.

오늘, 대한민국에도 대표님 같은 항해자가 있다는 사실이 자랑스럽습니다. 부디 이스턴 크루즈의 심볼(symbol)에 담긴 의미처럼, 귀사의 크루즈가 세계의 바다 곳곳에 위대한 선적(船跡)을 남겨서 'K-크루즈'의 위상을 드높이길 진심으로 기대합니다.
저도 열심히 응원하겠습니다. 감사합니다.

2025년 7월 30일

박항서 축구 감독님께

> 진정한 리더십은 사람에 있고
> 최고의 소통은 자신의 마음을
> 진솔하게 표현하는 것임을 확인하게
> 됩니다. 길고도 우렁찬 축하의 박수를
> 보냅니다. 감독님의 도전과 성과 창출의 모습은
> 제가 글을 쓰고 강연하는 데에
> 좋은 사례가 되었습니다.
>
> 「모비딕」
> – 허먼 멜빌 지음

감독님, 지난 2월14일, 감독님은 베트남에서의 5년 4개월 동행을 성공적으로 마치고 우리나라로 돌아왔지요. 그날 여러 언론에서 보도한 감독님의 귀국 모습을 한 마디로 압축하자면 이런 것이었습니다. 금의환향(錦衣還鄕). 출세하여 고향으로 돌아옴을 비유적으로 이르는 말인데 감독님에게 꼭 어울리는 표현이라고 생각합니다. 더불어 감독님께 길고도 우렁찬 축하의 박수를 보냅니다.

감독님의 귀국 소식이 잔치처럼 떠들썩한 것은 왜일까요? 우선 제 개인적인 입장에서 보자면, 감독님은 차원이 다른 기쁨과 감동을 주었습니다. 습관적으로 베트남 대표팀의 축구 경기를 골라 보게 되더군요. 더구나 감독님의 도전과 성과 창출의 모습은 제가 글을 쓰고 강연하는 데에 좋은 사례가 되었습니다. 다시금 감독님께 감사의 마음을 전합니다.

좀 더 범위를 넓혀보면 감독님이야말로 선한 영향력을 전달하는 '작은 거인'입니다. 잘 알려진 것처럼 작은 거인은 1983년에 가수 김수철 님이 발표한 앨범이자 밴드 이름으로 널리 알려지기 시작한 말이지요. 김수철 님 본인도 그랬지만 신체는 작으나 역량이나 성취는 어마어마한 사람들을 일컫습니다. 그리고 그들은 그 성취를 바탕으로 해서 많은 사람에게 꿈, 용기, 기쁨, 위로 등을 제공해 주었습니다.

감독님의 존재감이 더욱 밝게 빛나는 데에는 대비되는 배경의 어두움이 한몫을 톡톡히 했습니다. 작금의 리더십이 바로 그것입니다. 저는 우리나라의 최대 현안은 지도자들의 리더십 부재라고 생각합니다. 정치, 경제, 사회, 문화 등등 전반에 걸쳐서 말입니다.
그분들이 이름값을 해야 하는데 그렇게 하지 못하고 있습니다. 대통령은 대통령답게, 장관은 장관답게, 검사는 검사답게, 국회의원은 국민을 대변하는 대표답게 말입니다.

역사의 물결 속에서 한 나라의 운명은 종종 리더십에 달려 있었습니다. 거대한 배가 험난한 바다를 항해하듯, 국운(國運)은 리더의 항로 선택에 따라 순항하기도, 좌초하기도 하지요. 지도력은 단순히 명령을 내리는 기술이 아니라, 앞을 내다보고, 사람들의 마음을 하나로 모아, 공동의 목표를 향해 나아가게 하는 예술과 같다고 하지 않습니까? 구성원들의 잠재력을 발견하고, 그들이 스스로 빛을 발할 수 있도록 돕습니다. 각자의 재능을 조화롭게 이끌어 최고의 하모니를 만들어 내기도 합니다. 반면, 지도력의 부재는 가장 큰 위협을 초래합니다.

저는 요즈음 예전에 몹시도 힘들게 완독했던 허먼 멜빌의 장편소설 『모비딕 Moby Dick』을 다시 펼쳐보곤 합니다. 『모비 딕』은 리더십과 소통의 교과서이기 때문입니다. 피쿼드호의 에이허브(Ahab) 선장은 대표적인 잘못된 통솔력 소유자로 평가받고 있습니다. 그 이유는 무엇일까요? 한마디로 에이해브 선장은 리더의 역할을 망각했기 때문입니다. 소통은 고사하고 선원들의 상황이나 의견을 인정하지 않았습니다. 오직 개인적인 복수에 집착하여 모든 피해가 선원들에게 돌아가도록 만들었습니다. 결국 피쿼드호의 모든 것이 바닷속으로 휩쓸려 들어가는 비극적인 종말을 맞고 말았습니다.

타인에 대한 배려나 존중은 소통의 기본이고 나아가 리더십의 핵심이 되는 것입니다. 핵심 동료이자 일등 항해사인 스타벅(Starbuck)은 두려움과 걱정 속에서도 에이해브 선장에게 묵직한 돌직구 충언을 던졌습니다. 그러나 그의 의견은 계속 무시되었습니다.

"에이해브 선장님, 앞으로는 서로를 좀 더 잘 이해할 수 없겠습니까…? 나는 고래를 잡으러 온 것이지 선장의 원수를 갚으러 온 것은 아닙니다…. 선장님, 웃으실지 모르겠지만 에이해브는 에이해브를 경계해야 합니다. 자신을 조심하십시오. 영감."

"이 세상을 주재하는 신(神)은 한 분뿐이고, 피쿼드호를 다스리는 선장도 한 명뿐이다. 나 에이해브 말이다. 갑판으로 올라가!"

이에 반하여 감독님의 리더십은 좋은 본보기의 사례로 손꼽힙니다. 베트남에서의 도전과 기적은 '파파리더십'으로 상징화되어 있습니다. 그렇다면 그 기적은 어떻게 이루어졌나요?

참된 소통이 정답입니다. 최선과 최악의 차이는 거기에 있는 것입니다. 그리고 그것은 또렷한 구분 선으로 남습니다. 승리와 패배, 미래와 과거, 공생과 공멸, 화합과 분열 등등. 이제 감독님의 한마디 말은 제게 주옥같은 명언으로 다가옵니다.

"나는 그저 그의 가능성을 믿었을 뿐이다."

"라면 한 그릇에 담긴 진심이 선수들 마음을 움직였다."

"경기장에선 감정이 아니라, 팀 전체를 위한 판단이 우선이다."

결국 진정한 리더십은 사람에 있고 최고의 소통은 자신의 마음을 진솔하게 표현하는 것임을 거듭 확인하게 됩니다. 상대방을 인정하고 존중하고 솔선수범하고, 겉으로는 거친 것 같지만 속은 한없이 부드럽고, 게다가 따뜻한 유머 감각도 있는 감독님처럼 말입니다. 과찬이라며 너무 쑥스러워하지 마세요. 솔직한 제 생각이니까요.

"한국과 베트남에선 감독 역할을 할 생각은 없다. 타국에서 감독직 제안이 온다면 어느 나라, 어떤 직책이냐에 따라 받아들일 생각이 있다."

감독님의 인터뷰 내용인데 예상을 뒤엎은 것이어서 깜짝 놀랐습니다. 솔직히 저는 감독님이 "당분간은 푹 쉴 예정이다"라고 말할 줄 짐작했었기 때문입니다. 선택과 집중을 하는 도전의 아이콘으로 거듭나는 감독님을 응원합니다.

감독님의 멋짐이 오래도록 계속되었으면 좋겠습니다. 감독님의 파파 리더십이 널리 알려지기를 기원합니다. 그리고 스치는 인연이 되어 소주 한잔할 수 있다면 더욱 좋겠습니다.

2023년 2월 23일

줄리엣 애슈턴 작가님께

> 서른두 살 여자의 삶을 송두리째 뒤바꾸었지요. '선택의 중요성'을 확인하는 계기를 만들어 주었기도 했습니다. 좋은 선택이 곧 좋은 인생이라는 것이죠. 행복은 스스로가 선택한다는 말을 새삼 실감하고 싶었습니다.
>
> 『건지 감자껍질파이 북클럽』
> – 메리 앤 섀퍼, 애니 배로스 지음

줄리엣 작가님 안녕하세요.

지난 7월 18일 독서모임이 있었는데 작가님이 주인공으로 등장하는 『건지 감자껍질파이 북클럽』이 발표 도서였습니다. 무더위와 장마가 오락가락해서 우울했었는데 오랜만에 흥미로운 독후감 이야기를 하느라 시간 가는 줄을 몰랐습니다. 아마도 다른 책에서 맛보지 못했던 독특함을 얻을 수 있었기 때문에 그랬던 것 같습니다.

『건지 감자껍질파이 북클럽』은 묘한 책 이름과 함께 저와는 몇몇 공통점도 있었기에 조금 색다르게 다가왔던 것 같습니다. 저도 책을 함께 읽는 북클럽 활동을 6년째 하고 있거든요. 편지로 이루어진 서간체 소설이라는 점은 특히 각별했던 것 같습니다.

저는 자칭 편지 예찬론자로서 편지에 깊은 관심을 기울이고 있고 편지에 관한 책을 출간하기도 했습니다. 지금 줄리엣 작가님에게 글을 쓰고 있는 이 글의 연재 제목도 바로 '독서 편지'입니다.

『건지 감자껍질파이 북클럽』에 대한 회원들의 토론 주제가 풍성하게 개진되었습니다. 독일군 점령 같은 전쟁의 참상을 가장 고상하게 폭로한 소설, 책과 독서의 가치를 드라마틱하게 전달하는 소설, 소통과 연대의 중요성을 일깨워 주는 소설 등등. 그런데 저는 그런 주제뿐만 아니라 등장인물의 개성이나 역할이 매우 흥미롭다는 사실에 주목했습니다. 그들 각자는 저마다의 향기를 내뿜을 뿐만 아니라 참된 가치를 몸소 보여 주는 스승님들이기도 했기 때문입니다.

『건지 감자껍질파이 북클럽』을 읽는 동안에도 저의 직업의식은 활발하게 작동했습니다. "누구에게 편지를 보낼 것인가?" 고민을 많이 했거든요. 그런데 다른 책 읽기와는 달리 『건지 감자껍질파이 북클럽』은 편지를 쓰고 싶은 대상이 너무 많아서 오히려 걱정될 지경이었습니다. 이런 상황을 행복한 고민이라고 한다지요. 그중에서 특히 세 사람에 대한 고민의 시간이 길었습니다.

우선 엘리자베스 매케너님.

줄리엣 님도 잘 알다시피 줄거리의 중심에는 그녀가 있습니다. 그녀는 고집불통이지만 용기와 열정의 여인입니다. 불의에 맞서고 약자의 편에 섭니다. 그런가 하면 적군인 독일군 장교와 치명적인 사랑을 하고 킷이라는 딸을 낳기도 했습니다. 그러나 안타깝게도 뒤통수에 독일군 총탄을 맞고 죽습니다. 북클럽의 태동과 활동의 중심에도 그녀가 있었습니다. 돌보는 사람이 하나 없어도 늘 푸른 상록수 같은 여인입니다.

다음은 도시 애덤스라는 남자입니다.

이 남자의 가치는 줄리엣 님이 더 잘 알겠지요. 당신이 평생의 반려자로 선택했으니까요. 여기서는 저의 관점만을 약간 더해봅니다. 그는 인간미가 가득한 사람입니다. 솔선수범하고 타인에 대한 배려심도 깊습니다. 존재 그 자체로 선한 영향을 줍니다. 변치 않고 늘 한결같은 모습에서 고향의 느티나무와 밤하늘의 북극성을 보는 듯합니다.

그리고 또 한 사람, 아멜리아 모저리 부인.

오늘날 우리 대한민국에서는 늙어간다는 말 대신에 잘 익어간다는 말을 사용합니다. 이는 단순히 나이를 먹는 삶이 아닌 자신의 정체성을 잃지 않고 곱게 늙어간다는 의미를 지니고 있습니다.

많은 사람이 그렇게 되고 싶어 하는 데 아멜리아 님이 이 말에 딱 어울리는 사람입니다. 줄리엣 님은 아멜리아 님을 양어머니로 모시고 싶어 했지요. 아무튼, 줄리엣 님이야말로 아멜리아 님처럼 그렇게 잘 익어가는 여인이 되었으면 좋겠습니다.

이렇듯 건지섬 사람들의 향기는 특별하고 다양합니다. 그런데 제가 최종적으로 편지를 쓰기로 한 사람은 이들이 아니고 줄리엣 작가님 바로 당신이었습니다. 작가라는 줄리엣 님의 직업이 제게 동질감을 느끼게끔 했던 것도 있지만 그 무엇보다도 결정적인 것은 '선택의 중요성'을 확인하는 계기를 만들어 주었기 때문입니다. 좋은 선택이 곧 좋은 인생이라는 것이죠. 줄리엣 님의 행복한 결말은 당신의 탁월한 선택에서 비롯되었음을 당신은 알고 있었나요?

객관적으로 봐도 줄리엣 님은 사랑받을 자격이 많은 여자입니다. 예쁘기도 하고 지적이기도 하면서 베스트셀러 작가로서의 명성까지 갖췄으니까요. 부와 명예를 가진 마컴 V. 레이놀즈 2세와 같은 백마 탄 남자의 청혼을 받는 것은 어쩌면 자연스러운 일일 수도 있습니다. 그런데도 당신은 마크의 열정적인 구애를 거부하고 도시 애덤스를 선택했지요. 도시는 겉으로 드러나는 조건이나 모습만 본다면 마크라는 남자와는 달라도 너무 다른 남자 아닙니까?

제가 보기에 줄리엣 님이 행복을 손에 쥐게 되는 결정적인 계기는 바로 이러한 자기 주도적인 선택에 있습니다. 도시라는 남자의 손을 잡는 줄리엣 님을 보면서 행복은 스스로가 선택한다는 말을 새삼 실감하게 됩니다. 절친 소피 님에게 보낸 편지를 보면서 당신의 속 깊은 마음을 좀 더 자세히 확인할 수 있었습니다.

"난 그저 결혼을 위한 결혼은 하기 싫어. 대화를 나눌 수 없는 사람, 더 심하게는 침묵을 나눌 수 없는 사람과 여생을 함께 보내는 것보다 더 외로운 일은 없다고 생각해."

줄리엣 당신은 작고 외떨어진 '건지(Guernsey)' 섬을 새로운 생활 터전으로 선택했습니다. 30여 년을 수도 런던 같은 도회지에서 생활해온 당신의 처지에서 보면 파격적인 선택이 아닐 수 없습니다. 함께 살 사람을 선택하는 것처럼 함께 살 곳을 선택하는 데도 당신은 자기 주도적인 선택을 했습니다. 타인의 시선이나 물질적인 기준은 아랑곳하지 않고서 말입니다. 당신은 건지의 푸른 들판과 들꽃, 변화무쌍한 하늘과 바다. 그리고 그곳 사람들을 선택했지요.

"나, 런던을 떠나고 싶어요. 건지섬으로 가고 싶어요."

'종심(從心)'이라는 말이 있는데 공자(孔子 · Confucius)님이 70의 나이를 이렇게 불렀지요. '종심소욕불유구(從心所慾不踰矩)'에서 따온 것인데 무엇이든 마음 가는 대로 따라가도 크게 법도에 어긋나는 일은 하지 않는다는 의미입니다. 줄리엣 님의 선택에서 '종심' 수준의 내공이 반짝입니다. 나이에 비해서 매우 성숙한 선택을 하니까요. 이 때문일까요? 『건지 감자껍질파이 북클럽』은 '서른두 살 여자의 삶을 송두리째 뒤바꾼 놀랍도록 감동적인 이야기'라는 평가를 받고 있습니다.

줄리엣 작가님, 지금 어찌 지내는지요? 행복한 나날 보내고 있으리라 확신합니다. 남편 도시 님은 늘 다정다감하겠지요. 네 살이었던 양녀(養女) 핏이 얼마나 자랐는지도 궁금하네요.
지나치게 똑똑해서 작가님을 피곤하게 하지는 않을까 하는 걱정도 하게 됩니다. 가끔은 건지섬을 포근하게 감싸는 평온한 하늘로 훨훨 날아가는 꿈을 꾸곤 한답니다. 좋은 사람들이 사는 좋은 곳 그곳에서 좋은 책 많이 쓰고 늘 행복하길 바랍니다.

2023년 8월 1일

김찬호 연구원님께

> 제2의 인생, 수필처럼 사세요. 퇴임은 곧 새로운 탄생이라는 점에 주목하길 바랍니다. 찰스 램의 따뜻한 마음을 닮고자 했습니다. 그는 따뜻함을 잃지 않고 어린이, 여성 등 당시의 사회적, 경제적 약자에 대한 배려와 관심을 기울였다고 합니다.
>
> 『굴뚝 청소부 예찬』
> – 찰스 램 지음

    연구원님, 정년퇴직을 진심으로 축하합니다. 32년간의 직장 생활이 있으니 무척 섭섭하겠지요. 하지만 퇴임은 곧 새로운 탄생이라는 점에 주목하길 바랍니다. 그래서 퇴직일은 생일처럼 인생에서 특별한 날이기도 합니다. 직장 후배 님들도 연구원님을 '반짝반짝 브레인'이라고 칭하면서 따뜻한 메시지를 전달했더군요. 저도 나름대로 축하 메시지를 고민하고 있었는데 좋은 아이디어가 떠오르지 않아 답답했었습니다. 그런데 이번에도 저를 구원한 것은 바로 책이었습니다. 책 속에서 눈에 쏙 들어오는 단어 하나를 발견했는데 바로 '퇴직자'였습니다.

『굴뚝 청소부 예찬 · The Praise of the Chimney Sweepers』는 영국 작가 찰스 램이 쓴 수필집입니다. 그의 에세이는 영국 산문문학의 전범(典範)으로 평가받고 있습니다. 우리가 잘 아는 수필 〈인연〉을 쓴 피천득 선생님이 '한국의 찰스 램'이라고 불리는 이유도 여기에 있습니다. 한 마디로 두 사람은 수필 문학의 도사라는 것이죠. 『굴뚝 청소부 예찬』은 찰스 램의 주옥같은 수필 27편을 엄선해서 엮은 책입니다. 그런데 그 내용에 속해있는 한편이 바로 〈퇴직자〉였습니다.

〈퇴직자〉에는 찰스 램이 33년 동안 몸담았던 동인도회사에서 자의 반 타의 반으로 회사를 그만두고 난 후의 소회와 퇴직 이후의 삶에 대한 철학과 통찰이 담겨 있습니다. 공교롭게도 제가 〈퇴직자〉를 비롯해서 『굴뚝 청소부 예찬』을 모두 읽은 시점이 연구원님의 정년 퇴직일인 8월 3일이었습니다. 제가 연재하는 〈독서 편지〉에 시의적절한 소재가 될 것으로 생각했습니다. 이른바 '찰스 램의 3덕(德)' 이라는 시선에 주목했는데 새 출발을 하는 연구원님에게 유익한 내용이 되었으면 좋겠습니다.

하나, 퇴직 전략

찰스 램은 퇴직을 바스티유 감옥의 수인(囚人)으로 40년간 갇혀 있다가 갑자기 석방된 느낌이라고 비유했습니다. 또한 직장 생활자들을 같은 길을 빙빙 돌며 연자방아를 끄느라 생고생하는 말이나 소와 같은 신세라고도 했습니다. 퇴직에 대한 긍정적인 의미를 강조하기 위해서 다소 과장된 어법을 사용하긴 했지만 실제로 그런 면이 전혀 없는 것은 아니지요. 저도 저 자신을 스스로 노예니 하면서 샐러리맨으로서의 신세 한탄을 하곤 했었으니까요.

찰스 램이 주장하는 퇴직 전략은 명확합니다. 〈퇴직자〉에서 언급한 마지막 문장을 보면 쉽게 짐작할 수 있습니다.

"나는 내게 할당된 과업을 수행했고 이제 여생(餘生)은 내 차지다."

퇴직 이후의 삶은 '나에 의한 나를 위한 나의 삶'이 되어야 한다는 것을 강조하고 있습니다. 마치 그리스인 조르바처럼 시간도 자유롭게, 만나는 사람도 자유롭게, 하고 싶은 일도 자유롭게 선택한다는 것입니다. 연구원님은 퇴직 이후의 삶을 어떤 그림으로 생각하고 있는지요? 찰스 램처럼 '자유인'을 새로운 삶의 컨셉으로 정해보면 어떨까요?

둘, 시간 관리

찰스 램은 정년퇴직하게 되자 "비로소 자유롭게 글을 쓰고 책을 읽을 수 있게 됐다."라며 기뻐했다고 합니다. 그러나 3년 후 자기의 퇴직을 축하해 주던 여직원에게 다음과 같은 편지를 보냈습니다.

"바빠서 글 쓸 새가 없다는 사람은 시간이 있어도 글을 쓰지 못하는군요. 좋은 생각도 바쁜 가운데서 떠오른다는 것을 깨달았소. 아가씨는 부디 내 말을 가슴 깊이 새겨 언제나 바쁘고 보람 있는 나날을 꾸며 나가기를 바라오."

퇴직자는 졸부이기도 합니다. 졸지에 시간 부자가 됐으니까요. 그렇다고 해서 마냥 늘어지는 삶을 살아서는 안 될 것입니다. 시간을 전략적으로 활용하지 못하면 졸부의 인생과 같아서 성취의 보람을 느끼지 못할 것입니다. 자신만의 시간 관리 사용법이 있어야 할 것입니다. 연구원님은 데이터로 세상을 바꾸는 일을 해왔지요. 퇴직 이후에도 지금까지의 성과를 발판으로 삼아서 기업과 창업가를 위하는 기술사업화의 꽃을 더욱 활짝 피우기를 기대해 봅니다.

셋, 인생의 스승

우리는 늘 인생의 등대를 찾지요. 석가모니의 십대 제자 가운데 한 사람인 아난(阿難)이 베나레스 숲속에서 석가를 만났을 때, 플라톤이 아테네 거리에서 소크라테스를 만났을 때, 안연이 곡부의 학당에서 공자를 만났을 때, 이들은 자신의 현재를 자각하고 재탄생을 할 수 있었습니다. 찰스 램도 멋진 인생의 등대로 삼을만한 인물인 것 같습니다. 우리 문단에서 인격의 대명사로 통하는 피천득 선생님이 찰스 램의 사람 됨됨이를 다음과 같이 보증하고 있으니까요.

"찰스 램은 남에게서 정중하게 대접받는 것을 싫어하였고 자기를 뽐내는 일이 없었다. 그는 역경에서도 인생을 아름답게 보려 하였다. 나는 그를 흠모한다."

찰스 램의 인생에는 비극적 요소가 많았습니다. 어머니를 살해한 정신질환자 누나를 돌보며 평생을 독신으로 살았으니까요. 그렇지만 그는 그 고난의 벽을 뛰어넘었습니다. 그의 수필에 나타나는 유머와 익살 그리고 일상의 사소함에 대한 애정이 그것을 증명하고 있습니다. 특히 따뜻함을 잃지 않고 어린이, 여성 등 당시의 사회적, 경제적인 약자에 대한 배려와 관심을 기울였다고 합니다.

"내가 독신인 까닭에 결혼한 사람들이 누릴 수 있는 엄청난 즐거움을 놓치고 있다고들 하지만 나는 그들의 여러 가지 약점을 적어 두는 것으로써 스스로 마음을 달래려고 한다."

　수필(隨筆)은 마음의 소풍입니다. 그 속에는 인생의 향기와 발자취가 녹아있습니다. 수필은 일정한 형식을 따르지 않고 자기의 속내를 진솔하게 드러내는 글쓰기 장르이기 때문에 수필가는 민낯에도 당당합니다. 그래서 수필은 연구원님에게 가장 잘 어울리는 글쓰기라는 생각을 했습니다. 새 출발을 하는 지금, 찰스 램의 수필과 인생 이야기가 연구원님의 앞날에 꿈과 희망이 되고 더불어 밝은 생기를 충전해 주는 착한 에너지가 되었으면 좋겠습니다.
　언제나 변함없이 연구원님의 건승을 기원합니다.

2023년 8월 8일

점례와 순임 초등 동창 친구님께

> 말로만 듣던 그런 기적을
> 이번에 실제로 경험하고 보니
> 그 놀라움을 어떻게 표현해야 할지
> 모르겠습니다.
> 10월 14일, 6년 만에 정답게 만나요
>
> 『유형의 땅』
> - 조정래 지음

점례와 순임, 화들짝 놀랄 두 친구님의 얼굴을 그려보니 웃음부터 나오네요. 궁금할 것입니다. 제가 친구님들에게 편지를 쓴 이유가 말입니다. 결론적으로 말씀드리자면 이렇게 편지를 쓰게 된 결정적인 요인은 바로 책 때문이었습니다. 책 속의 작은 것 하나가 꼬리에 꼬리를 물어서 세상의 삼라만상과 연결될 수 있음을 경험했습니다.

어떤 이는 이것이 책의 또 다른 가치라고 말하더군요. 말로만 듣던 그런 기적을 이번에 실제로 경험해 보니 그 놀라움을 어떻게 표현해야 할지 모르겠습니다. 다름이 아니라 우연히 읽은 책 속에서 '점례'와 '순임'

이라는 두 친구님의 이름을 동시에 발견했던 것입니다.

친구님들의 이름이 존재감을 과시하고 있는 책은 바로 제가 좋아하는 작가인 조정래 님의 중편 소설 『유형의 땅』입니다. 저는 이 책을 읽는 동안 한 인간의 처절한 삶 앞에서 극단적 감정의 롤러코스터를 경험해야 했습니다. 가엾은 슬픔을 맛보기도 했고 귓속을 후벼 파고들어 오는 한(恨) 맺힌 절규를 들어야만 했습니다. 복수가 반복되는 분단 역사의 물줄기에 간담이 서늘해지기도 했습니다.

『유형의 땅』은 역사적 비극이 개인에게 어떻게 각인되는지를 처절하게 보여줍니다. 주인공들은 사랑하는 사람을 잃고, 자신의 정체성을 부정당하며, 끝없는 방랑의 길을 걷게 됩니다.
그들이 겪는 사랑하는 사람과의 이별, 고향 상실, 그리고 지울 수 없는 트라우마는 단순히 슬픔을 넘어선 처절한 고통을 드러냅니다. 삶의 모든 것을 빼앗긴 채 살아남아야 했던 사람들의 운명은, 인간 존재의 근원적인 비극성을 강렬하게 상기시킵니다.

그런가 하면 『유형의 땅』은 이 같은 아픔뿐만이 아니라 가끔은 산골 소년의 순수한 사랑 이야기를 떠올리게 하기도 했습니다. 그래서 나도 모르게 소설의 내용 전개와는 전혀 상반되는 맑은 웃음을 짓곤 했던 것입니다. 정신 나간 사람이 아니고서야 어찌 이런 행동을 벌일 수 있었을까요? 그것은 바로 작품 속의 '점례와 순임'과 현실 속의 '순임과 점례'가 겹쳐서 다가왔기 때문이었습니다.

"광대한 우주, 그리고 무한한 시간, 이 속에서 같은 행성, 같은 시대를 살게 된 놀라운 확률…. 내게 사랑의 느낌으로 다가온 기적 같은 당신에게 말하고 싶습니다. 사랑해도 될까요."

이 멋진 글은 시인이나 소설가가 쓴 글이 아닙니다. 세계적인 천문학자 칼 세이건(Carl Sagan)의 명저(名著) '코스모스 · Cosmos'에 나오는 말입니다. 『유형의 땅』을 읽는 도중 순임과 점례라는 이름이 다가올 때 저도 모르게 이 구절이 떠올랐습니다. 친구님들의 등장이 그만큼 놀라운 확률이고 그만큼 기적 같은 인연이라고 여겨졌기 때문입니다.

저는 직업 관계상 브랜드 네임(Brand Name) 즉 이름에 많은 관심을 기울이고 있습니다. 좋은 이름의 조건 가운데 하나가 '독특성'이라는 요소입니다. 그런 의미에서 순임과 점례라는 이름은 좋은 이름으로 평가할 수 있습니다. 매우 한국적이고 찾아보기 힘든 이름이니까요. 언젠가 기회가 생기면 조정래 작가님에게 여쭤보겠습니다. 어떻게 해서 점례와 순임이라는 이름을 사용하게 되었는지를 말입니다.

점례와 순임이라는 이름은 제가 우리들의 어린 시절로 즐거운 추억 여행을 떠날 수 있도록 해주었습니다. 한여름이어서 그런지 잠방골이 제일 먼저 생각납니다.

잠방골은 예나 지금이나 미원천의 중심이지요. 내산, 수산 쪽에서 내려오는 물과 중리, 쌍리에서 내려오는 물이 합쳐지는 곳입니다. 요즘 같은 8월이면 미역 감고 노느라 시간 가는 줄도 몰랐지요. 짓궂은 동네 아저씨가 물을 먹여 골탕을 먹이도 했습니다.

오늘날 같으면 아동학대로 경찰서에 자주 출동했을 그 아저씨는 지금쯤 어떤 인생길을 걷고 있는지 궁금하네요.

특히 순임 친구를 생각하면 쥐불놀이 싸움을 했던 기억도 되살아납니다. 그 시절 정월 대보름날에는 흥미진진한 이벤트가 가득했지요. 그중에서도 '밥 훔쳐 먹기'와 '쥐불놀이'가 으뜸이었습니다.

저희 창고 동네는 개천 하나 건너편에 있는 순임이네 동네 보리미와 쥐불놀이 싸움을 했지요. 그런 놀이가 펼쳐졌던 그곳도 어느 국회의원이 힘을 써줬다는 전설 아닌 전설 속에 콘크리트 다리가 생기면서 사라졌고요. 고향은 이렇듯이 아련한 추억과 함께 저절로 입꼬리가 위로 올라가게끔 해줍니다.

책 제목인 『유형의 땅』은 분단된 국토이자 주인공 만석의 고향 땅을 의미합니다. 도대체 만석에게 고향은 어떤 것이었기에 이같이 가혹한 의미를 부여받았을까요? 유형(流刑)은 죄인이 유배를 가는 형벌 중의 하나이니 유형의 땅은 곧 죄인의 유배지입니다. 만석에게 고향이라는 것은 친척이나 살붙이가 있는 것도 아니고 보름달의 정겨움이 있는 것도 아니었습니다. 가볼 필요가 없고 오직 증오만이 차고 넘치는 한(恨) 많은 땅일 뿐이었습니다.

우리의 고향인 미원(米院)은 유형(流刑)과는 정반대의 의미가 있습니다. 좋은 쌀이 나는 쌀의 땅이니까요. 한마디로 축복받은 땅입니다. 그리고 '쌀안'이라는 축복의 의미를 계속 유지할 수 있는 것은 든든히 미원 땅을 지키고 있는 많은 사람 덕분입니다.

우리 친구님들도 여럿이 있지요. 국진, 재철, 충태 그리고 순례, 종분, 은식, 현숙 친구님 등등. 이 자리를 빌어서 그 친구님들에게도 고맙다는 말을 전해봅니다. 우리의 고향 미원에서 쌀이 잘 익어가는 것처럼 우리의 인생도 잘 익어가면 좋겠습니다. 십 년이면 강산도 변한다고 하지요.

그렇지만 변함없이 고향의 정을 느끼게 해주는 것은 친구님들의 거기 있음과 마음 씀씀이뿐입니다.

　순임과 점례 두 친구님, 다가오는 10월 14일이 어떤 날인지 알고 있지요? 네, 우리 초등학교 동기동창회가 열리는 날입니다. 6년 만의 만남이네요. 코로나 등 이런저런 사정이 있어서 한동안 만나지 못했지요. 미원이 '유형'의 땅이 아닌 '축복'의 땅임을 증명하기 위해서는 점례와 순임 두 친구님이 꼭 참석해야 할 것입니다.
　그리고 그날 더 많은 동기동창 친구님과 함께 살아온 이야기, 사는 이야기, 살아갈 이야기를 나눌 수 있으면 좋겠습니다. 언제나 친구님들의 건강과 행복을 기원합니다.

2023년 8월 18일

안토니우 구테흐스 UN 사무총장님께

> 누가 골머리 앓는 우리 지구를 대변해 줄까요? 지구의 정체성에 관한 이야기를 해야 했습니다. 『코스모스』에서 언급된 지구의 아이덴티티는 '우주적 이웃에 대한 인류의 사랑'이었습니다. 공감하는지요?
>
> 『코스모스』
> - 칼 세이건 지음

UN 사무총장!

'세계의 대통령'이라 불리지만 '세상에서 가장 어려운 직업'이라죠? 안토니우 구테흐스 UN 사무총장님, 복잡다단한 국제문제들을 해결하느라 얼마나 수고가 많으십니까? 최근에는 기후 위기에 대한 경각심을 촉구한 바 있더군요.

"지구온난화(global warming) 시대는 끝났다. '끓는 지구'(global boiling)의 시대가 시작됐다." (안토니우 구테흐스 유엔 사무총장)

총장님, 궁금하지요? 왜 나한테 편지를 보내나 하고 말입니다. 예, 다름이 아니라 총장님이 지구 행성의 대표자이기 때문입니다. 인생은 하루 앞도 예측하기 어렵다고 합니다. 실감합니다. 제가 총장님께 이런 편지를 쓰게 되리라고는 꿈에서도 생각해 보지 않았기 때문입니다. 우연히 읽은 한 권의 책이 지구라는 행성을 대표하는 사람을 특정해야 했습니다. 지구의 정체성에 관한 이야기를 해야 했기 때문입니다.

40여 년 만에 칼 세이건의 『코스모스』를 다시 손에 잡았습니다. 700페이지가 넘는 막강한 분량에 처음에는 주눅 들기도 했지만, 책에서 눈을 뗄 수가 없었습니다. 대우주의 신비에 관한 이야기가 펼쳐지니까요. 천문기상학에서부터 유전학, 인류학, 물리학, 과학, 수학, 역사학, 인문학에 이르는 내용은 장대한 한 편의 우주 서사시였습니다. 또한, 과학 탐험가들이 이루어 놓은 발자취를 따라가는 놀라움 가득한 지적 여행 그 자체였습니다.

그런데 그중에서도 특별하게 저의 관심을 끈 내용은 '보이저(voyager) 탐사선'에 관한 이야기였습니다. 우리 은하수 은하 하나에만도 100만 개의 다른 세상이 존재한다고 하지요. 거기에는 우리와 전혀 다른 모습의 지적 존재들이 살면서 우리보다 훨씬 앞선 기술 문명을 키우고 있을 것이라고 합니다.

탐사선에는 외계의 지적 생물들에게 지구와 인류를 소개하는 여러 가지 이야깃거리와 상징을 넣었다고 하지요. 인간의 유전자, 사람의 두뇌, 우리의 도서관 등에 관한 정보 등 우리 자신의 고유한 특성 같은 것들 말입니다. 그것은 곧 외계 문명인에게 보내는 '지구 및 인류 소개서'였습니다. 우리 지구를 어떻게 소개했을까요? 브랜딩 관점으로 말하자면 이는 지구라는 브랜드의 고유 정체성 즉 아이덴티티(Identity) 창출에 관한 프로젝트였습니다.

우리는 평소에도 아이덴티티를 확인하는 질문과 대답을 합니다. "당신은 누구세요?" 이렇게 물었을 때 "저는 사랑 전문가입니다."라고 대답을 할 수 있다면 그것이 그 사람의 핵심 아이덴티티입니다. 지구 행성의 핵심 정체성은 외계인이 우리를 보고 누구냐고 물었을 때 우리가 대답하는 내용일 것입니다. 외계의 문명인은 그 대답에 따라서 지구의 문명인을 판단하고 평가할 것입니다. 그러므로 우리가 '선별'하여 우주로 내보내는 내용에 대하여 꼼꼼하게 살펴볼 일입니다.

『코스모스』에서 언급된 지구의 아이덴티티는 '우주적 이웃에 대한 인류의 사랑'이었습니다. 지구라는 행성은 사랑과 평화가 가득한 곳이고 지구인은 사랑과 평화를 위해서 노력하는 사람들이라는 것이죠.
　물론 우리 지구인들 모두가 이 말에 전적으로 동의하지는 않을 것입니다. 그러나 칼 세이건을 포함해서 우주선을 띄우는 프로젝트를 수행했던 사람들은 이러한 컨셉을 가지고 외계인과 커뮤니케이션을 하는 것이 옳다는 생각을 한 것이죠.

고유 정체성 즉 아이덴티티의 수립도 중요하지만, 더욱더 중요한 것은 그 동일성에 맞게 실제로 행동하는 것입니다. 책임과 의무는 자유와 권리에서만 따르는 것이 아닌 정체성을 나타내는 상징에서도 따르는 것입니다. "이름값 좀 하세요."라는 말은 정체성의 값을 하라는 말에 다름 아닙니다. 지구 자기소개서는 곧 외계인에 대한 공개적인 약속입니다.

그러므로 지구인은 그 약속대로 태양계를 대표하는 고도의 기술 문명인답게 살아야 할 것입니다. 사랑과 평화의 실천가로 말입니다.

그런데 우리 지구에서는 여전히 핵전쟁 및 환경과 인류 파괴와 같은 사랑과 평화에 반하는 음울한 행위가 멈추어지지 않고 있어 안타깝기 그지없습니다.

『코스모스』는 세상에서 가장 큰 반성 거울입니다. 제게 우주론적인 생각을 하게끔 하고 깨달음도 시공간적으로 더욱더 광대하게 확장해 주니까요. 최근에 지인으로부터 시(詩) 한 편을 전달받았습니다. 예전이라면 별 반응 없이 지나쳤을지도 모릅니다. 그런데 바로 제 이야기 같다는 생각이 들더군요. 『코스모스』 독후감 증후군 때문입니다. 〈그렇게 하겠습니다〉라는 시인데 특히, 이 구절이 가슴 깊이 다가왔습니다.

"내 걸어온 길, 뒤돌아보며 나로 하여 슬퍼진 사람에게 사죄합니다. (중략)"

그런가 하면 톨스토이의 말에서도 좋은 실천 방안을 찾을 수 있을 것입니다. 그는 세 가지 질문과 대답을 통해서 매우 구체적인 기준선을 제시했습니다. 세상에서 가장 중요한 때는 바로 지금, 이 순간이고, 가장 중요한 사람은 지금 함께 있는 사람이고, 가장 중요한 일은 지금 함께 있는 그 사람에게 선(善)을 행하는 것이라고 말입니다. 톨스토이는 일찍이 우리 지구인이 문명화된 지구인답게 사는 방법을 제시했으니, 그는 지구 행성을 대표하는 작가임이 틀림없습니다.

이 편지는 보낼 곳이 없어 조각배 만들어 강물에 띄우는 그런 편지와 같을지도 모릅니다. 그러나 다음과 같은 작가 칼 세이건 님의 음성만큼은 바람에 실려서 사무총장님에게 전달되었으면 좋겠습니다.

"우주적 시간 척도에서 볼 때 지극히 짧은 시간이겠지만 우리는 어서 지구를 모든 생명을 존중할 줄 아는 하나의 공동체로 바꿔야 한다. 그리하여 지구상에서 평화를 유지하는 한편, 외계 문명과의 교신을 이룩함으로써 지구 문명도 은하 문명권의 어엿한 구성원이 돼야 할 것이다."

지구촌의 사랑과 평화를 위해서 노력하는 사무총장님께 깊은 감사의 마음을 전합니다.

2023년 9월 4일

매운 회초리, 고(故) 박대성 형님께

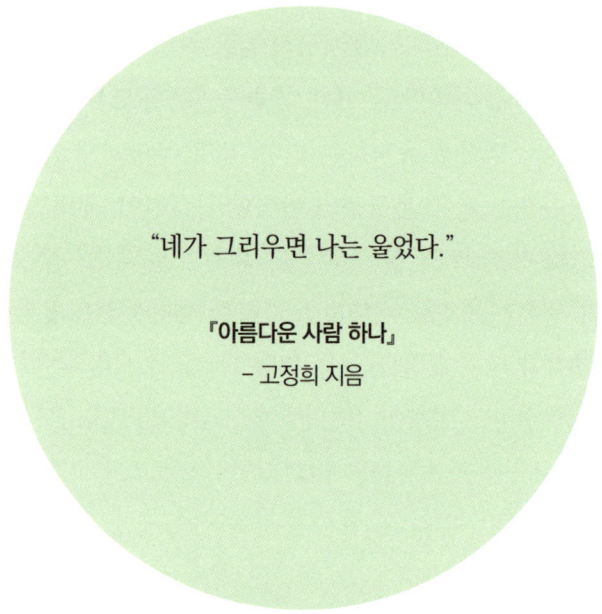

"네가 그리우면 나는 울었다."

『아름다운 사람 하나』
- 고정희 지음

형님, 하늘나라에서 편안하지요? 지난 2월 17일 좀 쌀쌀한 토요일이었습니다. 오랜만에 대학교 같은 과 친구들과 산행을 했습니다. 목적지는 산행이라는 말이 좀 어색한 광진구와 구리시에 인접해 있는 아차산이었습니다. 아차산을 선택한 이유도 좀 독특했습니다.

박완서 작가님의 글에 관해서 이야기하게 되었는데 그분이 말년에 살던 곳이 아차산 근처였다고 합니다. 그렇게 해서 찾게 되었고 땀 흘리며 우정을 다지는 시간을 보냈습니다.

봄이 성큼 온 듯도 하고 겨울이 다시 온 듯도 한 날씨라서 복장을 갖추기가 헷갈리더군요. 아침에는 제법 쌀쌀한 영하의 날씨였지만 산 정상에 오를 즈음에는 3월의 햇살처럼 따뜻했으니까요. 산의 높이가 300m가 채 되지 않아서 그런지 장년의 남녀들로 우글거렸습니다. 백 세 시대를 실감했습니다. 오랜만에 만나서 그런지 할 이야기가 많았습니다. 어느새 정상에 도착했더군요.

산마루 도달의 기쁨을 만끽하고 있는데 한 무리의 젊은 여자 등산객들의 모습에서 색다른 느낌을 받았습니다. 그 젊은이들이 같은 방향으로 무엇인가를 바라보고 있었습니다. 가까이 가보니 시를 적어놓은 팻말이었습니다. 〈아차산은 잠들지 않는다〉라는 제목의 시.

'…소나무 청청한 "아차산" 잠들지 않는다…….'

저도 시를 좋아하는 터라 한참을 머무르며 시와 주위의 풍광에 취해 있었습니다. 그러던 중에 전해진 단어 하나가 제 귀를 의심케 했습니다. '고정희' 아니 좀 더 구체적으로 말하자면 이런 내용이었습니다. 고정희 시인은 지리산 등반 도중 실족 사고로 작고했다는 얘기까지 했습니다. 저는 망치로 한 방 맞은 듯한 충격을 받았습니다. 그리고 형님과 함께했던 고정희 시인과의 추억 속으로 급속하게 빨려 들어갔습니다.

등산모임을 마치고 집으로 돌아오는 내내 흥분된 마음을 진정시킬 수가 없었습니다. 고정희 시인과 형님의 모습이 눈앞에 어른거렸습니다. 그리움도 감당할 수 없게 밀려오고요. 망설일 수가 없었습니다. 고정희 시인의 시집을 인터넷으로 주문했습니다. 고정희 시인의 마지막 생전

시집인 『아름다운 사람 하나』는 문학성과 감성, 그리고 시대적 울림을 모두 갖춘 작품으로 평가받고 있습니다.

시인은 이 시집을 "연시집"이라 불렀으며, 사랑을 향한 부름, 사랑이라는 연습, 사랑을 위한 조문 등 사랑 그 자체를 주제로 삼은 시편들이 가득합니다. 고정희는 단순한 시인이 아니라 여성 해방 운동과 대안문화 운동에 앞장섰던 인물이기도 합니다. 시집은 그녀의 삶과 철학이 응축된 결정체로 여겨집니다. 사랑의 시이면서, 고정희 시인이 세상과 인간, 여성, 그리고 고통과 희망을 어떻게 바라보았는지를 보여주는 깊은 성찰의 기록입니다. 그녀의 시를 통해 우리는 "아름다운 사람 하나"가 남긴 따뜻한 흔적을 따라가게 됩니다. 시인의 말을 직접 옮겨봅니다.

"이 시집, 사랑하고 또 사랑하는 당신께 바칩니다. 당신을 향한 나의 믿음, 신뢰, 소망, 기쁨, 고통, 노여움, 그리고 사랑과 힘이 이 시집의 기록입니다. 시 편 글자마다 나와 이 세계의 문으로 상징되는 당신의 살아 숨 쉬고 있음을 행복하게 생각합니다. 어느 한 편도 눈물 없이 쓸 수 없었던 이 시편들, 그러나 사랑의 화두에 불과한 이 연시 편이 모든 이의 고통과 슬픔을 승화시키는 노래가 되기를, 그리고 내가 더 큰 사랑의 광야에 이르는 길이 되기를 빌어 봅니다."

고정희 시인이 죽었다는 소식을 접하고 망연자실하던 형님의 모습이 떠올랐습니다. 그때의 그 상황을 저는 잊을 수가 없습니다. 그래서 저의 편지에 관한 졸저(拙著)에 그 내용을 담아 널리 알린 바가 있습니다. 그래서 그런지 형님이 더욱더 사무치게 그리워집니다.

1990년대 초 그때 저는 직장 생활의 초년기였기에 형님 말씀 하나하나가 귀한 내비게이션 역할을 했습니다. 매우 중요한 제작회의를 할 어느 날이었습니다. 형님은 늘 사전에 애드 브리프(Ad Brief : 광고전략 요약서)를 보여 달라고 했었습니다. 형님에게 크게 혼이 났던 기억이 새롭습니다. 형님은 그때 제게 어떤 꾸지람을 하셨는지 기억하는지요? 형님의 일갈은 크게 세 가지였습니다.

　　하나는 본질에 관한 말이었습니다. 매사 본질을 찾는 능력이 중요하다고 강조했습니다. 그러면서 나라면 "기업 PR 광고란 무엇인가?" 뭐 이런 질문부터 던지면서 회의를 시작하겠다고 흥분하기도 했습니다. 본질의 중요성에 대한 그러한 형님의 말씀을 되새기는 것이 저의 성장에 큰 밑거름이 되었습니다. 물론 저도 많은 후배에게 본질의 중요성을 이야기하는 중입니다.

　　또 하나는 비판 의식이었습니다. 겉모습 그대로 단정하지 말고 한번 비틀어서 바라볼 것을 강조했습니다. 그래야 새로운 것을 발견할 수 있다고 말입니다. 특히 제게는 성격이 너무 착해서 비판 능력이 좀 떨어지는 것 같다는 지적도 해주었지요. 그때 그 말을 듣고 자존심이 상해서 술 한잔하고 대든 적도 있지요. 그것이 저를 강하게 키우고 싶은 형님의 사랑인 것을 알았을 때는 많은 세월이 흐른 뒤였습니다.

　　마지막은 사랑이었습니다. 특히 작고 변변치 않은 것에 대한 사랑을 자주 언급했지요. 자세히 보고 오래 보라고 했는데 요즈음 많은 사랑을 받는 나태주 시인의 절창(絶唱)과 유사해서 많이 놀랐습니다. 광고주 제품과 회사 브랜드도 그렇게 봐야 한다고 늘 강조했지요. 물론 사람에 대한 애정이 최우선이라고 했습니다. 그런데 술 먹을 때 나오는 형님의 주사가 형님의 사랑론과 배치가 된다고 거센 공격도 받곤 했지요.

  형님이 세상을 떠나고 나서 꽤 오랜 시간이 지났습니다. 그런데도 이렇게 형님에 대해 이야기할 수 있다는 것이 놀랍습니다. 정말로 예측하지 못했던 것이었으니까요.
  형님과 저는 소중한 인연이었던 것 같습니다. 그 인연의 꽃을 다시 볼 수 있게 된 것이 고정희 시인이었기에 그의 시집에서 가장 가슴 깊이 다가오는 시구 하나를 형님께 바치면서 이만 줄입니다.

  '네가 그리우면 나는 울었다.'

2024년 2월 21일

진정자 진주문진생태찌개 사장님께

> 음식을 통한 보은(報恩)의 실체가 궁금했습니다. 아주 오래전에 강릉 해변에서 쌓았던 추억 속으로 빠져들었습니다. 사장님은 신사임당과 사천 해수욕장의 이장님댁 사모님 못지않은 강릉 여인의 개성을 내뿜고 있었습니다.
>
> 『세상을 바꾼 여인들』
> – 이덕일 지음

사장님, 지난 5월 30일은 기억에 오래 남는 날이 될 것입니다. 고교 친구들과의 번개 모임도 그렇지만 사장님과의 만남이 특별했기 때문입니다. 우선 음식이 너무 맛있어서 놀랐습니다. 또한 약간의 이북 사투리가 섞여 있는 독특한 음색은 무릎을 치게 했습니다. 그리고 고향이 강릉이라는 말에 깜짝 놀랐습니다. 강릉은 저를 아주 오래전에 강릉 해변에서 쌓았던 추억 속으로 빠져들어 가게 했습니다.

제가 대학교 3학년이던 1986년 여름, 강릉 사천 해수욕장에서 한 달

동안 아르바이트를 한 적이 있습니다. 관광회사의 해수욕장 고객 안내 아르바이트였는데 예상을 뛰어넘는 고난의 연속이었습니다. 경험 부족에 따른 업무의 미숙함도 그렇지만 무엇보다도 혼자 숙식을 해결하는 것이 제일 곤혹스러웠습니다. 그런데 어느 날 천사 같은 분이 나타났는데 바로 동네 이장님 댁 사모님이었습니다.

낯선 곳에서 고군분투하는 제가 안쓰러웠던지 이장님 댁 사모님께서 민박을 치르던 방 하나를 제게 내주시는 특단의 조치를 취했던 겁니다. 지금 생각해도 굉장한 선의를 베풀어 준 것인데 그 이유는 아르바이트가 끝날 무렵에나 알게 되었습니다. 아르바이트하면서 학비를 모으는 제 모습이 무척 대견했고 또한 저와 같은 또래의 아들이 있어서 자꾸만 눈에 걸렸다는 것입니다.

그때부터 하루의 생활이 확 바뀌었습니다. 편안한 잠자리도 좋았지만, 무엇보다도 사모님이 차려준 집밥이 너무 맛있었습니다. 사모님은 음식 솜씨가 좋았는데 특히 오징어 요리를 잘했습니다. 제가 "정말 맛있어요!" 하고 감사의 표시를 할 때마다 남편인 이장님 입맛이 너무 까다로워서 피곤했는데 덕분에 요리 잘한다는 소리를 듣게 되었다고 활짝 웃곤 했습니다.

사모님은 요리뿐만 아니라 주관도 또한 분명했습니다. 여름 휴가철 해수욕장 관리사무소는 이런저런 민원이 무척 많습니다. 그때마다 아주머니가 사람들 대하고 설득해서 원만하게 문제를 해결하는 모습을 많이 접하곤 했습니다. 그 모습이 무척이나 인상적이었기에 강릉의 여인들은 강릉 출신의 신사임당을 닮아서 지혜로운 것 같다고 얘기했는데 그때마다 박장대소를 하던 사모님의 모습이 지금도 눈에 선합니다.

 역사학자 이덕일의 『세상을 바꾼 여인들』, 이 책은 여성의 한계를 뛰어넘고 시대의 벽을 뛰어넘고자 했던 여성들의 이야기를 담고 있습니다. 또한 가혹한 운명의 굴레를 딛고 세상을 바꾸고자 했던 여인들의 삶과 도전, 좌절과 성공, 불꽃 같은 열정과 성취의 기록이며, 세상을 바꿨으나 역사 속에서 주목받지 못하고 잊혀진 여인 25명의 실체 추적이라는 평가를 받기도 합니다.

 『세상을 바꾼 여인들』은 신사임당에 관한 이야기로 시작하는데 놀라운 내용이 많습니다. 무엇보다도 제가 강릉에서 아르바이트할 때 사모님에게 했던 신사임당 이야기와 비슷한 내용이 있어서 책을 놓기가 쉽지 않았습니다. 신사임당은 현모양처라는 이미지가 있는데 이것은 만들어진 이미지일 뿐이고 실제로 그녀는 주체적인 삶을 살았으며 사모님의 모습도 신사임당의 당당함과 많이 닮았다고 이야기했거든요. 예를 들면 이런 문장의 내용입니다.

 "신사임당은 조선시대의 여성으로서 자신의 삶을 스스로 개척하였으며, 자신의 예술적 재능과 교육 철학을 통해 사회적으로 큰 영향을 미쳤습니다. 그녀의 업적은 현대에도 큰 영감을 주고 있으며, 그녀는 여성의 권리와 자유를 존중하는 데 큰 역할을 했습니다. 그녀는 조선의 질서에 맞선 여인이었습니다."

 진정자 사장님, 제가 사장님께 인터뷰를 요청하게 된 이유가 궁금하다고 했지요? 그것은 바로 사장님은 신사임당과 이장님댁 사모님 못지 않은 강릉 여인의 개성을 내뿜고 있었기 때문입니다. 아니 두 여인의 장점을 합쳐 놓았다는 것이 더 적절한 표현일 것 같습니다. 숱한 어려움을 극복하고 주체적으로 삶을 개척해 나가는 모습은 신사임당의 당당함을 닮았습니다. 그리고 음식에의 뛰어난 전문성과 정성으로 손님을 대하는 깊은 배려는 이장님댁 사모님의 모습을 떠올리게끔 하거든요. 모두 다 세상을 바꾸는 강릉 여인들이지요.

사람은 꽃보다 아름답다는 노랫말이 있는데, 특히 최선을 다하는 사람들의 모습을 볼 때 그런 느낌을 받습니다. 혼신을 기울여 노력하는 삶은 다른 사람들에게 감동을 줍니다. 자기 일에 몰입하는 사람은 다른 사람들에게 신뢰를 주며, 그들의 존경을 받을 수 있습니다. 자기가 일하는 식당 한 곳에서 최고의 음식 맛을 창조하는 사장님이야말로 가장 아름다운 여인의 모습일 것입니다.

비가 온 뒤 땅이 더욱 단단해지듯이 사람들은 시련을 극복하는 과정에서 자기 능력과 한계를 깨닫고, 이를 극복하기 위해 노력하게 됩니다. 이러한 노력은 자신의 역량과 함께 자신감을 높여줍니다. 또, 시련을 극복하는 과정에서 우리는 다른 사람들과 협력하고 소통하는 법을 배우게 됩니다. 이는 우리가 사회적으로 성장하고, 성공적인 삶을 살아가는 데 큰 도움이 됩니다. 사장님의 눈물겨운 개인사는 분명 더 큰 도약을 위한 디딤돌로 작용할 것입니다.

사장님의 음식에 대한 자긍심은 사장님의 앞날을 더욱 밝게 비추어 줄 것입니다. 그중에서도 재료에 대한 남다른 고집이 구심점이 되겠지요. 신선하고 품질 좋은 재료는 고유한 맛과 풍미로 음식의 맛을 더욱 풍부하게 만들어 줍니다.

반면에 신선도가 떨어지거나 품질이 낮은 재료는 맛과 풍미가 부족하여 음식의 맛을 떨어뜨릴 수 있습니다. 강릉에서 직접 사들이는 식재료는 분명 사장님의 음식에 특별함을 더해줄 것입니다.

사장님이 연출하는 감동적인 음식 맛이 더 많은 손님에게 전달이 될 수 있기를 기대해 봅니다. 생태찌개와 곰치국 같은 주력 메뉴는 물론이고 계절마다 강릉에서 직접 재배해서 가져오는 특별한 자연의 맛까지 말입니다. 누리대, 두릅, 산나물, 들기름, 부새우 등 그 맛이 소문에 소문으로 한없이 이어지기를 또한 소망합니다.

'음식을 통한 보은(報恩)'이라는 사장님의 꿈을 실현하기 위해서는 더욱 강건해야 하겠습니다. 힘든 시간을 꿋꿋하게 버틸 수 있었던 것은 '고마운 힘들'이 있어 가능했다고 이야기했습니다. 신앙의 힘에서부터 단골손님의 힘, 그리고 함께 일하는 동료들과 이웃들의 도움까지. 주지 않으면 받지 못한다는 말이 있듯이 사장님을 응원하는 이러한 힘은 그간에 사장님께서 주었던 것을 되돌려 받은 것이겠지요. 저의 이 편지도 사장님에게 용기와 위안을 주는 잔잔한 응원가가 되었으면 좋겠습니다. 세상을 따뜻하게 바꾼 강릉 여인, 그날을 위하여 언제나 "파이팅!"입니다.

2024년 6월 2일

진정자 사장님은 안타깝게도 2025년 6월6일 불의의 교통사고로 사망했습니다. 삼가 고인의 명복을 빕니다.

토머스 허드슨 화가(畫家)님께

> 당신의 삶에서 발견한 삶의 팁 세 가지를 삶에 고달파하는 사람들과 함께 나누어 봅니다. 꿈꾸어도 노래하지 않고 두 쪽으로 깨뜨려도 소리하지 않는 바위처럼 말입니다. 하나, 마음먹기(Mind). 둘, 활동, 즉 일(Work). 셋, 친구(Friend).
>
> 『해류 속의 섬들』
> – 어니스트 헤밍웨이 지음

토머스 허드슨 님, 이번 독서 편지의 수신인은 좀 특별합니다. 편지를 받는 사람이 소설 속의 등장인물인 토머스 허드슨 님 당신이기 때문입니다. 이렇게 소설 속의 사람에게 편지를 쓰는 경우는 처음이라서 살짝 긴장도 됩니다. 당신의 삶에서 파란만장한 인생을 생생하게 볼 수 있었습니다. 인생은 고해(苦海)라는 괴로움에 끝없이 맞서게 되지요. 그런 인생을 감정의 실마리에 휘말리지 않고 담담하게 헤쳐 나가는 당신에게 질문도 하고 응원도 하고 싶었던 것입니다.

당신이 주인공으로 나오는 『해류 속의 섬들』(Islands in the Stream)은 작가 어니스트 헤밍웨이의 삶과 죽음에 관한 자전적 소설이라고 불립니다. 미망인 메리 헤밍웨이 부인이 헤밍웨이 사후에 원고를 발견하여 출간된 책인데 그래서 더욱더 관심이 높다고 합니다. 당신은 이 책에 대한 세간의 풍성한 평가를 알고 있는지요?

'헤밍웨이가 남긴 마지막 하드보일드 소설'

'헤밍웨이의 바다 3부작 완결'

'헤밍웨이 최고의 문학성이 담긴 작품' 등등

기대가 크면 실망도 크다고 하지요. 『해류 속의 섬들』은 읽기 초반에 저를 깊은 고민에 빠트렸습니다. 좀처럼 내용 파악을 하지 못했으니까요. 바하마 섬 비미니에 살며 시간 대부분을 술을 마시거나 고양이를 돌보는 어느 화가에 대한 TV 다큐멘터리를 보는 것 같은 느낌뿐이었습니다. 1부(비미니 제도)와 2부(쿠바) 그리고 3부(바다에서)로 구성된 내용도 상호 연결성이 부족하다는 인상도 받았고요. 주제 파악 및 핵심 메시지도 헤아리기 어려웠습니다. 노벨 문학상을 받은 세계적인 대문호 헤밍웨이는 무엇을 말하고자 하는 것인가? 실망의 화살을 쏘기도 했습니다.

인내는 쓰나 그 열매는 달다는 말은 독서에도 적용됨을 경험했습니다. 페이지의 전진을 거듭하면서 감을 잡을 수 있었거든요. 물론 딱 이거야 라고, 콕 집을 수는 없습니다. 삶의 문제에 관한 것이니 하나의 정답이 존재하지 않는 것이니까요. 결론적으로 『해류 속의 섬들』은 삶의 곡절과 시련이라는 경외감을 담은 책이었습니다. 사람은 물론이고, 우주 안의 삼라만상은 기적의 동맥을 갖고 있지요. 그러니까 주어진 삶의 시기를 열심히, 최선을 다해서 살아야 하는 것, 작가의 메시지는 바로 이런 것이라고 이해했습니다.

좀 더 구체적으로 그려보자면 『해류 속의 섬들』은 죽음 즉 상실을 통해서 그 대상의 소중함을 부각합니다. 그래서 어떻게 살아야 하는가를 깨닫게 합니다. 즉 제1차 세계대전 후에 환멸을 느낀 상실세대(喪失世代), 생존법에 관한 책이죠. 그리고 고난, 선택, 행복, 일상, 바다, 파도, 새, 바람, 모래, 사람, 아들, 아내, 친구, 그림, 글을 대하는 자세와 방법을 찾도록 자극하는 책이기도 합니다.

뭐든 하나로 꿰어야 보배가 되는 법입니다. 이 작품은 그런데도 결국 '삶의 행복'이란 무엇인가를 생각해 보게끔 하는 소설입니다. 토머스 허드슨 님은 일견 행복해 보입니다.
그러나 종국에는 모두를 다 잃고 말았지요. 세 명의 사랑하는 아들을 사고로 잃고 전투에서 세 명의 동료를 잃었습니다. 나중에 당신 자신도 적의 총탄을 맞아 생사기로에 놓였지 않았습니까?

당신께 깊은 감사의 말씀을 드립니다. 냉담하게 고통을 견뎌내는 당신 삶의 태도에서 깊이 있는 삶의 메시지를 읽을 수 있었습니다. 그러한 측면에서 당신은 우리에게 거울이며 이정표입니다.
오늘날에도 21세기형 로스트제너레이션(Lost Generation)을 자처하며 고달파하는 사람들이 여전히 존재합니다. 당신의 삶에서 발견한 삶의 팁 세 가지를 그들과 함께 나누어 봅니다.

하나, 마음먹기(Mind).

행복을 찾는 기본 중의 기본이지요. 하드보일드(hard-boiled) 라는 이 소설의 창작 태도를 그대로 수용하는 것도 한 방법이 될 것 같습니다. 냉혹하고 비정한 현실을 감상에 빠지지 않고 간결한 문체로 묘사하듯이 말입니다. 당신은 두 아들과 부인의 죽음 앞에서 자신에게 이렇게 되뇌었습니다. "아무것도 아니잖아." 자식을 잃은 참척(慘慽)의 아픔은 극복의 대상이 아니라 견딤의 문제라는 말이 생각납니다. 강철 같은 마음의 의지가 아니면 표현할 수 없는 슬픔입니다.

둘, 활동, 즉 일(Work)입니다.

일은 슬픔과 고통을 견디게 해줍니다. "에디가 항상 행복한 건 그가 잘하는 게 있고, 그걸 매일 하기 때문이야."

당신은 그림 그리는 일에서 생명력을 얻는 것 같습니다. 당신은 그림을 통하여 행복의 순간을 되돌아볼 수 있습니다. 그러니까 전쟁의 와중에서도 당신은 그림을 생각합니다.

"전쟁이 끝난 후, 다시 그림을 그리게 될 날을 생각해 보자. 이제부터라도 진정으로 하고픈 일에 굳게 매달리자. 그렇게 하려면 반듯이 살아야 해."

셋, 친구(Friend).

친구는 인생의 보약입니다, 당신 생에 있어서 글을 쓰는 친구 로저는 생의 절반 이상을 차지하는 것 같습니다. 그림과 글이라는 예술혼을 나누는 친구라서 더욱더 각별해 보입니다. 전투를 함께한 전우 역시 소중한 친구입니다. 죽은 동료에 대한 고통도 있지만 당신 곁에서 끝까지 당신을 응원하는 동료도 있으니까요. "자네 토마스 허드슨, 자네는 자네를 아끼는 사람들의 마음을 결코 이해하지 못할 거야."

　연휴를 맞아서 대한민국의 동해에 있는 속초 외옹치항과 양양의 명승지 하조대를 찾았습니다. 바다와 구름과 수평선을 바라보자니 『해류 속의 섬들』과 토마스 허드슨 님, 당신 생각이 절로 났습니다. 당신께 드리는 마지막 인사를 고민하던 차에 해답을 얻을 수 있었기에 기억에 오래 남을 여행이었습니다.
　그 해답은 바로 파도에 부딪히는 바위였습니다. 당신은 곧 바위였던 것입니다. 제가 좋아하는 대한민국 시인 유치환의 〈바위〉라는 시 한 구절로 아픔과 슬픔에도 좌절하지 않고 긍정과 희망을 노래하는 당신께 감사와 응원을 대신해 봅니다.

　"꿈꾸어도 노래하지 않고 두 쪽으로 깨뜨려도 소리하지 않는 바위가 되리라".

　토마스 허드슨 님, 어서 부상에서 회복해서 친구들의 마음을 헤아리고 그림을 그리고 술 한잔을 하면서 고통 속에서 피어난 한줄기 행복의 꽃을 소중히 가꾸며 살아가기를 기도합니다.

2023년 10월 12일

4장

태양과 별과 달을 벗삼다.

편지는 별빛처럼 조용히, 그러나 깊게 마음을 흔든다. 달빛처럼 잔잔하지만, 오랜 여운을 남긴다. 언젠가부터 손으로 직접 쓰는 편지는 드물어졌지만, 그 안에 담긴 진심과 정성만큼은 여전히 변함없다. 편지는 마음과 마음 사이에 놓인 다리다. 쓰는 사람의 감정과 생각이 한 글자 한 글자에 녹아 있어, 받는 이에게는 세상에 단 하나뿐인 위로이자 기쁨이 된다.

한낮의 태양이 너무 뜨거울 땐 우리는 그늘을 찾는다. 냉수를 마시며 열기를 식힌다. 하지만 결국 그 뜨거움 속에서 삶은 자라난다. 태양은 생명의 근원이다. 편지도 그렇다. 손 글씨를 쓰는 일은 더디고 번거롭다. 그러나 그 느림 속에야말로 진심이 깃든다. 정성 들여 꾹꾹 눌러쓴 그 한 장의 편지는, 찰나의 말보다 깊은 울림을 남긴다.

햇살이 눈 부신 오후, 나는 종이 위에 마음을 펼친다. 별이 떠오르고 달이 차오르는 밤, 그 빛 아래에서 또 한 사람을 떠올린다. 그렇게 오늘도 누군가에게 편지를 쓰고 싶다. 내 마음이 닿기를, 내 진심이 작은 빛이 되어 그에게 위로와 기쁨이 되기를 바란다.

노벨문학상, 한강 작가님께
'작별하지 않는다' '소년이 온다'

박란 마음포럼 회원님께
난초는 향기를 통해 존재를 알린다.

최진호 모델에이전시 대표님께
"모든 다리에는 저마다 드라마가 있다."

박종운 청주고 53회 동기 친구님께
"우리들의 부싯돌은 부딪쳐야 빛이 난다."

양인숙 중학교 동창님께
"미칠 것만 같아요. 서울 가고 싶어요."

최창화 고대신방과 81학번 친구님께
"양자산의 다니자키 준이치로여, 시를 쓰시오."

이현종 광고크리에이터님께
"광자(狂者)정신, 아주 훌륭해요."

이용진 마음포럼 위원님께
"넉넉한 건 오직 사랑이었습니다."

김정응 머니박스 회장님께
정말로 기적 같은 인연이다.

조해준 대표님께
"앉으나 서나 고객을 위한 신제품을 만들어 내고자 합니다."

노벨문학상, 한강 작가님께

> 작가님의 노벨문학상 수상은 위험한 사랑처럼 강렬했습니다. 다시 한강을 읽어야 했습니다. 우선 가장 많이 알려진 세 권을 읽기로 했습니다. '작별하지 않는다', '소년이 온다.', '채식주의자'. 노벨문학상 수상 작가의 작품이니 책을 대하는 자세나 태도가 달라졌습니다. 작가님의 용기에 경의를 표하고 싶었습니다.
>
> 『채식주의자』
> – 한강 지음

한강 작가님, 하마터면 큰 화상을 당할 뻔했습니다. 2024년 10월 10일 오후 8시경 강남구 논현역 인근에 있는 수육 전골집에서 삼총사라 불리는 친구들 모임이 있었습니다. 소주 몇 잔이 오고 가서 취기가 조금 오른 순간이었습니다.

"와! 대박, 한강 노벨상 수상이래!"

테이블 곳곳에서 환호성이 터져 나왔습니다. 저도 일어서서 흥분을 표현했습니다. 그런데 앉는 순간 아찔한 일이 벌어졌습니다. 펄펄 끓고 있는 수육 전골 판을 건드렸던 것입니다.

천만다행으로 큰 사고는 일어나지 않았습니다. 이토록 작가님의 노벨문학상 수상은 위험한 사랑처럼 강렬했습니다. 2002년 월드컵 4강 순간이 겹쳐 보이며 흐르는 눈물을 훔쳐야 했습니다.

역대급 흥분은 역대급 후유증을 불러왔습니다. 2016년으로 거슬러 올라갔습니다. 작가님의 맨부커상 수상작인 『채식주의자』에 대한 쓰린 기억이 되살아났습니다. 중도에 읽기를 포기했던 것입니다. 우선 재미를 붙이지 못했습니다. '채식주의자'라는 말에서도 거리감을 느꼈습니다. 비극성의 내용도 책 속에 오래 머무는 것을 방해했습니다. 알 듯 모를듯한 표현도 마음을 답답하게 만들었습니다. 게다가 당시 맨부커상 선정위원회의 수상 사유는 저를 더욱 주눅 들게 했습니다. 무기력함에 그저 멍하니 하늘을 올려다볼 뿐이었습니다.

> "불안하고 난감하면서도 아름다운 작품 〈채식주의자〉는 현대 한국에 관한 소설이자 수치와 욕망, 그리고 타인을 이해하고자 하는, 갇힌 한 육체가 다른 갇힌 육체를 이해하려는 우리 모두의 불안정한 시도들에 관한 소설이다."

쓰나미가 지나간 후에는 모든 것이 변해버린다고 합니다. 작가님의 노벨문학상 수상 소식은 쓰나미의 충격 그 자체였습니다. 제 주변은 폐허가 되고 생명체들은 사라져 버린 듯합니다. 당연히 삶도 변하겠지요. 일순간 열정과 의욕이 사라졌습니다. 목표와 꿈은 텅 빈 바다 위에 떠 있는 조각배처럼 느껴졌습니다. 후회가 막심했기 때문입니다.

"그때 『채식주의자』를 완독했어야 했는데…."

다시 한강을 읽어야 했습니다. 우선 가장 많이 알려진 세 권을 읽기로 했습니다. 다행히 의무적인 추진 동력도 얻었습니다. 독서클럽에서 〈작별하지 않는다〉를 12월의 읽을 도서로 선정한 것입니다. 〈소년이 온다.〉, 〈채식주의자〉는 틈틈이 시간을 내서 읽었습니다. 책을 읽는 동안 새로운 기분 속에 빠져들었습니다. 아마도 유명세가 작용했을 것입니다. 노벨문학상 수상 작가의 작품이니 책을 대하는 자세나 태도가 달라졌습니다. 이해도도 높아졌습니다. 그도 그럴 것이 언론에서 책 내용을 전 국민에게 계몽하듯이 알려주었으니까요.

책을 대하던 처음의 태도가 반성이 되더군요. 재미없다고, 내용이 어렵다고, 슬프다고, 아픈 역사를 건드린다고, 꼰대 갑질할 일이 아니었습니다. "왜?"라고 묻게 되었습니다. 작가는 왜, 이 소설을 썼을까? 왜, 제주의 4.3을 다루었을까? 왜, 광주를 꺼내 들었을까? 왜, 폭력을 주제로 했을까? 자꾸만 밑으로 깊이깊이 찔러 들어갔습니다. 자꾸만 옆으로 연결고리를 이어갔습니다.

작은 섬에 도달했음을 알았습니다. 정확히는 모르겠습니다. 그러나 이미지가 그려지고 메시지도 눈에 보이는 그런 세계. 한강의 작품 세계. 아! 이런 세상을 만들었기에 상을 받는가 보다. 작가님은 물을 닮았습니다. 인성도 문체도 물의 속성을 닮았습니다. 상선약수(上善若水)라는 말은 곧 작가님을 두고 하는 말이었습니다.

물은 높은 곳에서 낮은 곳으로 흐르며, 항상 자신을 낮추며 겸손한 모습을 보여줍니다. 작가님은 자신을 낮추고 상대방을 존중하며, 겸손한 태도를 유지합니다. 물은 각양의 그릇에도 담을 수 있으며, 상황에 따라 유연하게 대처할 수 있습니다. 작가님은 변화하는 상황에 포용성 있게 대처하며, 유연한 사고와 행동을 보여줍니다. 물은 모든 생명체의 근원이며, 동시에 성장에 중요한 역할을 합니다. 작가님은 주변 사람들에게 착한 영향을 미치며, 그들의 성장을 돕는 데 헌신적입니다.

초등학교 4학년, 5학년 아니 6학년까지의 일이었습니다. 바로 아랫집 때문에 마음이 몹시 아팠던 기억이 있습니다.

영혜네 집이었는데 아버지가 상상을 초월하는 분이었습니다. 가정폭력이 심했던 것이죠. 술주정뱅이 아버지였습니다. 날카로운 낫을 휘두르며 식구들을 위협했고, 심지어 작두에 영혜 어머니 목을 올려놓고서 죽여 버리겠다고 광기를 부려댔습니다. 얼마나 심하게 욕을 해대던지 지금도 그 쌍욕 소리가 들리는 듯합니다. 결과도 비참했습니다. 다섯 남매의 자식들이 모두 자살로 생을 마감했습니다. 그 시작은 아버지의 일방적인 폭력이었던 것입니다.『채식주의자』는 제 어린 시절의 안타까운 추억을 되감아 놓았습니다.

1980년 광주에서 참상이 일어났을 때 저는 재수생이었습니다. 난리가 났습니다. 울부짖음이 강의실을 뒤흔들었습니다.

"광주의 부모, 친척과 연락이 되지 않습니다. 계엄군이 광주 사람들을 다 죽인답니다."

그러면서 자기는 광주로 내려가야 한다고 서둘렀습니다. 2년 후 저는 광주에서 군 생활을 하게 되었습니다. 작품『소년이 온다』라는 당시에 들었던 놀라운 이야기를 그대로 옮겨 놓은 것 같아 소름이 돋았습니다. 안타깝게도 광주로 내려간 재수생 친구를 더 이상 만나지 못했습니다. 이름도 알지 못했는데 지금부터는 그 이름을 동호라고 부르렵니다. 작가님의 용기에 경의를 표합니다.

2000년 초에 프랑스 칸에 간 적이 있습니다. 함께 간 동료 가운데 한 친구가 제주 출신이었습니다. 그가 평상시와 다른 이야기를 해서 깜짝깜짝 놀랐던 기억이 있습니다. '자기 성격이 까다롭지 않으냐?' 하는 말이었습니다. 사실 그 친구는 그런 면이 없지 않아, 있었습니다. 그런데 더 놀랐던 것은 까다로운 성격을 갖게 된 이유였습니다. 제주 4.3 때문이라고 했습니다. 보수적이었던 그 친구가 별안간 왜 그런 이야기를 꺼냈는지는 여전히 의문으로 남아있습니다. 제게 그러더군요. 배운 사람이라면 제주 4.3을 공부하라고 말합니다. 세월이 훌쩍 지나고 그 친구는 하늘나라에 있습니다.『작별하지 않는다』의 인선과 경하의 모습에서 그 친구와의 추억이 떠올라 놀랐습니다.

노벨문학상을 받은 작가님은 지금 갖고 싶은 것이 또 있나요? 저는 옹달샘 하나를 꿈꾸었습니다. 어린 시절에 친구와 함께 깊은 산속으로 으름을 따러 갔던 일이 있었습니다. 길을 잃고 한참을 헤매다가 지쳐 쓰러지듯 쉰 작은 바위가 있었는데 그 옆에 옹달샘이 있었습니다. 물 한 모금을 먹고 고래고래 소리를 질렀습니다. 그 덕분에 어른들이 찾아와서 집으로 돌아갈 수 있었습니다.
 삶이 힘들 때면 가끔 그 옹달샘이 그리워지곤 했습니다.

한강 작가님이 옹달샘이었으면 좋겠습니다. 산골짜기 깊은 곳에 자리 잡은 옹달샘처럼 언제나 고요히 머물러 있고 맑은 물이 솟아오르듯 작가님의 존재는 그 자체로 삶을 풍요롭게 할 것이니까요. 옹달샘 주변에는 푸르른 나무와 싱그러운 꽃들이 가득할 것입니다. 마찬가지로 작가님 곁에는 따뜻한 사람들과 배려의 이야기들이 넘쳐날 것입니다.

저는 지금 한강 바라기가 되어 작가님을 따라 하고 있습니다.
작가님이 노벨 박물관에 작은 찻잔을 기증하면서 함께 전달한 메모가 바로 그것입니다. 똑같이 할 수는 없을 것입니다. 그러나 큰 맥락은 지켜보려 합니다.

하나, 아침에 가장 맑은 정신으로 전날까지 쓴 편지의 다음을 이어쓰기.
둘, 하루에 1만 보 이상 걷기.
셋, 습관적으로 물을 충분히 마시기.

작가님은 생명이 다할 때까지 글을 쓰겠다고 밝혔습니다. 저도 건강이 다할 때까지 편지를 쓸 것입니다. 온몸으로 글을 쓴다는 작가님의 말이 흡수력 높게 전해옵니다. 저도 그러려고 합니다. 이러다 보니 작가님은 늘 북극성처럼 존재해야 하겠군요. 저뿐만이 아니라 많은 사람이 작가님을 향하고 있으니까요. 거듭 고맙고 축하드립니다.

2024년 12월 27일

란 마음 포럼 회원님께

> 난초는 향기를 통해 존재를 알린다고 합니다. 우리는 귀한 인연이 아닐 수 없습니다. 회원님 모두에게 감사드립니다. 아름다운 리더십을 발휘한 이는 누구일까요? 란 회원님의 리더십을 비롯한 총합 매력을 난초의 상징성에서 확인할 수 있었습니다.
>
> 『난초 도둑』
> – 수잔 올림 지음, 김영신 이소영 옮김

    란 회원님, 안녕하세요. 10년이면 강산도 변한다고 했지요. 란 님을 만난 지도 10년에서 2년이 모자란 8년이 되었습니다. 세상은 많이 변했습니다. 그런데 변하지 않은 것이 하나 있습니다. 란 님과 성규 님, 그리고 용진 님이 함께 하는 독서 모임, 마음 포럼이 바로 그것입니다.

    우리는 매월 만나는 인연이 되었습니다. 비가 오나 눈이 와도 책을 읽었습니다. 빼곡한 업무 일정표 속에서도 틈을 내어 독후감을 나누었습니다. 어디 그뿐인가요. 강화도 그리고 양평으로 야유회도 다녀왔습니다. 귀한 인연이 아닐 수 없습니다. 회원님 모두에게 감사드립니다.

가끔 우리의 마음 포럼은 '4인 8각'의 게임을 하고 있다고 생각합니다. 네 명의 회원이 다리를 하나씩 묶어 함께 달리는 중입니다. 한 사람이 넘어지면 모두가 넘어지는 도미노 현상이 발생합니다. 서로의 호흡이 맞지 않으면 속도가 느려집니다.

따라서 협력과 소통이 매우 중요한 경기입니다. 마음 포럼도 그렇지요. 책을 읽지 않거나 시간 약속을 지키지 않으면 중심을 잃고 헤매지 않습니까? 현재까지는 순항하고 있습니다. 정말 다행입니다.

세상만사가 그렇듯이 마음 포럼 같은 귀한 인연은 거저 얻어지지 않습니다. 게임도 혼자만 할 수는 없습니다. 모두가 적극적으로 참여해야 체감할 수 있는 결과입니다. 특히 그중에서도 리더가 중심을 잘 잡아야 합니다. 좋은 책을 선정해야 합니다. 날짜를 정하고 시간과 장소를 정해야 합니다. 결산도 해야 합니다. 우리 모임의 평균 나이가 환갑을 지났습니다. 아무리 나이가 숫자에 불과하다 하더라도 쉽지 않은 일입니다. 이처럼 아름다운 리더십을 발휘한 이는 누구일까요? 아마도 투표했다면 만장일치로 란 회원님을 으뜸으로 꼽을 것입니다.

그렇다면 란 회원님의 리더십 요체는 무엇일까요? 결론부터 말씀드리면 란 회원님의 이름에 정답이 숨어있습니다. 이름은 퍼스널브랜드의 핵심 컨셉이고 키워드입니다. 이름은 그 사람의 인생을 결정한다고 합니다. 이름에서 그 사람의 정체성은 물론이고 비전과 희망을 읽어낼 수 있는 것입니다. 저 역시 이름에 대한 아포리즘을 만들고 전달하려고 노력하고 있습니다. 당연히 '박란'이라는 이름을 오래 들여다보았습니다. 박란의 '란'자에 방점이 있었습니다. 바로 난초의 란(蘭).

『난초 도둑』은 광적인 난초수집가의 삶을 추적한 소설입니다. 취재기

형식인데 난초에 중독된 수집가들의 모험과 좌절, 다양한 난초의 세계, 비극적이고 치열했던 난초 채취의 역사 등이 흥미롭게 펼쳐집니다. 여느 소설이 그렇듯이 이 소설 역시 다양한 관점과 느낌을 유발합니다. 강인한 생명력을 지닌 난초들의 세계, 목숨을 건 난초 채취의 역사, 수많은 식물 관련 범죄와 밀수 사건들, 난초를 둘러싼 땅투기꾼들과 사기꾼들의 이야기가 흥미롭게 펼쳐집니다. 난초를 통해 인간 내면의 어두운 열정과 집착을 드러내는 휴먼 다큐멘터리입니다.

난초를 인문학적으로 바라보게도 합니다. 난초를 배우라는 말이지요. 난초를 대하는 과정에서 얻을 수 있는 교훈과 가치를 읽을 수 있습니다. 난초를 기르는 것은 단순히 식물을 키우는 것이 아니라, 자연과 인간의 조화를 추구하는 것입니다.

나아가 인내와 절제를 배우며, 마음을 안정시키고, 자신을 수양하는 과정입니다. 『난초 도둑』의 한 구절을 함께 읽어 보겠습니다.

> "도대체 난초에 무슨 매력이 있길래 사람들이 그토록 정신없이 난초를 숭배하고 그것도 모자라 훔치고 또 독특한 새 품종을 만들어 내려고 애쓴단 말인가? 또 그런 다음에는 그것이 꽃을 피울 때까지 거의 10년을 어떻게 그렇게 흔쾌히 기다릴 수 있단 말인가?"

그러고 보니 란 회원님은 정말 난초를 닮았습니다. 난초는 우아하고 아름다운 모습으로 유명합니다. 다양한 상징성도 지니고 있습니다. 특히 여성 리더의 자질, 아니 란 회원님의 리더십을 비롯한 총합 매력을 난초의 상징성에서 확인할 수 있었습니다.

난초는 바람에 따라 유연하게 움직이며, 환경에 적응하는 능력이 뛰어닙니다. 유연성은 란 회원님의 매력 중의 하나입니다. 상황에 따라 유연하게 대처했던 많은 모습이 이를 증명합니다. 란 님의 소설 〈옥상 상담소〉을 출간할 때의 일입니다. 처음 접촉했던 출판사와는 일이 잘 진행되지 않았습니다. 자칫하면 출간을 그르칠 수도 있었습니다. 그러나 매끄럽게 정리하고 대안을 찾았고 성공적인 출간을 했습니다. 유연성 덕분입니다. 누구나 할 수 있는 일이 아닙니다.

난초는 오랜 시간 동안 꽃을 피우기 위해 인내심을 가지고 기다립니다. 참고 또 참는 것은 어려움을 극복하고 목표를 달성하는 데 중요한 역할을 합니다. "인내할 수 있는 사람은 그가 바라는 것은 무엇이든 이룰 수 있다." 초등학교 6학년 때 담임선생님이 강조했던 말입니다. 란 회원님 역시 인내의 대명사입니다. 석·박사학위 취득이나 미디어 관련 단체의 협회장 취임이 한 예가 될 것입니다. 과연 남다른 의지와 인내 그리고 집념이 없었다면 가능했을까요?

난초의 핵심 경쟁력은 향기에 있습니다. 난초는 향기를 통해 존재를 알립니다. 난향 천리라는 말이 나온 이유입니다. 란 회원님도 최고의 경쟁력이 향기가 아닐까, 합니다. 향기 가득한 연상 키워드는 아름답기까지 합니다. 긍정적인 에너지, 배려심, 근면 성실함, 자기관리, 소통 능력, 겸손한 태도까지. 란 님이 출간 작가가 될 수 있었던 것도 여기에서 찾을 수 있습니다. 향기를 품은 사람은 삶을 살아가는 우리 주변의 일상 이야기를 다정히 볼 수 있기 때문입니다.

난초는 건조한 환경에서도 생명력을 유지할 수 있습니다. 란 회원님은 여러 해 동안 여성 CEO로 맹활약하고 있습니다. 이 힘은 난초의 생명력을 닮은 란 회원님만의 생명력에 그 근원이 있습니다.

　난 회원님을 보면 우리 사회의 해결 과제 중의 하나인 유리천장이란 말도 무색해 보입니다. 방송채널사용사업자(PP) 업계에 사원으로 입사해서 CEO까지 되었으니까요. 자신의 한계를 극복하고 도전을 두려워하지 않는 자세의 결과일 것입니다.

　우리 독서 동아리 마음 포럼의 회원이 네 명이지요. 그래서 그런지 4의 의미에 대하여 생각해 봅니다. 숫자 4는 동서양을 막론하고 안정과 균형을 상징하는 숫자입니다. 인의예지, 기승전결, 동서남북 등. 네 명으로 구성된 독서 모임은 이 숫자의 의미를 잘 담고 있다고 생각합니다. 서로 다른 개성과 취향을 가진 네 사람이 모여 책을 읽고 의견을 나누는 복을 누리고 있습니다. 이 과정에서 서로의 생각을 공유하고, 서로에게 영감을 주며, 성장할 좋은 기회가 만들어질 것입니다.

　사랑은 서로를 마주 보는 것이 아니라, 서로 같은 방향을 바라보는 것이다. 〈어린 왕자〉의 작가 생텍쥐페리가 말했습니다. 우리의 마음 포럼은 책이라는 같은 방향을 바라보고 있습니다. 모임이 영원히 지속될 수 있도록 지혜 또한 병행되어야 할 것입니다. 그 일환의 하나가 여행 체험일 것인데, 먼저 프랑스 노르망디 해안 근처의 '건지섬 프로젝트'를 실행했으면 좋겠습니다. 함께 읽은 책 속의 구체적 장소를 찾아가는 일은 독서 모임에서나 할 수 있는 일입니다. 평생 인연이 될 수 있는 또 하나의 계기가 되지 않을까요? 아무쪼록 지금처럼 서로를 존중하고 배려하며, 함께 성장해 나가는 우리이기를 기대합니다. 늘 고맙습니다.

2024년 8월 27일

브릿지의 마술사, 최진호 님께

> 알려야했습니다. 진정한 아름다움은 내면에서 비롯되며 그것이 바로 진면목(眞面目)이라는 사실을 말입니다. 당신의 진면목에 감사드리고 싶었습니다. 브릿지(연결)의 가치를 함께 되새김질 하고 싶었습니다.
>
> 『다리 위에서 니체를 만나다.』
> - 토머스 해리슨 지음

안녕하세요, 최진호 대표님. 어느 때부터인가 강남구청역에서 대표님 회사가 있는 언주로까지, 890미터 그 길은 제 인생길이 되었습니다. 여러 생각을 하게 되니까요.

특히 지난 11월 13일 미팅 후의 발걸음은 특별했습니다. 심하게 나뒹구는 은행잎이 큰 역할을 했습니다. 인생 감성을 노랗게 물들게 했으니까요. 그렇다고 계절 낭만에만 취한 것은 아니었습니다. 납덩이의 마음 무게도 함께 지니고 있었습니다. 붉은 단풍이 미워졌습니다.

세월 갈수록 주고받기(Give & Take)의 인생 공식에 감탄하게 됩니다. 내가 상대방에게 도움을 주면 그 역시 나에게 도움을 주며 성장을 돕습니다. 이러한 주고받기는 인간관계를 더욱 풍요롭게 해줍니다. 끊임없이 이어지는 선물 교환과도 같습니다. 가족, 친구, 연인 등 다양한 사람들과 기쁨과 슬픔을 주고받습니다. 이 아름다운 인생 공식이 가끔은 힘에 부칠 때도 있습니다. 받기만 했을 뿐 준 것이 없을 경우입니다. 바로 대표님과 저의 관계가 그렇습니다.

저도 환갑이 넘은 나이이지만 여전히 겉모습에 현혹되어 누군가의 진정한 모습을 놓치곤 합니다. 진정한 아름다움은 내면에서 비롯되며 그것이 바로 진면목(眞面目)이라는 사실을 말입니다. 대표님을 통해서 이러한 진리를 또 한 번 깨닫게 되었습니다. 이쯤에서 저의 예상치 못한 고백에 적잖이 놀라지 않았나요? 대표님과 오랜 기간 지냈지만, 대표님의 참모습을 간과했던 것 같습니다. 단지 비즈니스 솜씨가 뛰어난 사람으로만 치중해서 인식했던 측면이 있습니다. 법정 스님의 편지 한 구절을 떠올린 계기가 되었습니다.

"밖에 드러난 꽃의 아름다움을 보는 것도 즐거운 일이지만 안에 간직된 꽃의 얼도 볼 수 있는 눈을 가져야 한다."

대표님의 안에 간직된 사나이의 참모습을 볼 수 있어 행복합니다. 자기 일에 최선을 다하면서도 남을 배려했습니다. 특히 부산 ㅊ형님과의 인연을 들여다보면 고개가 절로 숙여집니다.

저만 그런 생각을 하는 것이 아닙니다. "최 대표 정말 대단합니다!" 대표님과 부드럽고 상냥한 사이가 아닌 사람들도 인정하는 바입니다. 아니 오히려 더 크게 박수를 보내곤 합니다.

　대표님의 진면목은 대표님의 30년 사업역량에서도 여실히 드러납니다. 어찌 보면 대표님의 사업은 운명적으로 대표님과 딱 맞아떨어지는 것 같습니다. '브릿지'. 직역하면 다리입니다. 하지만 그 의역의 의미는 사뭇 넓고 깊습니다. 연결, 나눔, 소통, 창조 ……. 이 모든 것이 대표님의 개인 브랜드 콘셉트이고 회사의 콘셉트이니까요.

　사실 브릿지는 세상을 바꾸는 큰 축 가운데 하나입니다. 우리는 모두 삼라만상과 연결되어 있습니다. 물리적으로뿐만 아니라 정서적으로도 그러합니다. 세상은 사람들과 다양한 형태의 관계를 맺으며 형성됩니다. 이러한 연결은 우리에게 많은 것을 제공합니다. 그리고 그 가치 역시 매우 크기에 함께 되새김질해 봅니다.

　연결은 우리에게 소속감을 줍니다. 인간은 사회적 동물이기 때문에 어딘가에 속해 있다는 느낌은 안정과 행복에 영향을 미칩니다. 연결은 정보와 지식을 제공합니다. 인터넷과 소셜 미디어를 통해 전 세계의 사람들과 연결되어 있습니다. 다양한 관점을 이해할 수 있고 협력하여 문제를 해결할 수도 있습니다. 연결은 정서적 응원을 제공합니다. 대화나 소통은 마음을 위로해 주고 긍정적인 에너지를 전달해 줍니다. 인간관계를 더욱 풍요롭게 만들어 줍니다.

　하지만, 연결이 항상 긍정적인 결과만을 가져오는 것은 아닙니다. 잘못된 연결이나 과도한 연결이 부정적인 영향을 미칠 수도 있습니다. 온라인상에서의 무분별한 정보 공유나 악성 댓글은 타인에게 상처를 줄 수 있습니다. 정도를 지나치는 연결 욕심은 자칫 시간과 에너지를 소모하게 할 수 있습니다.

따라서 연결의 가치와 중요성을 인식하면서도 적절한 균형을 유지해야 하는 지혜가 필요합니다. 이를 위해서는 가치관과 목표를 명확히 하고, 타인과의 관계를 신중하게 선택해야 할 것입니다. 책임감 있는 행동을 하고, 타인을 존중하는 태도를 가져야 함은 당연지사입니다.

토머스 해리슨의 『다리 위에서 니체를 만나다』는 다리와 문학, 음악, 영화, 역사, 철학 등을 아우르며 우리를 사색의 세계로 이끌어 줍니다. 다리라는 공간을 통해 인간과 인간, 인간과 자연, 그리고 과거와 현재를 연결하는 의미를 담고 있습니다.

이 책에서 다리는 단순한 구조물이 아니라, 인간과 세계를 연결하는 매개체이자, 서로 다른 것들이 만나는 교차점으로 묘사됩니다. 책을 소개하는 한 페이지를 직접 만나보겠습니다.

> '모든 다리에는 저마다의 드라마가 있다. 눈에 보이는 것과 보이지 않는 것을 연결하고 소리 없이 세상을 움직였던 다리에 관한 매혹적인 이야기. 다리는 우리를 '다른 곳'으로 인도한다. 단순한 상징이 아닌, 숨겨진 의미가 있는 장소에 닿는 수단이다.'

니체는 인간의 삶을 '고독한 여행'이라고 비유했습니다. 그러나 다리 위에서는 다릅니다. 다리 위에서 우리는 서로 다른 사람들과 연결됩니다. 이는 새로운 시각과 영감을 주며 우리의 삶을 더욱 풍요롭게 만들어 줍니다. 또한, 다리 위에서 우리는 자연과 연결됩니다. 다리 아래로는 강이나 바다와 같은 자연이 흐르고, 이를 바라보며 우리는 자연의 아름다움과 소중함을 느낄 수 있습니다.

대표님의 철학도 브릿지(Bridge)입니다. 대표님이야말로 일찍이 다리 위에서 니체를 만난 것은 아닌지요? 제가 생각하는 대표님의 다리는 이런 것이었으면 좋겠습니다. 『다리 위에서 니체를 만나다』를 읽으면서 다리가 지녀야 하는 3가지의 가치를 정리할 수 있었습니다. 다리 인문학일 수도 있겠습니다. 공교롭게도 명품의 가치 제안과 맥락을 함께해서 더욱 흥미로웠습니다.

하나, 기능적 가치

다리는 변질되지 않고 견고해야 합니다. 튼튼함을 지니고 오랫동안 다리의 본질적 역할을 할 수 있어야 합니다. 대표님의 회사도 강하고 오래갈 수 있는 브릿지를 창조할 수 있도록 노력해야 할 것입니다. 그 핵심은 드라마, 영화, 음반, 공연, 광고 등의 업에서 차별화된 역량이 아닐까, 싶습니다.

둘, 정서적 가치

스펙이 스토리를 이긴다는 말이 있습니다. 튼튼한 다리 위에서 사랑이나 문학, 예술 등의 정서적 이야기가 풍부하다면 그 다리는 더욱 사랑받고 오래 기억에 남을 것입니다. 대표님의 브릿지도 시대의 변화를 선도하는 문화콘텐츠를 국내는 물론 세계 시장으로 사방팔방 연결하는 그런 회사가 되길 응원하겠습니다.

셋, 상징적 가치

기능적 가치와 정서적 가치가 균형을 이루면 꽃피우는 상위의 가치가 바로 상징성입니다. 궁극적으로 얻어야 할 핵심 가치이기도 하고요. 군말이 필요 없는 마음의 지배자이지요. 인식 지표용어로 TOM(Top Of Mind, 최초상기도)에 이르는 것입니다. 대표님도 또한 대표님 회사도 그런 상징적 존재가 되기를 응원합니다.

소중한 관계는 저절로 주어지는 것이 아니라 노력을 통해 이루어진다고 합니다. 소통, 관심과 배려, 서로의 성장을 돕는 것, 서로를 응원하려고 노력해야 할 것입니다. 이러한 노력을 통해 깊은 유대감과 행복을 느낄 수 있을 것이고요. 대표님과 저의 브릿지가 오래오래 소중하게 이어질 수 있도록 더욱 노력하겠습니다. 고맙습니다. 감사합니다.

2024년 11월 18일

박종운 청주고 53회 동기 친구님께

> 그 분과는 서울대 동문, 택시 운전사,
> 이념이라는 역사의 수레바퀴 등등.
> 편지를 쓰기에 너무도 좋은 재료들이
> 많았습니다. 그럼에도 편지를 쓰지 못했습니다.
> 좋은 정책을 추진해달라는 기대와 당부가
> 넘쳤습니다.
>
> 『나는 빠리의 택시 운전사』
> - 홍세화 지음

친구님 안녕하세요. 편지의 지존, 청마(靑馬) 유치환은 제게 편지 쓰기의 스승입니다. 멋진 편지 노래를 불렀기 때문이지요.

"오늘도 나는 에메랄드빛 하늘이 환히 내다뵈는 우체국 창문 앞에 와서 너에게 편지를 쓴다."

오늘 저는 서울의 에메랄드빛 하늘이 조금 내다뵈는 가을 창문가에서 친구님께 편지를 쓰고 있습니다. 사실은 늦은 편지입니다. 일찍이 친구님에게 편지를 쓰고자 했던 마음이 몇 차례 있었습니다. 친구님이 택시 운전을 한다는 소식을 들었을 때는 특히 아쉬웠습니다. 벌써 2년 전의 일이네요. 그때 저는 공교롭게도 『나는 빠리의 택시 운전사』를 읽고 있었습니다. 친구님 생각을 많이 했습니다.

『나는 빠리의 택시 운전사』는 인기 도서였습니다. 그런데 이 책이 주목을 받는 이유는 지은이 홍세화 님의 유명세에서 비롯되었다고 해도 과언이 아닐 것입니다. 그분이 어떤 사람인지는 잘 알리라 믿습니다. 경기중·고교를 거쳐 서울대 금속공학과에 들어갔으나 자퇴하고 서울대 외교학과에 다시 입학했습니다. 그런데 민주 수호선언문 사건으로 제적과 복학을 반복했고 우여곡절 끝에 졸업했지요.

프랑스 망명은 남민전 사건이 계기가 됐습니다. 유신체제 비판 유인물을 배포한 남조선민족해방전선 준비위원회라는 지하 조직원들이 체포된 사건이지요. 졸업 후 무역회사에 취업해 프랑스에서 일하던 중에 남민전 조직원이란 사실이 밝혀지며 귀국할 수 없는 처지가 됐습니다. 『나는 빠리의 택시 운전사』는 기막힌 망명 사연부터 유년 시절의 애환 등 다양한 이야기들을 다루고 있습니다.

이쯤 되면 자연스럽게 친구님을 오버랩하게 되지요. 공통점이 많기 때문입니다. 혹시 친구님도 저와 같은 생각을 하지 않았나요? 서울대 동문, 택시 운전사, 이념이라는 역사의 수레바퀴 등등. 편지를 쓰기에 너무도 좋은 재료들이 많았습니다. 그럼에도 편지를 쓰지 못했습니다. 우선, 제가 바빴습니다. 새로운 일에 도전했거든요. 그 시작도 오늘의 책 『나는 빠리의 택시 운전사』에서 비롯되었습니다.

친구님도 제가 글을 쓴다는 사실을 알고 있지요? 남들은 작가라고 부르는데 송구스러운 호칭이지요. 어느 시점에 큰 혼란에 빠졌습니다. 글 소재의 빈곤은 작가의 재앙이라는 말이 있습니다. 제게 그런 시련이 닥친 것입니다. 이런 고민은 누구에게도 이야기하기 어렵습니다. 이해하지 못하니까요. 아니 이해할 필요가 없다는 말이 더 적절한 표현이겠네요. 별난 식은땀 덕분에 깨달음 하나를 얻었습니다. 『나는 빠리의 택시운전사』와 같은 나만의 독특한 체험을 쓰자. 그러던 중에 눈을 번쩍이게 하는 소식을 접했습니다.

"김문수 고용노동부 장관의 정책보좌관으로 '박종철 고문치사 사건' 당사자 박종운 전 한나라당 인권위원회 부위원장(63)이 임명될 예정이다. 박 전 부위원장은 학생운동을 하다 보수 정치인으로 전향한 인물이다."

이 보도는 저를 제법 바쁜 사람으로 만들었습니다. 우선 친구님과 제가 고교 동창임을 알고 있는 지인들이 자꾸 묻습니다. 이번 추석 연휴에는 더욱 많은 질문을 받았습니다. 특히 처가에서는 뜨거울 정도였습니다. 처가는 예전에 친구님이 출마했던 지역구의 주민이기도 했지요. 그래서 일찍이 친구님을 잘 알고 있었던 것입니다. 96세 장인어른의 관심은 집요하기까지 했습니다. 간밤을 꼬박 새워 편지를 써야 했습니다. 친구님, 정말로 축하합니다.

좋은 정책을 추진해달라는 기대와 당부가 넘쳤습니다. 친구님의 다양한 경험과 인고의 시간이 그 이유입니다. 정계에 입문도 했고, 총선에서 고배도 마셨고, 인터넷 언론 논설위원으로 활동하기도 했습니다. 물론 택시 운전기사를 하면서 소중한 의견을 듣는 중이기도 하고요. 이 모든 경험이 좋은 정책을 깊게 다지는 숙성 과정이었을 것입니다. 비로소 때가 온 것이지요.

정답은 의외로 가까운 곳에 있을지도 모릅니다. 운전의 지혜에서 얻는 것이죠. 안전 운전의 핵심은 세 가지, 이른바 '3선 원칙'입니다. 하나는 정해진 줄(線)을 지키는 것입니다. 두 번째는 착한(善) 운전입니다. 세 번째는 앞장서서 선도(先導) 운전을 하는 것입니다.

먼저 線(선)의 원칙입니다. 차선을 위반하면 대형 사고로 이어지는 것은 자명한 일입니다. 고용 노동 정책에서도 지켜야 할 선이 있을 것입니다. 그 선을 명확히 지켜 가면 좋겠습니다. 넓게는 국민을 위한 선이고 현실적으로는 노사 모두에게 도움이 되는 선입니다. 차선이 있기에 양보와 배려의 운전이 가능합니다. 친구님이 몸담는 그곳에서 양보와 배려의 정책이 활짝 핀 모습을 그려봅니다.

두 번째는 善(선)의 원칙입니다. 착함의 가치는 아무리 강조해도 지나침이 없습니다. 착함의 가치가 상실되는 순간 비극적인 일이 이어집니다. 난폭운전, 보복 운전, 나 홀로만의 운전 등 생각만 해도 끔찍합니다. 행정도 마찬가지라고 생각합니다. 상식에서 벗어나는 행정은 보통 사람들을 고통으로 이끌게 됩니다. 상식과 원칙을 지키는 그러한 행정이 우선 되어야 할 것입니다. 권선징악(勸善懲惡)이라는 만고의 주제가 친구님의 철학이자 실천 이념이 되기를 희망해 봅니다.

마지막 세 번째는 先(선)의 원칙입니다. 앞장서서 일했으면 좋겠습니다. 추종자보다는 선도자가 되었으면 좋겠습니다. 앞장서 달린다는 것은 위험과 책임감을 수반하게 되지요.

그러나 그만큼 보람도 벅차오르리라 생각합니다. 창조적이고 유연한 행정을 앞서서 펼쳐주기를 기대합니다.

이와 같은 '3선의 원칙'에 『나는 빠리의 택시 운전사』 뒤표지에 나와 있는 프랑스 작가 볼테르의 신념을 더하여 깊이 새겨보면 어떨까요?

"나는 당신의 견해에 반대한다. 그러나 나는 당신이 그 견해를 지킬 수 있도록 끝까지 싸우겠다."

내가 반대하는 견해를 죽이려고 끝까지 싸우는 게 아니라 그 견해가 지켜질 수 있도록 끝까지 싸우겠다는 볼테르의 이 선언은, 내가 반대하는 견해를 죽이려고 애쓰는 한국 사회에게 '왜 그래야 하는가?'라는 물음을 제기합니다. 볼테르는 이렇게 답합니다.

"우리들의 부싯돌은 부딪쳐야 빛이 난다."

다시 말해 서로 다른 견해가 자유롭게 표현되어 부딪칠 때 진리가 스스로 드러난다는 것입니다.
나와 다른 견해를, 다르다는 이유로 없애려고 하는 것은 내 견해의 옳음을 밝히기 위해서도 옳지 못한 행위가 된다는 것입니다.

친구님에게 가장 건네고 싶은 말을 고민했습니다. 혹시 듣고 싶었던 말은 무엇이었는지요? 제가 선택한 단어는 전성기입니다. 친구님은 이제 전성기가 온 것 같습니다. 우리의 동년배 대부분이 퇴직하는 요즈음입니다. 친구님의 동정이 더욱 빛나는 이유입니다. 박종운 스타일의 전성기를 찬란하게 펼쳐갈 것을 확신합니다.

  물론 쉽지 않은 일도 많을 것입니다.
  그럴 때면 친구님이 그리도 다정하게 생각하는 청주고등학교 친구들의 바람을 되새기면서 힘을 냈으면 좋겠습니다.

  "야전에서 마음고생 많이 겪었는데, 그동안 고민해 온 한국 사회의 모순을 지혜롭게 잘 해결할 수 있길 바랍니다. 쉽지는 않겠지만 정말로 할 일이 많습니다. 과도한 '노동 경직성' 때문에 앞으로 나가지 못하는 것이 많은 것 같습니다. 큰 역할을 기대하고 응원합니다. 근로자와 사용자 모두가 상생하는 멋진 정책을 기대하겠습니다. 후퇴되고 왜곡되었던 고용 노동환경을 더욱 안정된 정책으로 이뤄가길 기대하고 응원합니다."

2024년 9월 23일

양인숙 중학교 동창님께

> 편지 약속을 꼭 지켜야 했습니다.
> 여주인공의 이름은 하인숙이었고 친구님의
> 이름은 양인숙이니 흥미롭지 않습니까?
> 야무지게 자신의 정체성을 잘 관리하는 친구님께
> 박수를 보내고 싶었습니다.
>
> 『무진기행』
> - 김승옥 지음

    인숙 친구님, 늘 안녕하지요? 지난 10월 28일은 우리 미원중학교 동기 동창들이 속리산으로 야유회를 가던 날이었죠. 저는 관광버스 안에서 친구들에게 공개적으로 큰 약속을 하나 했습니다. 바로 인숙 친구님께 '독서 편지'를 띄우겠다는 것이었습니다. 이런 도발적인 제안을 한 것은 김승옥의 『무진기행』 때문이었습니다. 구체적으로는 '인숙'이라는 이름 때문이었습니다. 작품 속 여주인공의 이름은 하인숙이었고 친구님의 이름은 양인숙이니 이름의 공통점이 화젯거리가 되었던 것입니다.

그런데 실제 작품 속의 인숙과 친구님은 연결되는 콘셉트나 메시지가 하나도 없으니, 고민하며 주저주저했습니다. 그런데 써야만 했습니다. 약속했던 것이고 함께 이동했던 순재, 순희, 인찬, 점순, 현홍, 형례, 근수, 석화, 준표, 진만 친구들이 두 눈을 부릅뜨고 지켜보겠다는 무언의 압력을 행사했으니까요.

『무진기행』은 잘 알려진 대로 한국문학에 혁명과 같은 가파른 분기점을 이루는 작품이라는 평가를 받고 있습니다. 우선 주제가 치명적이었습니다. 겉으로는 성공한 것처럼 보이는 한 남자가 고향을 찾고 거기서 짧지만, 강렬한 사랑을 경험한다는 것이었습니다. 그런데 실제의 주제는 이와는 다릅니다. 자기 실존의 추구 및 구축이 핵심 메시지입니다. 오늘날의 관점으로 보면 대수롭지 않은 주제 의식이라고 할 수 있지만 1960년대 그 당시에는 혁명적인 메시지일 수 있을 것입니다.

이 작품이 높은 평가를 받는 진짜 이유는 문학의 본질적인 차원에 있습니다. 다름이 아니라 이 작품은 위대한 '감수성의 혁명'이라는 찬사를 받는 작품입니다.
감각이 잘 묻어난 문체, 인물과 배경의 배치, 소설적인 완결성, 인간의 내밀성 터치 등 소설의 구성에서 새로운 기원을 열었던 것입니다.

『무진기행』은 '나' 즉 34살의 남자 윤희중이 주인공입니다. 그의 고향은 무진이지만 그에게 무진은 암울했던 과거의 상징이자 현실에서는 도피의 공간이기도 합니다. 이번에 무진으로 내려온 것도 역시 메마른 여행이었습니다. 아내와 장인이 주총에서 자신을 제약회사 전무로 승진시키려는 일종의 편법 기획의 일환이기 때문이지요. 그의 수동적 인생은 평범하지 않은 결혼에 기인합니다. 그는 남편과 사별한 돈 많은 여성과 결혼을 한 것이고 이를 발판으로 소위 인생 역전 출세의 길을 걷게 된 것입니다. 한 마디로 처가의 돈에 팔려 간 남자였던 것이죠.

그는 자기 모습을 꼭두각시인 신세라며 한탄하지만 그렇다고 해서 현재의 삶을 박차고 나올 배포도 없습니다. 그는 6.25 전쟁 당시 또래의 청년들이 모두 나라를 위해 전쟁터로 나갈 때 골방에 숨어 지냈습니다. 마치 어머니 때문에 어쩔 수 없이 갇혀 있었던 것으로 보이지만 사실 그건 그의 도피성 선택임이 틀림없었습니다.

이번 무진 여행에서 그는 후배 박 선생을 만나 동급생 세무서장 조의 집을 찾게 됩니다. 그곳에서 음악 선생인 하인숙이라는 여성을 만나게 됩니다. 하인숙은 후배 박 선생이 연모하는 여성이자 조의 신붓감 후보로 보이는 인물입니다. 그녀는 처음 만난 날에 서울로 데려가 달라는 말을 해서 희중을 당황하게 만듭니다.
그들은 오래된 연인처럼 다음날 다시 만나 희중이 예전에 머물렀던 하숙집을 찾게 되고 그곳에서 잠자리를 갖게 됩니다.

관계 후에 오히려 그녀는 서울에 가지 않겠다고 하고 일주일 동안 멋진 연애만 할 것이라고 말하지만 희중은 인숙이 자신에게 이끌려 서울로 오게 될 것이라고 말합니다. 그런데 다음날 서울에서 아내로부터 전보가 옵니다. 회의가 있으니 급히 상경하라는 것입니다. 그는 올라가기 전 하인숙에게 서울로 데려가겠다는 약속의 편지를 쓰지만, 곧 찢어버리고 홀연히 무진을 떠나며 소설은 끝을 맺습니다.

『무진기행』을 읽는 시선은 저마다 다양할 것입니다. 제가 생각하는 무진기행의 결론은 '상실감'입니다.

자기 자신에 대한 상실입니다. 이러한 상실은 '미쳤다는 것'으로 표현됩니다. 희중은 자살한 술집 여자의 시체를 목격하면서 자기 자신도 미쳤다고 넋두리합니다. 하인숙도 윤희중과 다를 바가 없습니다. 그녀는 말합니다. "미칠 것 같아요. 서울 가고 싶어요." 인숙과 희중은 자기 상실의 공허함을 상대방으로부터 채우려고 했던 것입니다. 그런데 오히려 그 상실감이 더욱더 심화되고 악화될 뿐이었습니다.

자기 상실에 대한 해결책을 모색하는 것이 이 소설이 제게 던진 질문이라고 생각합니다. 저의 답은 나의 정체성, 즉 아이덴티티(Identity)가 있느냐 없느냐의 문제로 결론지었습니다. 희중과 인숙은 자신에 대한 정체성을 확립하지 못했기 때문에 저렇게 공중에 붕 떠서 헤매고 있었던 것입니다. 이것을 한순간의 사랑 이야기, 치명적인 불륜 등등의 말로 이야기를 하지만 냉정하게 살펴보면 자기 상실감에 헤매는 가련한 남녀의 모습일 뿐입니다.

이와 같은 측면에서 볼 때 우리 인숙 친구님은 야무지게 자신의 정체성을 잘 관리하는 것 같아서 박수를 보냅니다.

소설 속의 하인숙과는 사뭇 다른 모습이지요. 우선 본업인 피아노 학원 사업에 충실하지요. 그러고 보니 작품 속의 하인숙과는 이름 외의 음악이라는 공통점인 코드가 또 하나 존재하네요. 그리고 자기 계발에도 열심히 하고 있죠. 도전 과제인 공인중개사 시험도 끝까지 잘 준비해서 좋은 결과를 맺었으면 좋겠습니다.

그리고 친구님을 보면 감수성 충전 활동도 열심히 하는 것 같습니다. 계절마다 사진을 찍어서 우리 동창 친구들에게 공유하고 있으니까요. 친구님의 좋은 삶은 우리가 지향하는 잘 익어가는 삶의 모습이죠. 그래서 친구님이 더욱 멋져 보입니다.

작품의 배경인 1960년대는 산업화, 도시화의 물결이 인간성을 휩쓸고 지나갔던 시기입니다. 상실의 시대였던 것입니다. 그래서 희중은 무진으로 달려갔고 인숙은 무진을 벗어나려고 했습니다. 그런데 무진은 실재하지 않는 가상의 도시입니다. 안개의 도시 무진(霧津)은 과연 어떤 상징성을 지닌 공간일까요?

정답을 찾기 위해서는 현장 속으로 뛰어 들어가는 것이 좋은 선택이 될 것입니다. 친구님도 이참에 『무진기행』을 읽으며 희중과 인숙의 입장이 되어보는 것은 어떨까요? 추운 날씨에 감기 조심하고 12월 11일 연말 정기모임에서 건강하게 만났으면 좋겠습니다.

2023년 11월 21일

최창화 고대 신방과 81학번 친구님께

> 외치고 싶었습니다. "양자산의 다니자키 준이치로여, 시를 쓰시오"라고 말입니다. 등단 도전 등 새로운 시도가 원활하게 가동되기 위해서는 우선 건강이 잘 유지되어야 할 것입니다.
>
> **『열쇠』**
> – 다니자키 준이치로 지음

    창화 친구님, 양자산은 여전히 아름답지요? 최근 우연히 손에 쥔 얇은 일본 소설 하나가 겨울 추위를 녹여주는 손난로 역할을 하고 있습니다. 지금, 이 순간에도 저를 흥분의 도가니로 몰아넣고 있습니다. 문제의 작품은 『열쇠』라는 소설입니다. 두 가지 측면에서 저는 머리가 핑하니 돌고 말았습니다. 작품 자체의 이슈성이 첫 번째이고, 그다음은 오히려 작품을 능가한다는 평을 듣는 작가의 기인(奇人)적 성정에 있습니다. 문제의 그 작가는 바로 다니자키 준이치로(1886~1965)입니다.

그가 활동하던 시기는 온 세상이 전쟁에 휘말려서 제국주의와 민족주의적인 사조가 활개를 치든 시기였습니다. 그런 시대에 그는 오로지 섹스와 여체의 아름다움에만 빠져 있었습니다. 온갖 손가락질을 받았을 것을 어렵지 않게 짐작할 수 있습니다.

그러나 그는 아랑곳하지 않고 오직 여자의 육체에만 집착했던 것입니다. 대단한 마이웨이가 아닐 수 없습니다.

이런 그의 모습을 보면 문단에서 추방되거나 맞아 죽기에 딱 맞는 진상 같습니다. 세상의 흐름과 역행하는 삶을 펼친다는 게 쉽지 않기 때문이죠. 그러나 그는 오히려 더 빛을 발하는 작가로 반짝였습니다. 여러 이유가 있겠지만, 인간 본성을 푹 찌르고 들어온다는 점이 그 핵심 이유라고 합니다. 그는 인간의 숨겨진 욕망을 까발리는 데에 천부적인 재능을 발휘한 것입니다. 작품을 읽는 순간 여러 차례 소름이 돋게 됩니다. 속마음을 들킨 기분이 들기 때문입니다.

소설 『열쇠』는 파격의 연속입니다. 자기 아내와의 성생활과 관계되는 비밀스러운 이야기들을 일기 형식으로 다루고 있는데 그 이유도 특이합니다. 아내가 잠자리에 관한 이야기를 나누지 않자, 불만을 견디다 못해서 일기를 쓴다는 것입니다.

구성상의 파격도 흥미를 더해줍니다. 아내가 일기의 존재를 알고 있다고 가정하는 것입니다. 일기의 속성이 나 혼자만의 비밀인데 그 당시에 그러한 구성을 했다는 것이 놀랍기 그지없습니다.

좀 더 자세히 들여다보면 캐릭터의 파격적 설정도 눈에 뜨입니다. 56세의 섹스 능력 상실자 남편과 낮에는 정숙 미의 극치를 지니지만 밤에는 병적으로 강한 성욕으로 남편을 혼비백산케 하는 45세 아내와의 섹스 전쟁 같은 내용이니까요. 더욱더 황당한 것은 딸과 딸의 남자 친구가 조연급으로 등장하면서 벌이는 변태성은 음험하기 그지없습니다.

『열쇠』의 종합적인 느낌은 금지된 선을 자유롭게 넘나드는 일탈 이야기 같은 것입니다. 작가의 의도대로 감정이입은 물론이고 역할이 전이되어 짜릿한 체험을 할 수도 있습니다.
포르노, 불륜 소설, 19금 영화를 보는 것 같은 느낌이라고나 할까요. 물론 잠자는 세포를 깨우는 긍정적인 측면도 있습니다. 고교 시절 성인 주간 잡지의 여자 모델을 보았을 때의 흥분 같은 것을 체험할 수도 있습니다. 뭐라고 표현하기 어려운 그러한 관능을 자극하니 독자들이 저처럼 속수무책으로 당할 수밖에 없지요.

다니자키 준이치로의 모습에서 창화 친구님의 모습을 봅니다. 아주 오래전 그때도 아마 이맘때쯤인 것 같습니다.
12월 중순 무렵. 프레스 센터에서 고려대 신문방송학과 81학번 동기들 송년회 모임이 있었습니다. 지금은 고인(故人)이 된 오현 친구의 생전 마지막 모습을 보았던 날이기도 했지요. 그래서 잊을 수 없는 날이지만 그날이 더욱더 기억에 새로운 것은 바로 창화 친구님의 시재(詩才)를 처음 접했던 날이기도 했기 때문입니다.

저와 친구님은 우연이 옆자리에 앉았습니다. 오랜만에 만나서 어색하기도 했는데 한잔 술이 들어가자, 친구님은 제게 뭔가를 계속 던져댔었지요. 이른바 최창화의 창작시라고 하면서 말입니다. 그런데 저는 도통 그런 주장에 동의할 수가 없었습니다. 제게 그것은 시(詩)가 아닌 괴이

한 글일 뿐이었으니까요. 지금 보면 인간의 욕망과 여체의 신비에서 발견한 유미주의 문학의 극치였는데도 말입니다.

당시에 저의 시적 통찰 수준은 너무도 착한 바닥 수준이라서 계속 놀라 자빠졌는데 이게 무슨 날벼락 같은 소리랍니까. 우리의 부드러운 리더 이화실 친구가 이런 말을 하더군요.

"창화의 시, 아! 멋지다!"

어느 날부터 친구님은 무명 천재 시인(詩人)으로 불리었지요. 요즈음은 단체 카톡방에 무척 난해한 시를 올리고 있기에 이상 시인을 닮은 듯도 하다는 느낌을 받습니다. 물론 상징성을 많이 내포하고 있어 해석의 어려움이 많습니다. 일견 보기에는 새벽부터 술타령하는 시로 볼 수도 있지만, 양자산 정기가 배인 알 수 없는 메시지가 읽히기에 작품 앞에서 긴장하지 않을 수 없는 것입니다.

그런데 마음 한구석에는 늘 안타까움이 어슬렁거렸습니다. 일관된 주제가 술, 담배 같은 건강과는 거리가 있는 것들이니까요. 유교 문화권 교육에 익숙해진 저의 눈에는 자연스럽지 않고 어색하게 보이는 것이 문제였던 것이죠. 그러나 특히 『열쇠』와 다니자키 준이치로를 접하고 나서는 그런 생각을 싹 지웠습니다. 오히려 친구님의 그러한 독특함을 좀 더 많은 사람에게 알려주면 어떨까, 하는 생각도 해 보았습니다. 가장 개인적인 것이 가장 창의적이라는 말처럼 말입니다.

제목 '열쇠'의 상징적 의미를 곱씹어 보는 것도 이 소설을 읽는 또 하나의 관전 포인트입니다. 저는 열쇠를 새로운 세계의 문을 여는 새로운 도전이라고 생각했습니다. 창화 친구님도 열쇠 하나를 꽉 움켜쥐었으면 좋겠습니다. 한 예로 등단 시인에 도전하면 어떨까요? 엄청난 변곡점이 될 수 있을 것입니다. 정식 시인이 돼서 본인도 놀라고 한국 문단도 놀라게 하는 그러한 계기가 될지 그 누가 알겠습니까? 무리한 주장이 아닙니다. 친구님과 다니자키 준이치로는 공통점이 많으니까요. 두 사람은 아주 차별화된 자신만의 개성을 지니고 있지 않습니까?

그런데 이 모든 새로운 시도가 원활하게 가동되기 위해서는 우선 건강이 잘 유지되어야 할 것입니다. '아침 이슬' 같은 그런 술 사진을 보고 있자면 건강에 대한 걱정이 앞서는 것이 솔직한 심정입니다.

잔소리라고 생각하지 말고 친구의 우정 어린 배려라고 생각해 주길 바랍니다. 약속된 12월 26일에 만나서 또 다른 열쇠 이야기를 흥이 넘치도록 할 수 있으면 좋겠습니다.

언제나 친구님의 엉뚱하지만, 위대한 창작 행위를 응원합니다.

2023년 12월 09일

이현종 광고 크리에이터님께

> 공감을 얻고 싶었습니다.
> 이렇게 말입니다. "광자(狂者) 정신, 아주
> 훌륭해요." 늘 스승 같은 친구의 도움에
> 감사드리고 싶었습니다.
>
> **『분서(焚書)』**
> – 이탁오(본명 이지) 지음

현종 친구님, 친구님도 제 새 명함을 보고서 많이 놀랐지요. 특히 51.62.73이라는 숫자의 상징성 때문에 그런 느낌이 강하게 들지 않았나요? 이미 설명했듯이 그것은 제 비전인데 50대에 첫 책을 내고, 60대 70대에 두세 권의 베스트 셀러를 내겠다는 의미입니다.

친구님처럼 그렇게 깊은 뜻이 담겨있는 것이냐고 응원하는 사람도 있지만, 대부분 사람은 어이가 없다는 반응을 보입니다. "미쳤어요, 왜 그렇게 힘들게 살아요?" 그렇습니다. 저는 분명히 미친 것이 틀림없습니다. 좋은 글을 쓰고자 함에 있어서는 그렇습니다.

불광불급(不狂不及). 제가 새로운 행동강령으로 삼은 사자성어입니다. 그 일에 미쳐야 목표에 도달할 수 있으리라. 지난 12월 초에는 금융 관련 책을 쓰기 위해서 보험회사에 취직했습니다. 호랑이를 잡으려면 호랑이 굴에 들어가야 했습니다. 이러한 저의 행보에 가족뿐만 아니라 많은 지인 모두는 어이없는 표정을 지어 보였습니다.

그런데 어느 선배의 말 하나가 귀에 팍 꽂혔습니다. 그러면서 이탁오라는 사람의 이야기를 해주었습니다.

"광자(狂者) 정신, 아주 훌륭해"

이탁오(본명 이지. 1527~1602). 주변에 그를 아는 사람이 드물더군요. 그런데 제게는 익히 낯익은 인물입니다. 명나라 출신인 그는 중국 사상사에서 가장 걸출한 '이단아(異端兒)'라는 평가를 받고 있습니다. 그는 인생 그 자체가 드라마틱한 한 편의 소설 그 자체입니다. 게다가 저의 관심사와 겹치는 부분이 몇 개 있으므로 저는 그를 기억하고 그는 제가 존경해 마지않는 인물의 하나가 되었습니다.

편지로 엮은 책, 당대의 베스트 셀러 작가, 강한 캐릭터. 특히 제가 연구하는 주제 중의 하나인 퍼스널 브랜드 측면으로 보면 '이탁오'라는 퍼스널브랜드는 아주 훌륭한 사례의 하나입니다. 그는 강한 개성을 쌓았고 그래서 연상 이미지도 또한 또렷하게 내뿜고 있습니다. 당연히 그를 보고, 그의 이야기를 들으면 그를 오래오래 기억하게 됩니다.

탁오(卓吾)는 '탁월한 나' '뛰어난 나 자신'이라는 뜻인데 스스로 만든 호(號)라는 사실이 흥미를 더해줍니다. 그 때문에 매우 자신감 넘치는 사람이라는 평가를 받기도 하지만 그 대척점만큼의 손가락질을 받기도 합니다. 그의 베스트 셀러 작품의 하나인『분서(焚書)』에는 권위에 맞서 혁신적으로 행동하는 그의 독특한 면면이 적나라하게 담겨있습니다.

『분서(焚書)』는 친구 등 지인들에게 보내는 편지 모음의 책이기에 제게 좀 특별하게 다가왔습니다. 친구님이 아는 것처럼 저는 자칭 편지 예찬론자이니까요. 이번 독서 편지를 현종 친구님에게 써보자고 생각했던 것도 그 착상의 시작은 바로 편지였습니다. 그러나 이탁오의『분서(焚書)』는 달콤한 편지 이야기만이 아닙니다. 당대 지식인의 위선과 자기기만을 너무도 솔직하게 까발리고 몹시도 쓰고 맵게 비판하고 있습니다. 오죽하면 '불태워 없애버릴 책'이라고 했을까요.

이탁오는 책 제목 짓는 데에도 탁월한 재능을 지닌 것 같습니다. 소름끼치는 제목 덕분일까요,『분서(焚書)』는 당대에 공전의 히트를 기록한 대박 작품이었다 합니다.
아마도 의도적으로 반전의 의미를 담았기 때문이 아닐까요? 그의 또 다른 유명한 책인 장서『藏書』역시 네이밍 측면에서 보면 비슷한 맥락을 지니고 있습니다. '감추어 둘 책'이라는 의미 아닙니까? 도대체 어떤 내용이기에 저런 제목일까? 저도 제목의 호기심에 크게 이끌렸는데 강한 여운이 남는 두 개의 주제를 함께 공유해 봅니다.

하나, 깨달음

"나는 어릴 때부터 성인의 가르침이 담긴 책을 읽었지만, 성인의 가르침을 제대로 알지 못했으며, 공자를 존중했으나 공자에게 무슨 존중할 만한 것이 있는지를 몰랐다. 속담에 이른바 난쟁이가 키 큰 사람들 틈에 끼어 굿거리를 구경하는 것과 같아, 남들이 좋다고 소리치면 그저 따라서 좋다고 소리치는 격이었다. 나이 오십 전까지는 나는 정말 한 마리의 개와 같았다. 앞의 개가 그림자를 보고 짖으면 나도 따라서 짖어댔던 것이다. 남들이 왜 그렇게 짖어댔는지 까닭을 물어보면 그저 벙어리처럼 아무 말 없이 쑥스럽게 웃기나 할 따름이었다."

제가 발견한 이탁오의 가장 탁월한 점은 바로 누구도 흉내 낼 수 없는 이탁오만의 개성 넘치는 아이덴티티(Identity · 정체성)입니다. 소신, 용기, 행동의 3박자는 그를 한없이 부러운 대상으로 여기기에 충분했습니다. 자유인이자 위험한 이단아이기도 한 그의 정체성은 바로 한 마리의 개에 불과했다는 자기 선언적인 깨달음에서부터 비롯되었습니다. 그는 76세에 감옥에서 스스로 생을 마감하기까지 독보적인 자기 캐릭터의 영토를 구축했던 것입니다.

둘, 친구

"친구가 될 수 없는 스승은 진정한 스승이 될 수 없고, 스승이 될 수 없는 친구는 진정한 친구가 될 수가 없다. 목숨을 바쳐도 좋을 지우(知友)가 없다면, 나는 장차 나를 알아주지 않는 사람들 앞에서 죽음으로써 나의 분노를 씻어낼 것이다."

이탁오는 師友(사우)를 강조했습니다. 친구라는 뜻의 友(우)에 스승이라는 뜻의 師(사)자를 함께 썼던 것입니다. 스승 같은 친구, 친구 같은 스승이 되어야 한다는 것이지요. 친구에게서 배울 것이 없다면, 그런 친구와는 사귀지 말라고 까지 말하였지요. 서로에게 스승이자 친구가 되는 사우(師友) 관계야말로 요즘 표현대로 하자면 역대 급의 좋은 친구 관계라는 뜻일 겁니다.

　그런 의미에서 보면 친구님은 제게 스승 같은 친구입니다. 그래서 저는 이미 저의 졸저(拙著)에서 스승 같은 친구님의 생각을 몇 차례 인용한 바 있습니다. 사우(師友)의 뜻을 곱씹다 보니 명백한 과제 하나가 제게로 향해오고 있음을 발견하게 됩니다. 그것은 바로 저도 친구님에게 스승 같은 친구가 되어야 한다는 것입니다. 스승이 되려면 뭔가의 본보기나 배울 점을 축적해야겠지요. 제가 누누이 말하는 퍼스널 브랜드가 되는 것이 그중의 한 방법이 될 것입니다. 즉 저마다의 소질을 계발해서 창조의 힘을 쌓는 것 말입니다.

　스승 같은 친구가 곁에 있어서 든든합니다. 올 한해 마무리 잘하고 새해에도 늘 건승하기를 응원합니다.

2023년 12월 25일

이용진 마음 포럼 위원님께

> 함께 다져보고 싶었습니다. "넉넉한 건 오직 사랑이었습니다."라는 박완서 선생님의 말씀을. 솔직함, 순수함, 따뜻함 등 폴폴 나는 사람 냄새는 그 어느 고급 향수보다 강렬했습니다.
>
> 『모래알만 한 진실이라도』
> – 박완서 지음

 용진 위원님, 뜻하지 않은 고민이 하나 생겼습니다. 2024년 첫 번째 독서 편지를 누구에게 어떤 책으로 시작할 것인가? 그러다가 문득 작년 12월 20일의 '마음 포럼' 송년 모임에서 용진 님이 선물한 책이 생각나더군요. 박완서 에세이 『모래알만 한 진실이라도』. 깜짝 놀랄 문구를 접했습니다. 3페이지 제목 아래의 흰 여백에 글이 적혀있었는데 제가 썼는지도 몰랐던 것입니다. 책 선물에 대한 답례의 편지를 써야 했습니다.

 "2023년 12월 20일 '마음 포럼' 송년회 모임 날, 아름다운 동지 용진 님에게서 선물 받다."

『모래알만 한 진실이라도』는 한편의 '성(聖)스러운' 자서전이었습니다. 일상의 작은 순간들 속에서도 인간의 본성과 감정을 진솔하게 담아내서 깊은 울림을 줍니다. 일제강점기, 6·25 전쟁, 서울살이의 이방인 경험 등 작가의 삶을 통해 제 기억과 감정을 되돌아보게 되더군요. "정수리를 지그시 눌러주는 글"이라는 표현처럼, 무겁지 않으면서도 삶을 돌아보게 하는 문장들이 특히 인상적입니다. 또한 유년기부터 노년까지 이어지는 여성의 삶을 파노라마처럼 그려내며, 웃음과 눈물이 동시에 버무려졌습니다.

서문을 읽을 때부터 가슴이 두근두근했습니다. 책을 엮은 편집자이자 박완서 작가님의 따님인 호원숙님이 작가님이 지향하는 삶의 개념을 잘 요약해 놓았기 때문입니다.

'가족들에게 사랑의 입김을 불어 넣어 주려고 얼마나 애썼는지, 세상이 올바른 방향으로 나아가기를 얼마나 간절히 바랐는지, 젊은이들이 밝고 자유롭게 미래를 펼쳐 가기를 얼마나 기원했는지, 하찮은 것에서 길어 올린 빛나는 진실을 알려주려고 얼마나 고심했는지, 생의 기쁨과 아름다움에 얼마나 절절하게 마음이 벅찼는지.

그러면서도, 자신에게는 얼마나 정직하고 엄격했던지 그 담금질의 의미를 이제야 알 것 같습니다. 죽고 싶었던 두려운 마음을 고백하며 쓴 글에서 "오늘 살 줄만 알고 내일 죽을 줄 모르는 인간의 한계성이야말로 이 세상을 움직이는 원동력"이라는 대범한 목소리에 기운을 차려 봅니다.'

책을 읽는 내내 작년 10월에 세상을 떠났던 저의 아버지 생각도 하게 되었습니다. 박완서 작가님이 유년 시절의 이야기를 현재로 끌어오고, 현재의 이야기를 유년 시절과 뒤섞어 엮어내는 말씀이 저와 아버지 사이에 있었던 어린 시절의 추억을 소환했기 때문입니다.

『모래알만 한 진실이라도』에는 박완서 작가님의 민얼굴 모습이 오롯이 담겨있어서 좋았습니다. 옆에 계시면 꼭 안아주고 싶은 우리의 엄마 그 자체였습니다.

솔직함, 순수함, 따뜻함 등 폴폴 나는 사람 냄새는 그 어느 고급 향수보다 강렬했습니다. 어떻게 책을 읽었는지도 모르겠더군요. 그 와중에 또렷이 남는 세 개의 키워드에 특히 가슴이 울렁거렸습니다.

하나. 행복

작가님의 행복에 대한 정의가 특별하게 다가옵니다. 아마도 참척(慘慽)의 고통을 겪은 후의 도달점이기에 더욱 가슴속 깊이 파고들어 온 것 같습니다. 작가는 한 해에 남편과 아들을 하늘나라로 보내야 했습니다. 특히 아들은 당시에 22살의 서울대 의대생이었다고 합니다. 그는 말하고 있습니다. 행복해지는 것도 일종의 능력이고 그 능력은 성공한 소수의 천부적 재능과는 달리 우리 인간 모두의 보편적인 능력이라고 말입니다. 그리고 성공한 인생은 하루하루 행복하게 사는 것이라는 그의 속삭임은 지금도 여전히 귓전에 맴돌고 있습니다.

둘. 기적

저도 일상의 작은 기적을 기다리고 있습니다. 출간하는 졸저(拙著)가 대박이 났으면 하기도 하고 가끔은 로또 복권에 희망을 걸기도 합니다.

물론 오지 않아서 실망도 하고 푸념도 합니다. 도대체 나의 기적은 어디에 있는 것인가? 작가님의 이야기를 듣고 무릎을 '탁' 쳤습니다. 그는 아주 쉽게 기적을 만들어 내고 있었으니까요. 그의 비법이 궁금하지요?

"사랑하라, 소박하고 진실해서 아름다운 것들을. 이것이 나를 행복하게 해주는 기적을 일으킨다."

셋. 이야기꾼

뛰어난 이야기꾼이고 싶다는 작가님의 바람에 놀랐습니다. 저 또한 좋은 이야기꾼이 되는 것이 소망이기 때문입니다. 그런데 뛰어난 이야기꾼이 되기가 쉽지 않습니다. 그런 의미에서 이 책은 제게 글쓰기의 정석이 되기에 충분했습니다. 좋은 이야기를 만들어 내는 데 필요한 주옥같은 지침이 담겨있으니까요.

"자랑할 거라곤 지금도 습작기처럼 열심히 하는 것밖에 없다. 잡문 하나를 쓰더라도, 허튼소리 안 하길, 정직하길, 조그만 진실이라도, 모래알만 한 진실이라도, 진실을 말하길, 매질하듯 다짐하며 쓰고 있지만, 열심히 하는 것만으로 재능 부족을 은폐하지는 못할 것 같다."

『모래알만 한 진실이라도』에는 또한 박완서 선생님의 새해 인사 내용도 담겨있습니다. 2024년을 시작하는 1월 초이기에 유심히 보게 되었습니다. 뭔가 특별한 바람이기를 기대했는데 그렇지 않았습니다. 이 역시 박완서 선생님다운 소망이었습니다.

"이왕이면 귀엽게 늙어가고 싶다."

용진 님의 새해 소망은 어떤 것인지요? 행복 아닐까요? 그러기 위해서는 박완서 선생님의 '귀엽게 늙어가기와 사람 냄새 폴폴 나기 전략'을 따라 해 보는 것은 어떨까요? 게다가 자전거 타기를 좋아하고, 자연을 좋아하고, 사유를 좋아하는 용진 님이기에 2024년 올 한해도 행복한 한 해가 될 것을 믿어 의심치 않습니다. 저도 용진 님과 함께 행복 동행하고자 합니다. 괜찮겠지요?

2024년 1월 7일

김정응 머니박스 회장님께

> 확인하고 싶었습니다. "정말로 기적 같은 인연이다." 상주(喪主)가 김정응인데 조화(弔花)를 보낸 이도 김정응이니 말입니다. 기적의 꽃을 피우는 인연으로 오래오래 거듭났으면 좋겠습니다.
>
> 『세계를 건너 너에게 갈게』
> - 이꽃님 지음

    회장님, 안녕하세요. 2023년 10월 20일은 제게 영구히 기억될 날이 되었습니다. 저의 아버지가 하늘나라로 가신 날이기 때문입니다. 그런데 그런 그날에, 작은 웃음거리 하나가 이별의 아픔을 달랠 길이 없던 제게 약간의 미소를 짓게 했습니다. 발단은 회장님이 배려해 준 조화(弔花) 때문이었습니다.

    문상 온 친구마다 예상치 못한 시비를 걸어왔습니다. 왜 상주 명의의 조화를 세웠냐는 것이었습니다. 그렇게 조화가 급했냐고 하면서 농반

진반(眞半眞半)의 질책으로 저를 내몰았습니다. 처음에는 어리둥절했지만, 친구들의 의문을 이해 못 할 바는 아니었습니다.

회장님과 제가 동명이인이라는 사실을 알 리 없으니 제 이름과 똑같은 이름이 적힌 조화가 떡하니 서 있으니 궁금하지 않은 것이 오히려 이상할 지경이지요.
상주가 김정응인데 조화를 보낸 이도 김정응이니 말입니다.

회장님과의 사연을 설명해야 했습니다. 김정응이라는 흔치 않은 이름의 동명이인이라는 사실. 그뿐인가요. 고향도 같고(충북 괴산), 본관도 같고(안동 김씨) 돌림자도 응(應)자로 같은 인연이라고 말입니다. 게다가 같은 이름 덕분에 분실했던 지갑과 주민등록증을 되찾은 에피소드도 더했습니다.
제 이야기를 듣고 난 친구들이 이구동성으로 한마디 하더군요.

"정말로 기적 같은 인연이다."

꽃처럼 예쁜 이름의 이꽃님 작가의 소설, 『세계를 건너 너에게 갈게』도 '은유'라는 이름의 동명이인이 펼치는 기적 같은 인연을 담고 있습니다. 서로 다른 시간을 살아가는 두 은유가 편지를 주고받으면서 벌어지는 이야기입니다. 2016년의 은유가 1년을 살아가는 동안 1982년의 은유는 20년의 세월을 살아갑니다.
그 속도의 차이는 두 사람의 관계를 다양하게 변화시키며 완벽하게 낯설었던 서로의 세계로 서로를 들어서게 합니다.

기적의 시작은 34년의 세월을 거슬러 잘못 배달된 편지에서 비롯됩니다. 잠깐 책의 줄거리를 함께 들여다보겠습니다.

'2016년, 아빠의 재혼을 앞두고 은유는 마음이 어수선하다. 한 번도 가진 적 없었던 엄마라는 존재가 생길 예정이지만, 자신을 낳아 준 엄마에 대해선 아무것도 모른다.

세상에 존재했는지조차 의심스러울 만큼 비밀에 싸인 엄마. 게다가 아빠는 부재한 것이나 다름없고 새엄마가 될 '그 여자'의 존재는 껄끄럽다. 그런 은유에게 아빠는 1년 뒤의 자신에게 편지를 써 보라고 제안한다. 은유의 그 편지는 엉뚱하게도 34년의 세월을 거슬러 1982년에 사는 또 다른 은유에 도착한다.

신조어들이 잔뜩 쓰인 은유의 편지를 받고 간첩이라고 의심하는 과거의 은유와 누군가 장난으로 답장을 보내고 있다고 오해한 현재의 은유. 삐걱거리며 시작된 둘의 관계는 '행운의 동전'을 시작으로 점차 오해가 풀리며 고민과 비밀을 터놓는 사이로 발전한다.'

눈치를 채셨겠지만, 은유라는 이름을 가진 두 사람은 남남이 아닙니다. 엄마와 딸의 관계입니다. 엄마는 딸을 낳다가 죽었습니다. 그러니까 아이의 생일이 곧 엄마의 기일이 되는 셈입니다. 아빠는 아이에게 애써 무심합니다. 엄마의 비밀이 아이에게 상처를 줄까 염려해서입니다. 은유가 15세 되던 해까지는 그랬습니다. 두 은유의 미스터리는 결론 부분에서 풀리게 됩니다.

줄거리 자체가 이상야릇하다고요?

네, 이 이야기는 소설임을 참작하고 판단하셔야 합니다.

『세계를 건너 너에게 갈게』의 핵심 메시지는 가족의 소중함입니다. 읽는 내내 소중한 사람과의 인연에 대해 다시 한번 생각하게 만드니까요. 아니 많은 독자도 그렇게 생각할 듯합니다. 공감과 감동이 가득한 독서 반응이 그 증거가 될 것입니다.

제8회 문학동네 청소년문학상 대상을 받은 명분이고 드라마나 연극으로 재탄생되는 이유이기도 할 것입니다.

『세계를 건너 너에게 갈게』가 특별하게 다가온 이유 중의 하나는 바로 편지입니다. 회장님이 익히 아는 것처럼 저는 편지 예찬론자를 자임하고 있습니다. 그런데 작품 속에서 편지는 그 어느 것보다도 중요한 소설의 구성 장치로 작동합니다. 편지가 두 은유 사이를 연결하고 기적을 일으키는 가교 구실을 하고 있기 때문입니다.

또 다른 김정응님, 우리도 소설 속의 두 은유처럼 기적의 꽃을 피우는 인연으로 오래오래 거듭났으면 좋겠습니다. 그러기 위해서는 여러 방법이 있을 것입니다. 우선 건강하고 각자의 일을 충실히 해야 하겠습니다. 그리고 소통하는 것입니다.

그 소통은 특히 편지 소통이 되면 좋을 것 같습니다. 소설 속의 은유처럼 실제 편지를 쓰면 좋겠지만 마음의 편지만이라도 쓰면 충분할 것입니다. 이것은 이심전심 되어서 서로에게 배달이 될 것이기 때문입니다. 그런 의미에서 편지의 가치를 다시금 되새겨 봅니다.

편지 한 통, 기적을 일으킵니다.

한 통의 편지는 인생을 눈부시게 물들입니다. 편지는 쓰는 '나'와 읽는 '너'가 주고받는 가장 내밀한 고백의 공간이자, 너와 내가 만나 '우리'

가 되는 기적이 일어나는 시간입니다. 편지는 소중한 사람을 잃은 동료에게 건네는 가만한 위로로, 방황하는 딸과 아들에게 줄 수 있는 따뜻한 충고로, 뜨겁게 타오르는 연정을 전하는 고백으로 복잡하게 얽힌 인생과 관계를 찬찬히 풀어주는 기적을 일으킵니다.

   피천득 선생은 말했습니다.
   어리석은 사람은 인연을 만나도 몰라보고, 보통 사람은 인연인 줄 알면서도 놓치고, 현명한 사람은 옷깃만 스쳐도 인연을 살려낸다고 말입니다. 서로에게 마음의 편지를 쓰며 기적 같은 인연을 만끽하는 우리 두 사람 김정응이면 좋겠습니다.

2024년 1월 22일

조해준 한성분체기계 대표님께

> 인생과 사업에 대한 감동 스토리에
> 보답하고 싶었습니다.
> 따뜻한 커피, 시원한 감귤주스, 김치나
> 라면을 맛있게 하는 것도 탁월한 착즙, 분쇄
> 기술에서 시작되었다는 사실을 알고 보니 새삼
> 특별하게 느껴집니다.
>
> 『미켈란젤로, 영혼을 조각한 열정』
> – 모니카 자라르디 지음

대표님, 안녕하세요. 지난 2월 5일, 대표님을 만나러 가던 날이었습니다. 대표님 회사에 도착할 시점에 대표님으로부터 받은 카톡 메시지 때문에 몹시 당황스러웠습니다.

예고 없이 거래처 사장님이 왔으니 미팅 시간을 2시에서 3시로 연기하자는 그 내용 말입니다. 30분 전에 도착해 있던 저로서는 1시간 30분을 회사 주차장의 차 속에서 기다려야만 했습니다. 그러면서 일이 잘 풀리지 않을 것 같다는 막연한 걱정이 고개를 들더군요.

그런데 그러한 생각은 기우(杞憂)였습니다. 급변한 날씨가 불길한 마음을 설렘으로 확 바꾸어 놓았기 때문입니다. 구질구질 내리던 겨울비가 일순간에 하얀 눈으로 바뀌어 온 세상을 하얗게 뒤덮고 있었으니까요. 설렘은 여기서 그치지 않고 대표님과의 미팅이 시작되고 나서 끝날 때까지 연속되었던 것입니다. 바로 대표님의 인생과 사업에 대한 감동 스토리 덕분이었습니다.

대표님의 말씀은 어떤 탁월한 경지에 이른 사람의 말이었습니다. 즉 오묘한 이치나 도를 깨달은 득도의 구도자 같다고나 할까요. 특히 수많은 우수 제품을 만들어 내고 특허를 창안하는 상황을 열정적으로 설명할 때는 위대한 예술가의 예술혼을 대하는 듯한 느낌마저 들었습니다.

"논리와 과학으로 설명할 수 없습니다. 영감이 떠오르죠. 무의식의 세계에서 나도 모르게 이렇게 저렇게 조합하게 되고 그래서 새로운 것을 창조하게 됩니다. 아마도 이것은 자나 깨나 앉으나 서나 고객을 위한 신제품을 만들어 내고자 하는 직업병의 일환이 아닌가 합니다. 궁하면 통하듯이 저를 비롯한 임직원 모두의 경험을 바탕으로 한 땀과 노력의 결과물이 아닌가 싶습니다."

대표님의 말씀을 듣자니 어디선가 많이 들어본 내용과 같다는 생각이 들었습니다. 미켈란젤로(Michelangelo di Lodovico Buonarroti Simoni)를 떠올렸습니다. 마침 그에 관한 책을 읽고 있는 중이어서 그랬던 것 같습니다. 미켈란젤로는 익히 알려진 것처럼 르네상스의 모든 시기를 대표하는 예술가입니다. 그는 '예술가는 예술을 위해 살아야 한다.'라는 신념을 가지고 있었고 자신이 만든 예술 작품이 후대로부터 사랑을 받으리라 생각했습니다. 이점 또한 기업가는 우수한 제품을 위해서 살아야 한다는, 즉 '기술을 통해 세상을 이롭게 한다.'라는 대표님의 사업 철학과 일맥상통하기에 흥미롭게 느껴졌습니다.

『미켈란젤로, 영혼을 조각한 열정』은 미켈란젤로의 삶과 작품세계를 오롯이 보여주고 있습니다. 미켈란젤로의 생애를 시작으로 그의 작품이 만들어진 경로와 자취를 차분히 따라가며, 역사적 흐름에 따른 전체적 맥락을 소개하고 있습니다. 그는 끌로 대리석을 조각하며 물질 안에 속박된 '개념'을 드러냈으며, 이것을 '불필요한 부분을 제거하는 과정'이라고 표현했습니다. 특히 이 책은 300여 점의 화려한 원색 도판과 관련 설명이 수록되어 있어 미켈란젤로의 삶과 예술을 풍성하게 공유할 수 있는 특별한 통로 역할을 하고 있습니다.

〈다윗〉, 〈피에타〉 같은 조각 작품들과 시스티나 성당의 〈천지창조〉와 〈최후의 심판〉 등의 그림을 보면 놀라움을 금치 못합니다. 작품을 대하는 그의 자세를 보면 세월 앞에 인간의 목숨은 부질없지만, 예술은 영원하다는 말이 새삼 진리로 다가오는 것 같습니다. 독자적인 발상과 창조적인 열정이 넘치는 대표님의 사업 이야기를 듣다 보면 이 점 또한 미켈란젤로와 유사점이 많음을 발견할 수 있어서 흥미롭습니다.

"연 매출이 30억에서 40억 수준이던 2020년에 20억을 신제품 개발에 투자했던 적이 있습니다. 이러한 선택은 정말로 큰 용기가 있어야 하는 것이죠? 1988년 설립 이래 분쇄기, 착즙기 사업을 통해서 얻은 이익과 기술을 그대로 쏟아부은 것이었으니까요. 덕분에 고춧가루 등 분말식품의 맛과 향미는 그대로 살리면서 살균까지 동시에 하는 살균기를 최초로 국산화에 성공하고 특허 및 실용신안이 수십 개에 이르는 전문기업이 된 것이겠지만요."

미켈란젤로는 1564년 90세의 나이로 세상을 뜰 때까지도 〈론다니니의 피에타〉를 제작하고 있었습니다. 병치레하면서도 '식사할 시간도 없이' 오직 일에만 몰두해 작업을 멈추지 않았습니다. 이런 고통의 삶 속에서도 그가 장수할 수 있었던 것은 예술에 대한 순수한 사랑과 초인적인 열정 때문이었을 것입니다.

프랑스의 소설가 로맹 롤랑(Romain Rolland)은 '천재를 믿지 않는 사람, 혹은 천재란 어떤 것인지를 모르는 사람은 미켈란젤로를 보라.'고 했습니다.

"약간의 빵과 포도주를 들고 나면 일에 파묻혀 잠도 몇 시간밖에 자지 않았다. 볼로냐에서 율리우스 2세의 동상을 만들 때, 그와 세 사람의 조수를 위하여 마련된 침대는 하나뿐이었다. 이때 옷도 갈아입지 않고 장화를 신은 채 잤기 때문에 한때 다리가 부어 장화를 칼로 찢어야만 했다. 무리하게 장화를 빼면 다리의 살점까지 함께 묻어나올 지경이었다."

기업인으로서 대표님의 모습도 예술가의 그것과 다르지 않아 보였습니다. 식품산업, 의약품, 화학 플랜트, 화장품 업계 등 각 분야의 고객 특성에 부응하기 위해서 노력하는 모습도 그렇고 세계 최고 수준의 설계, 제작, 시공을 구현하기 위해서 오직 일에만 열중하는 모습을 보아도 그렇습니다.

대표님의 모습에서 멋진 아우라가 느껴집니다. 예술 작품에서 느껴지는 고상하고 독특한 분위기나 독특한 품위나 품격을 말하는 그 아우라 말입니다. 대화의 시작부터 끝까지 잠시도 눈을 뗄 수 없을 정도로 그 누구도 범접할 수 없는 아우라를 뿜어냈습니다. 좋은 아우라는 곧 선한 영향력을 발휘합니다.

　　회사로 돌아오는 발걸음이 더욱 가벼웠습니다. 벅찬 감흥을 받았기 때문입니다. 따뜻한 커피, 시원한 감귤주스, 김치나 라면을 맛있게 하는 것도 따지고 보면 대표님의 탁월한 착즙, 분쇄 기술에서 시작되었다는 사실을 알고 보니 대표님이 하는 사업의 가치나 의의가 새삼 특별하게 느껴집니다. 고맙습니다.

　　내일부터 설 연휴가 시작되는군요. 대표님과 회사 구성원 모두가 즐거운 설 연휴가 되기를 응원합니다. 설 연휴가 끝난 후에 다시 찾아뵙겠습니다. 벌써 기대가 됩니다. 대표님의 인생 이야기 2부 스토리 말입니다. 물론 그 이후에도 대표님의 이야기를 경청하고 기록할 수 있으면 좋겠습니다. 언제나 대표님과 회사의 건승을 응원하겠습니다.

2024년 2월 8일

정규봉 이사장님께
"오직, 사람이다."

차재영 고려대, LG애드 선배님께
"누구나 한 번밖에 못 삽니다."

도정화 리서치 전문가님께
"조사 결과를 사실 그대로 투명하게 밝힙니다."

조상호 출판사 회장님께
"프로방스의 즐거움은 햇빛에서 온다."

구재범 삼희기획 친구님께
"모두를 위한 하나, 하나를 위한 모두(All for one, one for all)"

임선수 청주고, 고려대 동문님께
"바보 같은 사람이 운동을 하는 것이다."
역사의 물줄기에 보태는 물방울 하나가 되어도 좋다."

윤석열 대한민국 제20대 대통령님께
프로와 아마의 차이

김소진 대표님께
"대한민국의 소진 언니가 되렵니다."

박찬호 부활(復活)의 시인님께
"…. 힘든 여정을 함께한 나의 아내여. 사랑한다. 나의 아내여…."

김길호 물 박사님께
"나는 아무것도 바라지 않는다.
나는 아무것도 두려워하지 않는다. 나는 자유다."

5장

바람에 실려 구름을 타고

편지는 시간과 공간을 초월하는 마법 같은 도구다. 그것은 단순한 글자가 아니라, 마음과 영혼이 깃든 메시지다. 바람과 구름처럼 자유롭고도 변덕스러운 삶 속에서 편지는 우리에게 잠시 멈춰 설 수 있는 안식처를 제공한다. 바람은 눈에 보이지 않지만, 피부로 느낄 수 있고, 구름은 끊임없이 형태를 바꾸지만 언제나 하늘에 머문다. 편지도 마찬가지다. 눈에 보이지 않는 감정과 생각을 싣고, 세월이 흘러도 그 가치와 울림은 사라지지 않는다.

편지를 쓰는 행위는 바람에 마음을 실어 보내는 일이다.
그 마음이 언젠가, 어딘가에서 누군가에게 닿기를 바라는 간절한 소망이 담겨 있다. 하루 중 단 5분 만이라도 꽃 한 송이, 구름 한 조각, 별 하나를 올려다보자. 그리고 그 순간을 누군가에게 전하고 싶은 마음으로 편지 한 줄을 써보자. 자연이 소소한 행복의 비밀을 품고 있듯, 편지도 삶을 다시 사랑하게 만드는 은밀한 열쇠가 된다.

바람과 구름을 닮은 편지는, 그래서 소중한 가치를 전달하기에 더없이 적절하다. 그것은 기억 속에 오랫동안 머무는 아름다운 흔적이며, 사랑과 우정을 이어주는 다리다. 편지로 우리는 누군가의 삶에 더 깊이 관여할 수 있고, 진심 어린 소통을 경험할 수 있다.

정규봉 한국정수기공업협동조합
이사장님께

> 나폴레옹 같은 카리스마에 깊이 감동하였습니다. 탁월한 리더십이 "오직, 사람이다."라는 인간 중심에 있었다지요? 이사장님에 대한 자서전 출간을 제안하고 싶었습니다.
>
> 『인간관계론』
> – 데일 카네기 지음

　이사장님, 늘 건승하시죠? 2024년 12월 5일은 제게 잊히지 못할 날이 되었습니다. 이사장님을 처음 뵙는 순간 긴장과 설렘이 동시에 휘몰아쳤으니까요. 아마 저뿐만 아니라 다른 사람들도 이사장님과의 첫 만남을 저와 비슷하게 경험했겠다고 생각됩니다. 건네는 말씀과 눈빛에는 카리스마가 번득였습니다. 개회 인사말은 핵심을 훅 찔러 들어왔습니다. 발표자를 소개할 때는 존경과 사랑의 배려를 아끼지 않았습니다. 예전에 보지 못했던 대한민국의 나폴레옹이었습니다.

한 사람의 세계를 함부로 예단해서는 안 된다는 말이 있습니다. 지난 1월23일 이사장님과의 또 다른 만남에서 이 정의를 깨우쳐야만 했습니다. 인간 정규봉의 세계는 오랫동안 자세히 지켜봐도 부족하다는 사실을 말입니다. 깊고 넓은 전설, 그 자체이기 때문입니다. 이사장님 안에는 여러 위인이 함께 있었습니다. 우연인지 운명인지 모두가 정씨 성을 가진 분들이어서 흥미롭기도 합니다. 그리고 제가 존경해 마지않는 영웅들이었는데 정도전, 정주영, 정약용이 바로 그들이었습니다.

이사장님은 1992년 한국정수기공업협동조합 설립에 주도적인 역할을 했습니다. 창업자라고 해도 과언이 아닐 것입니다. 당시 정수기 업계의 사정을 참작해 보면 조합 설립은 쉽게 생각할 수 없는 일이었습니다. 무(無)에서 유(有)를 창조하는 일이었습니다. 코페르니쿠스적 전환을 하지 않으면 해낼 수 없는 일이었습니다.

이 지점에서 조선 왕조 창업자 정도전의 모습이 보여서 깜짝 놀랐습니다. 유별난 사람의 발상은 보통 사람의 그것과는 다릅니다. 혁신과 개혁의 물꼬를 틔웁니다. 기존의 고정관념을 깨고 파격적인 아이디어를 추구하고 미증유의 가치를 창출합니다.

이사장님은 또한 정주영 회장의 "이봐 해봤어?"와 나폴레옹의 "내 사전에 불가능이란 없다."라는 명언을 생각하게 합니다.

용기와 결단력은 어려움에 직면했을 때 포기하지 않고 계속해서 전진할 수 있도록 도와줍니다. 품질향상, 기술개발, 사후관리, 시장 질서 확립, 소비자 보호, 원가절감 등 조합의 성장과 도약은 곧 치밀한 실행력의 결실에 다름이 아닐 것입니다. 도전하지 않으면 아무것도 얻을 수 없다는 말을 새삼 상기하게 됩니다.

정수기공업협동조합의 발전사를 보면 안정성과 지속 가능성의 구축이 무엇보다도 돋보입니다. 이점은 먹거리를 창출하는 사업가에 있어서 가장 중요하고 본질적인 요소입니다.

여기서 다산 정약용의 실용 정신을 봅니다. 관행적 성장의 틀을 깨고 효율성을 극대화하여 조합을 도약시켰습니다. 조합의 단합과 자긍심이 이어졌습니다. 조합은 건물주가 되었고 필증 수입 등으로 수익을 창출하는 이른바 부자 조합이 될 수 있었습니다.

이사장님의 세계는 여기서 그치지 않았습니다. 정점을 향하는 궁금증이 더해졌습니다. 과연 정규봉이라는 퍼스널브랜드의 진짜 컨셉(Concept)은 무엇일까? 정수기 분야에서 한 우물을 파면서 자신만의 강력한 성(城)을 구축해 낸 그 힘은 무엇일까? 결론은 '사람'이었습니다. 한 분야에서 전문성을 바탕으로 좋은 메아리를 전하는 사람들에게는 공통점이 있습니다. 그들은 바로 사람을 향한다는 사실이었습니다.

"오직, 사람이다"를 외치는 이사장님은 진정한 인간관계의 전문가입니다. 이사장님에게는 사람의 향기가 나기에 인향만리(人香萬里)의 주인공으로 적합합니다. 사람의 향기는 만 리를 넘어 천만리를 갈 수 있습니다. 역사에 오래오래 남기도 하고 우주의 품 안을 가득 채울 수도 있습니다. 사람의 향기는 마음속에 무엇을 품고 있느냐에 달렸다고 합니다. 그 사람의 발걸음이 어디를 향하느냐에 달렸다고도 합니다.

이사장님과의 대화는 인간 관계론의 대가인 데일 카네기의 강연을 들는 상황과 흡사했습니다.

데일 카네기(Dale Carnegie, 1888~1955)는 미국 작가로 인간 관계론과 자기 계발 분야에서 세계적으로 유명한 인물입니다.

1936년에 〈인간관계론(How to Win Friends and Influence People)〉을 출간하였는데 인간관계와 자기 계발 분야에서 가장 영향력 있는 책 중 하나로 꼽히고 있습니다. 많은 사람이 카네기의 영향을 받고 자신의 삶을 변화시키고 있습니다.

데일 카네기는 자신의 저서와 강연을 통해 '상대방을 존중하고 배려하는 태도', '긍정적인 마인드', '자신감' 등을 강조하며, 이러한 가치들을 실천함으로써 성공적인 인생을 살아갈 수 있다고 역설하였습니다. 구체적으로 경청, 관심, 존중, 용서, 관계, 감사, 긍정, 미소, 호감, 친밀, 이해, 공감, 칭찬, 진심, 신뢰, 믿음, 관용, 인내, 편지 등의 단어를 강조했습니다. 그런데 그 단어의 상당한 부분이 이사장님이 사용하는 단어와 유사하다는 사실에 정신이 번쩍 들었습니다.

자연스럽게 사람에서 시작해서 사람으로 마무리하는 정규봉의 인간관계론은 어떤 것인가? 이 또한 궁금하지 않을 수 없었습니다. 바다도 그 시작은 깊은 산속의 옹달샘입니다. 제가 찾은 인간 정규봉의 향기는 바로 '정'이라는 글자에 그 근원을 두고 있었습니다. 즉 정규봉이 제안하는 사람을 대하는 법인데 이름하여 정규봉의 〈사람 삼(三)정론〉입니다.

하나, 정(淨)의 가치
좋은 정수기의 본질은 깨끗함입니다. 맑음입니다. 그 어떤 불순물의 침범을 용납하지 않아야 합니다. 깐깐함과 도도함을 지녀야 합니다. 인간 정규봉 역시 정수기의 본질을 닮았습니다.

맑고 깨끗합니다. 1992년 초대부터 2025년 현재까지 30년이 넘게 이사장직을 수행할 수 있었습니다. 신기록은 깨끗함의 인간관계가 없으면 만들어질 수가 없음은 자명한 일입니다.

둘, 정(正)의 가치

정수기공업협동조합이 오늘날 강성한 조합으로 발전하는 데에는 많은 요인이 있었을 것입니다. 그중에서 큰 역할을 한 것은 정의의 사도를 자처한 사나이 정규봉의 결기에 있을 것입니다. 한 손은 정의를 또 한 손은 명예를 찾는 인간관계는 철선보다도 강건할 것입니다. 정수기 조합원은 물론이고 정부부처, 경쟁 조합에서 일하는 사람들 모두를 아우르는 힘도 여기에서 나온 것입니다. 정수기 검사필증(KC 마크)은 정도(正道)의 가치가 피워낸 상징의 하나인 셈입니다.

셋, 정(情)의 가치

너무 맑은 물에는 물고기가 없다고 하지요. 그런데 인간 정규봉이 만든 인정의 연못에는 사람 냄새가 코끝을 찡하게 합니다. 따뜻함이 없으면 함께의 가치를 수행할 수 없습니다. 두주불사(斗酒不辭)는 호기가 아닌 사람과 사람을 잇는 정표입니다. 촘촘하게 시간을 쪼개서 사람과 사람을 만나는 것도 사람을 우선하는 정 많은 사람이기 때문일 것입니다. 초대부터 현재까지 최장수, 최장기 이사장이라는 신화도 결국은 오직 사람을 향하는 이사장님의 인간 관계론에 그 비밀이 있을 것입니다.

이사장님과 함께하면 거장의 아우라(Aura)를 느낄 수 있습니다. 특히 수시로 인생의 스승을 찾는 모습은 숭고한 구도자의 모습이기도 하여 감동을 자아냅니다. 평생 스승은 성장을 촉진하고 더 나은 삶을 살아갈 지혜를 제공합니다. 이사장님의 배움 길에 동행할 수 있으면 좋겠다고 생각하면서 좋아하는 시 구절 하나를 함께 읊조려 봅니다.

"자세히 보아야 예쁘다. 오래 보아야 사랑스럽다."

정규봉이라는 거목을 자세히 오래 볼 수 있도록 더욱 애쓰겠습니다. 연임 축하드리고 언제나 건승을 응원합니다.
어리석어 겨우 썼습니다. 감사합니다.

2025년 02월 05일

차재영 고려대, LG애드 선배님께

> 기존 관념을 깨부수느라 비난과 손가락질에 시달려야 했습니다. 모두 다 많이 앞서가는 이른바 혁신적인 사람이 받는 업보이지요. 특히 선배님은 그랬던 것 같습니다.
>
> 『나의 길, 나의 삶』
> – 박이문 지음

재영 형님, 평소 선배님 회사의 사명(社名) 스토리가 궁금했습니다. 왜 레볼루션(revolution)인가. 잘 아는 바와 같이 비즈니스에서 이름은 매우 중요한 역할을 합니다. 브랜드를 인식하는 가장 기본적인 요소이지요. 이름을 통해 브랜드의 이미지와 가치를 인식하고, 이를 바탕으로 제품이나 서비스를 선택합니다. 따라서 정체성을 잘 반영하면서도 쉽게 기억되고, 호감을 줄 수 있는 이름을 선택해야 합니다.

비로소 지난번 공덕동 갈비탕 만남에서 힌트를 얻었습니다. 찌그러진

진주의 뜻을 지닌 레볼루션 그 의미를 말입니다. 적지 않은 세월이 흐른 뒤이지요. 사실 알고 보면 선배님은 일찍이 혁신가였습니다. 그런데 너무 많이 앞선 것이 탈이었습니다. 일부는 현실에서 벗어났다고 지적했고 일부는 이상주의자라고도 했습니다.

원칙을 담은 아포리즘(aphorism)은 선배님의 유쾌한 상징이기도 했습니다. 정도에서 벗어나면 선배고 후배고 일침에 가림이 없었습니다. 뒷얘기도 많았습니다.
차재영이는 라이트 형제이고 에디슨이다. 라이트 형제는 인간도 하늘을 날 수 있다는 혁신적인 인식을 했지요. 비행에 성공하면서 항공 기술의 발전에 큰 역할을 했습니다. 발명왕 에디슨의 경우는 말하면 잔소리입니다. 기존 관념을 깨부수느라 비난과 손가락질에 시달려야 했습니다. 모두 다 많이 앞서가는 이른바 혁신적인 사람이 받는 업보이지요.

선배님과의 대화에서 느낀 바가 많았습니다. 그런데 그중 크게 와 닿은 것은 예전과 달라진 선배님의 모습이었습니다. 지나치게 앞선 혁신가에서 유쾌한 혁신가로의 변신 말입니다. 득도(得道)의 기운도 볼 수 있었습니다. 매사 최선을 다하고 있습니다. 목표를 향해 끊임없이 노력하고 있습니다. 한계를 극복하며 한 발 한 발 앞으로 내딛고 있습니다. 새로운 세계에 도달했고 행복을 만끽하고 있습니다. 최선을 다하는 것은 행복을 위한 필수 요소입니다. 제 눈에 비친 선배님의 인생입니다.

특히 인간관계 정리 정돈에 관한 철학은 저를 생각하는 갈대로 만들었습니다. 가장 풀기 어려운 인생 방정식이니까요. 유쾌한 혁신가는 이 문제도 잘 매듭짓습니다. 우리는 사회적 동물입니다. 타인과 관계를 맺으며 삶을 살아갑니다. 하지만 때로는 인간관계가 스트레스를 주기도 합니다. 이런저런 인연으로 실타래처럼 복잡하게 얽혀있으니까요. 그러니 인간관계를 잘 정리하면 행복한 삶을 살아갈 수 있습니다. 기다리지 말고 먼저 가서 매듭을 풀어야 한다는 충고는 저를 여전히 긴장시키고 있습니다. 저도 곧 행동으로 옮기겠습니다.

유쾌한 혁신가의 가장 큰 매력은 행복한 혁신 리더십을 발휘하는 데에 있습니다. 새로운 아이디어를 창출하고 이를 실행에 옮깁니다. 이러한 리더십은 기업의 성장과 발전에 큰 역할을 합니다. 조직의 문화와 분위기를 혁신합니다. 직원들의 창의성과 열정을 끌어낼 수 있습니다. 고객의 요구에 적극적으로 대응하여 고객 만족도를 높일 수 있습니다. 선배님의 활약상입니다. 아마도 선배님은 자기 모습을 볼 수 없겠지만요.

선배님이 묵묵히 '광고의 길'을 걷는 원동력이 무엇일까 알고 싶었습니다. 신념, 목표, 열정, 자신감, 경험, 실패와 도전. 성격, 환경, 가치관 등 관련되는 키워드를 놓고 여러 번 고민에 빠졌습니다.
선배님이 즐겨 사용하던 아포리즘 때문일까요. 우리나라 아포리즘의 대가라 할 수 있는 박이문 선생님이 생각났습니다. 실제 그분은 〈아포리즘〉이라는 책도 썼습니다. 그런데 제가 페이지를 넘기며 한 참 머문 책은 『나의 길, 나의 삶』입니다.

'둥지의 철학자'라 불리는 박이문 박사의 『나의 길, 나의 삶』은 자기 성찰과 성장의 과정을 담고 있습니다. 자신의 삶을 객관적으로 바라보고, 이를 통해 자신의 한계를 극복하고 성장하는 모습을 보여줍니다. 인생의 주인공은 자기 자신일 수밖에 없음을 전하고 있습니다.

나는 나답게 당신은 당신답게 살아야 한다는 깨달음이지요. 어떻게 살아야 합니까. 그는 대답합니다.

"우리는 누구나 한 번밖에 못 삽니다. 남들의 삶을 반복해서 살아서는 안 됩니다. 그건 자신의 삶이 아니죠. 인생이란 결국 살아 있는 동안 내가 하는 구체적인 행동의 총합입니다. 마지막 순간까지 어떤 사람이 될 것인지 누구도 말할 수 없습니다. 죽는 순간까지 철저하고 치열하게 하루하루를 살아야 합니다."

"지적 탐구의 원동력? 아이 같은 호기심이지, 뭐
미녀들 탄 車 지나가면 쫓아가 꼭 얼굴 봤다니까"

저는 글을 쓰면서 이 문구를 늘 헤아려 보고 있습니다. 과연 나의 글을 쓰는 원동력이 무엇일까? 선배님의 경우로 처지를 바꿔보면 선배님이 광고에 집중하는 원동력은 어떤 것일까요? 물론 선배님만이 알고 있겠지요. 제가 찾은 답은 선배님이 즐겨하는 마라톤, 바로 그 마라톤 정신에 근원이 있었습니다.

하나, 마라톤의 호기심

호기심은 삶을 풍요롭게 만드는 원동력 중 하나입니다. 새로운 것을 배우고 경험하며 성장할 기회를 제공하기 때문입니다. 마라톤 역시 호기심에서 시작된 도전 중 하나라고 합니다. 처음 마라톤을 접한 사람들은 그 긴 거리와 시간에 놀라곤 하지요. 42.195km를 2시간 이상 달려야 하니까요. 쉽게 도전할 수 없는 종목입니다. 하지만 호기심이 발동한 사람들은 마라톤에 도전합니다.

선배님의 마라톤 호기심은 현재 진행 행이지요. 더불어 광고 호기심과 함께 오늘도 힘차게 달리고 있습니다.

둘. 마라톤의 도전 정신

마라톤은 대표적인 도전 스포츠입니다. 우리가 가는 인생길도 도전의 연속입니다. 거친 파도가 밀려와도 앞으로 나아가야만 합니다. 넘어져 상처를 입기도 하지만 딛고 일어나 단단해집니다. 실패는 성공의 어머니라는 말처럼 실패를 통해 배우고 성장합니다. 포기하지 않고 끊임없이 도전하며 나의 길을 걸어가고자 합니다. 참으로 어려운 일이지만요.

선배님은 커뮤니케이션 혁신가로서의 길을 가고 있습니다. 선배님 역시 새로운 도전에 직면합니다. 그러나 극복하고 성장합니다. 마라톤의 도전 정신에 힘입은 바 클 것입니다.

셋. 마라톤의 성취감

마라톤 완주의 쾌감은 신의 축복이다. 마라톤에 빠진 지인의 마라톤 예찬입니다. 그리고 이렇게 덧붙이더군요.

산 정상에 올라 발아래 펼쳐진 세상을 내려다보는 듯한 느낌, 길고 어두운 터널을 빠져나와 눈 부신 햇살을 마주하는 듯한 기분, 오랫동안 준비해 온 시험에 합격한 것 같은 성취감.

선배님의 체험은 무엇이었는지요? 어떤 느낌 상태가 마음에 드시는지요? 마라톤을 완주하며 얻는 성취감은 이렇듯 놀랍습니다. 회사의 경영에 있어서 목표 달성의 성취감도 이와 비슷할 것입니다. 이는 또 다른 성취를 위한 원동력이 되었을 것이고요. 선배님의 '대한민국 온라인광고제 대상 수상'도 이런 성취감의 진수를 알기에 가능했던 것 아닐까요?

문득 소명(召命)의 뜻을 곱씹어 봅니다. 선배님은 계속해서 혁신가로서 소명을 가져야 할 듯합니다. 시대를 반 발 정도 앞서 선한 영향력을 제공하는 그런 일 말입니다.

좋은 아이디어는 한계를 넘어 삶을 풍요롭게 만들어 줍니다. 혁신의 몸짓은 다양한 분야와 융합하여 새로운 가치를 창출합니다. 실패와 역경을 겪을 수 있지만 다음 도전을 위한 밑거름이 됩니다. 어쩌면 선배님의 소명은 밤하늘의 별처럼 멀리 있을 수 있습니다. 하지만 그 빛은 언제나 빛날 것입니다.

선배님의 용기와 열정이 세상을 더욱 밝게 비추길 바라며, 이 편지가 작은 위로와 격려가 되기를 바랍니다.

2024년 8월 12일

도정화 리서치 전문가님께

> "조사 결과를 사실 그대로 투명하게 밝힙니다." 원칙을 고수하기가 힘들었을 것입니다. 그럼에도 그것을 지켜냈기에 그 용기와 신념이 더욱더 돋보이는 것 같습니다. 우직한 원칙은 사업의 든든한 초석이 되었고 미래의 전망을 환하게 밝혀 주는 에너지가 되었지요.
>
> 『스크루테이프의 편지』
> – C. S. 루이스 지음

안녕하세요. 대표님. 지난 3월 7일 대표님과의 만남은 오랜만에 느껴 본 즐겁고 특별한 시간이었습니다.

공통되는 코드가 다수 있기 때문일 것입니다. 비슷한 나이, 충청도 사투리, LG라는 브랜드, 그런데 특히 휘발유 역할을 한 것은 편지였던 것 같습니다. 편지 이야기를 할 때 공감대가 극대화되었으니까요. 물론 술을 좋아한다는 것도 빠질 수가 없었습니다.

집으로 향하는 전철 속에서도 그 기분은 계속 이어졌습니다. 그러면서 오늘 만남의 결론이 무엇인가를 생각하게 되더군요. 순간 키워드 하나가 눈앞에 선명하게 나타났습니다.

그것은 바로 '진심'이었습니다. 물론 대표님은 처음부터 끝까지 진심이라는 단어를 콕 찍어서 이야기하지는 않았습니다. 진심은 제가 대표님에게 최종적으로 느낀 이성적이고 정서적인 가치입니다.

저는 질문을 했습니다. 사업을 성공시킬 수 있었던 근본적인 요인이 무엇인가 하고 말입니다. 대표님은 여러 사례를 언급했는데 그 핵심은 이런 것이었습니다.

> "조사 결과를 사실 그대로 투명하게 밝힙니다. 저의 철학이고, 회사의 방침입니다."

대표님의 말은 어찌 보면 당연한 말입니다.

그런데 특별하게 다가온 것은 상식 밖의 경우가 허다하게 존재한다는 방증이 아닐지 생각하게 합니다. 상황이 이러하니 대표님의 퍼스널 브랜드 컨셉이 진심이라는 단어로 요약되는 것은 당연하다 하겠습니다. 마치 진흙 속의 연꽃처럼 말입니다.

대표님의 말씀은 듣기에 따라서는 융통성이 없다는 말로 해석될 수도 있습니다. 더구나 사업 초창기에는 많은 어려움이 있기에 원칙을 고수하기가 힘들었을 터이니까요.

그럼에도 그것을 지켜냈기에 그 용기와 신념이 더욱더 돋보이는 것 같습니다. 물론 그러한 우직한 원칙은 사업의 든든한 초석이 되었고 미래의 전망을 환하게 밝혀 주는 에너지가 되었던 것입니다.

대표님의 진심 철학은 어떻게 생겨났을까요? 저는 단언컨대 진심의 원류는 '편지'라고 생각합니다.

저는 자칭 편지 전문가라고 이야기하고 다닙니다. 편지의 가치를 몸소 체험했다고 생각하기 때문입니다. 편지는 진심을 담는 가장 효율성 높은 그릇입니다. 편지는 나를 되돌아보게 합니다. 편지는 상대방을 자세히 그리고 오래 바라보도록 합니다. 편지는 상대방과 나의 관계에 희망의 다리를 건설합니다. 고교 시절부터 국제 펜팔에 집중했던 대표님이야말로 편지 작가로 불러야 마땅합니다.

국제 펜팔은 희망과 설렘을 제공하는 긍정성이 있습니다.

그러나 대표님이 말하는 그 한계에서 멈춘 것이 요즘 말로 하면 '신의 한 수'였을 것입니다. 물론 아쉬움은 있을 터이지만 펜팔의 역설을 상기해 보면 어떤가요? 만나지 않음으로써 더욱더 아름다운 추억으로 남는다는 그 주장 말입니다.

피천득 선생의 명수필 〈인연〉에서 그 정답을 찾을 수 있습니다.

"그리워하는데도 한 번 만나고는 못 만나게 되기도 하고, 일생을 못 잊으면서도 아니 만나고 살기도 한다. 아사코와 나는 세 번 만났다. 세 번째는 아니 만났어야 좋았을 것이다."

사실 저는 무신론자에 가깝기에 종교와 무관한 생활을 해 왔습니다. 그런데 하느님에 관심을 가지게 된 계기가 있습니다. 바로 편지 때문입니다. 2019년도에 편지에 관한 졸저(拙著)를 출간했습니다. 한 친구가 특별한 응원을 해주었습니다. 그 친구는 독실한 기독교 신도였는데 편지에 대해서 이렇게 정의를 내리더군요.

> **"성경은 하나님이 보내신 편지입니다."**

『스크루테이프의 편지』는 영국의 소설가 C. S. 루이스의 작품인데 경험 많고 노회한 고참 악마 스크루테이프가 자기 조카이자 풋내기 악마인 웜우드에게 인간을 유혹하는 방법에 대해 충고하는 서른한 통의 편지로 구성되어 있습니다.

기독교 관련 도서의 고전이라는 평을 받고 있는데 상찬을 아끼지 않는 평가가 있지만, 대단한 반감으로 가득한 평가가 있는 것처럼 극과 극의 조명을 받고 있습니다.

덕분에 인기는 꾸준하게 유지되고 있지요.

"저 아래 계시는 우리 아버지(Our Father Below-사탄)를 보좌하는 고위직 악마 스크루테이프의 시선으로 인간의 삶과 약점을 은근한 익살과 역설로 생생하게 그려내어 독자들을 즐겁게 해주는 종교 풍자의 고전 걸작이다. 매우 통렬한 풍자와 극도의 진지함과 놀라운 독창성이 교차하는 이 책은 악마의 유혹에 대해, 그리고 그 유혹을 물리치는 승리에 관해 이야기하는 전대미문의 매력 넘치는 고전이다."

『스크루테이프의 편지』는 가치관의 전도가 극심한 오늘날이기에 큰 가치의 발휘를 예상할 수 있습니다.

책 전반에 걸쳐 스크루테이프가 활용하는 함정(trapdoor)이 있는데, 객관적 진실에 대한 스크루테이프의 왜곡이 그것입니다. 그러나 마귀가 항상 속이기만 하는 건 아닙니다. 약간의 진실이 섞인 거짓말이 훨씬 더 위력이 있다는 것을 마귀는 잘 알고 있습니다.

오늘날 그 누구도 이 책에서 말하는 유혹에 노출되지 않았다고 자신할 수 없을 것입니다. 유혹 극복, 어떤 방법이 있을까요? 정답은 오직 하나, 바로 진실 아닐까요?

대표님은 늘 푸른 소나무 같다는 느낌이 들었습니다. 그러게 늘 그 자리에서 한결같이 푸르른 영향력을 뿜어낼 것입니다. 그 이유는 편지에서 얻은 진실의 가치 때문입니다. 자연스럽게 저의 처신을 생각하게 되더군요. 결론을 내렸습니다. 'Out of sight Out of mind' 만나지 않으면 마음에서 멀어진다.

오늘처럼 종종 만나면 좋겠습니다. 그래서 잘 익어가는 삶을 만드는 그런 귀한 인연이 되었으면 좋겠습니다. 대표님과 회사의 무궁한 발전을 응원합니다.

2024년 3월 12일

조상호 도서 출판 나남 회장님께

> 새로운 일에 도전했습니다. 저는 이것을 回心(회심)이라고 이야기합니다. 제 나름에는 모진 결심을 했던 것이고 그것에 대하여 회장님께 자문을 구하고 싶었습니다.
>
> 『별』
> – 알퐁스 도데 지음

    회장님, 늘 편안하시지요? 지난 3월 4일 저녁, 짜릿한 시간을 경험했습니다. 오랜만에 동료들과 술 한잔을 하고 있었습니다. 화장실을 가면서 습관적으로 부재중 전화를 확인했습니다.
    맙소사! 부재중 전화 가운데 회장님 번호가 선명했습니다. 눈이 번쩍 뜨였습니다. 부랴부랴 회장님에게 전화를 드렸고 조만간 찾아뵙겠노라고 말씀드렸습니다.

    19일로 약속 날짜를 잡고 나서 얼마나 설렜는지 모릅니다. 회장님을 뵌 지 오래되었기도 했지만 제 마음에 작은 파장이 일었던 것은 나름의 까닭이 있었습니다. 하나는 '1년 1책'이라는 자신의 약속을 지킨 것에 대하여 자부심이 있었는데 이러한 마음을 회장님에게 전달하고 싶었던 것입니다. 출판 명장이라고 불리는 회장님에게 저의 졸저(拙著)를 드리는 것 자체가 하나의 영광이라고 생각했기 때문입니다.

또 하나의 독특한 이유도 있었습니다. 제가 '보험'이라는 새로운 일에 도전했다는 것입니다. 저는 이것을 回心(회심)이라고 이야기합니다. 제 나름에는 모진 결심을 했던 것이고 그것에 대하여 회장님께 자문을 구하고 싶었습니다. 그래서 몹시도 설렜습니다. 또한 막연하게 회장님에게 격려받을 일이라는 기대감도 있었습니다. 회장님은 제게 인생의 길라잡이이기 때문이지요.

회장님, 회장님은 프랑스의 추억을 가지고 계시는지요? 예전에 프랑스 남부지방을 다녀온 적이 있습니다. 古色蒼然(고색창연)한 프로방스의 구석구석은 더욱더 특별한 기억으로 남아있습니다.
그런데 무엇보다 황홀한 추억은 프로방스를 배경으로 하는 예술과 문학의 꽃이었습니다. 고흐를 비롯하여 르누아르, 세잔, 고갱, 피카소, 마티스, 샤갈 등 수많은 거장이 프로방스에서 영감을 얻었고, 평생 프로방스를 그리워했다고 합니다.

"프로방스의 즐거움은 햇빛에서 온다."

어느 시인의 말처럼 프로방스의 지중해 햇볕은 딱 알맞게 따뜻하지요. 〈위대한 개츠비〉를 쓴 미국 작가 스콧 피츠제럴드를 비롯해 독일의 철학자 프리드리히 니체, 영국의 빅토리아 여왕 등 세계적인 명사들도 이곳을 찾았음은 물론입니다.

그런데 제게 있어서 프로방스 추억의 으뜸은 바로 알퐁스 도데의 『별』이었습니다. 저는 평소에 그 별을 '별'이라고 쓰고, '꿈'이라고 읽었습니다. 작품 속의 목동 청년이 프로방스의 별을 아름다운 스테파네트 아가씨로 소망했던 것처럼 말입니다. 희망이 간절할 때면 『별』을 다시 읽곤 했습니다. 특히 슬럼프에 빠지거나 어려운 상황에서 그랬습니다. 과연 꿈을 향하여 제대로 가고 있는지를 되새겨 보았기 때문입니다.

직장에서 스스로가 원하여 퇴직하는 사람들은 흔하지 않을 것입니다. 저도 퇴직 후에 잠시 술에 취한 듯한 방황을 했습니다.
그럴수록 목동과 스테파네트의 순수한 아름다움과 프로방스 밤하늘의 별빛을 그리워했습니다. 궁하면 통한다고 했지요. 어느 날 고려대 교우회라는 거대 은하수에서 회장님을 뵙게 되었고, 회장님은 제게 별빛 같은 이정표가 되었습니다.

회장님의 인생 스토리를 자세히 들여다보았습니다. 혹자는 말하더군요. 출판 대통령, 출판 외길. 그런데 그것 못지않게 큰 울림으로 다가온 것은 회장님의 '나무 인생론'이었습니다. 나무를 닮고 싶어 나무처럼 산다는 그 철학 말입니다.
회장님의 기운이 제게 큰 계기를 만들어 주었습니다. 회장님의 '나남'에서 〈편지, 쓰고 볼 일입니다〉를 출간했고, 회장님과 학연(學緣)과 업연(業緣)을 함께하는 '새로운 사람들'의 이재욱 대표님과 '1년 1권' 프로젝트를 더욱 힘차게 추진할 수 있었습니다. 덕분에 어언 6권의 저서를 출간한 작가가 되었습니다.

   기대가 크면 실망도 큰 법이라고 하지요. 기대는 그 과정에서 피어나는 정신의 꽃이지만 그 꽃이 피어날수록, 시들 때의 아픔도 커지는 것 아닐까요? 플라톤은 이데아의 세계를 상상했습니다.
   완전한 선과 아름다움이 존재하는 곳. 그러나 현실은 그 그림자의 세계일 뿐이었습니다. 현실은 늘 불완전하고, 그 불완전함은 실망이라는 이름으로 찾아오는 것 같습니다. 하지만 그 실망은 단지 감정의 낙차가 아니라, 이상을 향해 나아가려는 본능의 증거이지요. 그러니까 실망을 두려워하지 말자. 다짐을 해봅니다.

   3월 19일 회장님과의 만남이 꼭 그랬습니다. 저의 바람이 서쪽이었다면 회장님의 반응은 동쪽이었고, 저의 새로운 도전에 대하여 회장님께서 마뜩잖은 듯이 여기는 인상을 받았으니까요. 마음이 무거웠던 것이 사실입니다. 그렇지만 또 하나의 깨우침으로 삼았고 다시 한번 저를 되돌아보는 계기로 삼을 수 있었습니다.

   다산교 앞 정류장에서 2200번 버스를 타고 서울로 향하는데 차창 밖으로 군부대 표지가 보이더군요. 불현듯 유튜브에서 보았던 재미있는 이야기가 생각났습니다. 뇌종(雷鐘) 부대, "우레와 같이 평화의 종을 울리자." 그런데 그 부대는 이름의 뜻과는 달리 여러 사건과 사고가 끊이지 않아서 '골 때리는 부대'라는 오명을 썼고 부대의 이름도 바꾸었다고 합니다. 회장님과의 1시간이 그랬습니다. 회장님의 말씀이 우레와 같이 저의 골을 때렸으니까요.

회장님께서는 자각(自覺)을 촉구하는 여러 키워드를 제시했습니다. 긍정, 주체, 간절함, 정직, 작은 것의 아름다움, 집사론, 선택과 집중, 찾아가기와 찾아오게 만들기 등등. 회장님의 지침을 잘 해석하여 하나로 꿰는 것이 중요했습니다. 스스로 빛을 내지 못하는 지도자는 지도자가 아니라 꼭두각시일 뿐이라고 했는데 이는 지도자에게만 해당하는 것이 아님을 알았습니다. 제게 우선 적용되어야 한다는 것을 결론으로 삼게 되었습니다. 진짜 글쟁이가 되겠습니다.

회장님이 제게는 별과 같은 존재라는 이야기를 많이 했습니다. 그런데 그것은 저 혼자만의 독백이었던 것 같습니다. 문자나 카톡으로 전달하지만, 회장님이 읽은 흔적은 없으니까요. 그래서 이렇게 문장으로 남깁니다. 회장님은 제 삶의 뜨거운 에너지입니다. 추상같은 지침, 늘 고맙습니다. 언제나 회장님과 나남의 건승을 응원합니다.

2024년 3월 26일

구재범 삼희기획 친구님께

> 우리 셋도 다짐하고 싶었습니다. "모두를 위한 하나, 하나를 위한 모두(All for one, one for all)". 친구님의 바위같이 든든하고 느티나무처럼 넓은 포용력과 리더십이 있기에 가능할 것 같습니다.
>
> 『삼총사』
> - 알렉상드로 뒤마 지음

재범 친구님, 지난 3월 26일 재범, 원섭, 정응, 이렇게 우리 세 사람이 만났지요. 세월이 더해 갈수록 귀한 만남임을 절감하게 됩니다. 특히 그 날은 더욱더 그랬던 것 같습니다. 친구 원섭이 최근에 겪었던 여러 속상한 일들을 다 쏟아내면서 조금이나마 웃음을 찾을 수 있었습니다. 저 또한 믿었던 인생 선배에게 받은 마음의 상처를 아물게 할 수 있었습니다. 이 모든 것이 재범 친구님의 바위같이 든든하고 느티나무처럼 넓은 포용력과 리더십이 있었기에 가능했습니다.

그날의 특별함은 쉽게 가라앉지 않았습니다.

전철을 타고 집으로 가는 중에도 우리 세 명은 어떤 관계일까, 뭐 이런 생각을 해 보게 됐던 것입니다. 그런데 저쪽 한구석에서 고등학생으로 보이는 세 명의 친구가 큰 소리로 킥킥거리면서 "우리는 삼총사! 삼총사!"를 연발하더군요. 그래서 재범, 원섭, 정응, 우리도 삼총사가 될 수 있지 않을까 그런 생각을 해 보았습니다.

28일 우리가 만났던 그 다음 다음 날에 삼희기획 후배들과 술자리를 가졌습니다. 우리 만남에 관해서 이야기했더니 우리를 멋진 '삼총사' 형님들이라고 일컫더군요. 정말 기분이 좋았습니다. 그래서 그 늦은 밤에 친구님을 비롯해서 원섭 님에게 릴레이 취중 전화를 하는 등 야단법석을 떨었던 것입니다.

우리 3인방을 '삼총사 J'라고 부르면 어떨까요? 우리 셋 각각의 이름, 구재범, 진원섭, 김정응의 공통 자음인 'ㅈ'를 영문 자음 'J'로 칭하는 것이죠. 그리고 한글 'ㅈ' 자음에서 파생되는 의미 있는 단어를 우리의 이념으로 삼는 것입니다. 즉 '삼총사 J'는 구재범의 재의 재미, 진원섭의 진의 진실, 김정응의 정의 정도, 이렇게 말입니다. 우리는 재미와 진실을 추구하면서 정도를 가는 삼총사 세 친구인 것이지요.

책을 몇 권 출간한 이력 때문에 예상치 못한 질문을 받곤 합니다. 대표적인 질문이 이런 것입니다. "어렸을 때부터 책을 많이 읽었지요?" 곤혹스럽기 그지없습니다. 불편한 진실이 있으니까요. 책을 많이 읽은 적이 없을뿐더러 오히려 책에 얽힌 쓸쓸한 기억만을 상기하게 됩니다.

'자유교양대회'라는 행사가 있지요. 일종의 독후감 경진대회인데, 초등학교 시절에 어쩌다 학교 대표로 출전하게 되었습니다. 그때 독후감을 써야 해야 했던 책 중의 하나가 『삼총사』였습니다. 그런데 선생님들의 기대와는 달리 책을 읽지 않고 축구에만 열중했습니다. 대회 임박해서 선생님이 최종 평가를 했는데 불편한 진실이 들통이 나 버렸습니다. 책을 읽지 않았기에 제대로 좋은 독후감을 쓸 수가 없었고 선생님에게 호된 꾸지람을 들어야 했습니다.

"내가 독후감을 써야 하는 거니? 네가 안 해오면 내가 선생님이 아니라 형사가 돼야 돼. 왜 안 했는지 수사하고 추리해야 하잖아!"

『삼총사(Three Musketeers)』는 프랑스의 소설가 알렉산드로 뒤마(Alexandre Dumas)가 1844년에 발표한 소설로, 삼총사와 달타냥의 우정과 모험을 그린 작품입니다. 오늘날까지 전 세계적으로 많은 사랑을 받고 있는데 제게는 주인공이 달타냥인데 제목을 왜 '삼총사'로 했을까 하는 진지한(?) 의문을 품게 했던 작품이기도 했습니다.

어린 시절에 등장인물 삼총사 각각을 멋있는 사람들의 대명사로 기억했던 것 같습니다. 총사의 꿈을 실현하기 위해서 분투해서 노력하는 청년의 활약상이라는 기억과 함께 특히 주인공 달타냥은 사나이 중의 사나이로 여겼습니다. 그래서 그의 칼싸움 흉내를 내곤 했었습니다. 물론 달타냥 등 삼총사에 대한 다른 평가도 존재합니다. 정의롭지 못한 행동을 하는 괴팍한 청년들일 뿐이라고 말입니다.

재범 친구님이 지금까지 그래왔던 것처럼 우리 삼총사의 '꼭짓점 리더'가 되었으면 좋겠습니다. 꼭짓점 리더는 기러기의 비행에서 V자 대형의 꼭짓점에 있는 리더를 비유한 것입니다. 뒤에 따라오는 동료 기러기가 혼자 날 때보다 71% 쉽게 날 수 있도록 도와주는 역할을 한다고 합니다. 재범 친구님의 통솔력이 꼭 이와 닮았음은 물론입니다.

어떤 결사에는 철학이 따르는 법이지요. "모두를 위한 하나, 하나를 위한 모두(All for one, one for all)". 이 표현은 작품『삼총사』에 나오는 명언 중에서 으뜸 명언으로 평가받고 있습니다. 서로 힘을 합쳐 불의에 맞서 싸우자는 의미입니다. 삼총사는 결의를 다지며 크게 외치는데 이는 서양판 "도원결의(桃園結義)"라고 볼 수 있습니다. 우리 '삼총사 J'도 이런 결의를 통하여 지속 가능한 삼총사로 거듭났으면 좋겠습니다.

도원결의는 중국의 고전 소설인 삼국지연의에서 유비, 관우, 장비가 복숭아나무 아래에서 형제의 의를 맺은 사건을 말하지요. 이 사건은 삼국지연의의 주요 사건 중 하나로, 이후 유비, 관우, 장비는 서로를 형제로 여기며, 삼국시대의 주요 인물로 활약하게 됩니다. 더불어 중국 역사와 문화에서 큰 의미를 지니며, 많은 사람에게 영감을 주고 있습니다.

100세 장수 시대를 살아가는 데 있어서 친구는 가장 중요한 존재라고 합니다. 인생의 동반자로서 서로의 성장과 발전을 돕고, 서로의 삶에 큰 영향을 미치기 때문이지요. 우리 '삼총사 J'도 이번 결의를 통하여 공동의 목표를 달성하기 위해 함께 노력하고 서로의 의견을 존중하며 서로의 이익을 위해 협력했으면 좋겠습니다. 지금껏 해왔던 것처럼 말입니다.

2024년 4월 8일

임선수 청주고, 고려대 동문님께

> 마음의 빚을 조금은 지우고 싶었습니다.
> "바보 같은 사람이 운동을 하는 것이다.
> 역사의 물줄기에 보태는 물방울
> 하나가 되어도 좋다."
>
> 『김두황 평전』
> – 홍기원 지음

 선수 동문님, 안녕하세요. 이심전심으로 통하는 것이 있다면 짜릿한 흥분을 덤으로 얻습니다. 지난 4월 23일 여의도 하동관에서의 만남이 그랬습니다. 그날 서로의 마음을 이어준 매개체는 책이었습니다. 우리는 22대 총선 결과에서부터 1980년대의 학창 시절까지 범상치 않은 현대사를 이야기했지요. 그 순간순간 제 눈앞에 선하게 나타난 한 권의 책이 있었습니다. 바로 『김두황 평전』이었습니다.

 그런데 님께서 제게 줄 책이 있다고 하면서 언급한 책도 바로 『김두황 평전』이었습니다. 그러니 제가 놀랄 수밖에요. 사실 저는 『김두황 평전』을 몇 개월 전에 읽은 바가 있었습니다. 님과는 학우이자 평생 동지인 신동일,이화실 부부로부터 귀한 선물로 받았던 것입니다.

『김두황 평전』은 아름답고도 안타까운 서평이 가득합니다. '시를 사랑하고 늘 봄볕 같았던 한 청년의 기록', '김두황 열사 40주기에 부치는 진혼의 서사!', '1980년대 독재와 불의에 온몸을 바쳐 저항한 눈부시고 아름다운 청춘의 삶과 그의 아름다운 이야기' 등등. 특히 고려대학생 운동사의 흐름을 한눈에 볼 수 있어서 고대 출신의 한사람으로서 잠시도 눈을 뗄 수가 없었습니다. 그뿐만 아니라 무엇이라고 설명할 수 없는 미안함에 가슴이 아려왔습니다. 그런데 그중에서도 가장 뼛속 깊이 파고들어 온 화살은 김두황 열사 본인의 육성이었습니다.

> "바보 같은 사람이 운동을 하는 것이다. 역사의 물줄기에 보태는 물방울 하나가 되어도 좋다."

『김두황 평전』은 저의 오랜 기억을 소환했습니다. 특히 제가 다시 입대한 듯이 바람처럼 지나간 40년 전의 군대 생활이 중복되었습니다. 저는 김두황 열사와 입대 동기는 전혀 다른 것이었지만 입대 기간 일부가 겹치지요. 제가 82년 1월 10일 입대해서 84년 6월 14일에 제대를 했고, 김두황 열사가 83년 6월에 참혹한 죽임을 당했으니 말입니다.

저는 전라도 광주에서 군대 생활을 했습니다. 1980년 광주민주화운동이 일어났던 바로 그곳입니다. 저는 향토사단 상황병으로 근무하고 있었는데 어느 날 매우 충격적인 정보를 듣게 되었습니다. 전방에서 고려대를 다니다 입대한 병사가 죽었다는 것이었습니다. 그러면서 한마디 하더군요. "자네 고려대학교 다닌다고 했지, 데모 안 했어?" 가슴이 뜨끔했습니다. 이른바 운동권 친구들에게 설명할 수 없는 빚진 마음이 그때 싹이 텄고 그러한 마음이 여전히 현재 진행형이 될 줄은 그때는 미처 몰랐습니다.

신방과 81학번 친구인 고(故)안성주의 생전 모습이 나타나서 가슴이 떨렸습니다. 성주도 역시 군대에서의 인연이 있었기 때문입니다. 어느 날 윗선에서 또 저를 불렀습니다. 그러면서 신문을 툭 던지면서 이 사람을 아느냐고 다그쳤습니다. 그 사람이란 시위 주도 혐의로 구속됐다는 안성주에 관한 기사였습니다. 물론 저는 성주를 알았지만 성주는 저를 몰랐을 겁니다. 저는 1학년 때 존재감 없이 지내고 있다가 현실을 회피하듯 입대했기 때문입니다.

세월이 아주 많이 흐른 뒤에 성주에게 이런 사실을 전했더니 성주는 "그런 일이 있었구나" 하면서 대수롭지 않게 이야기하더군요. 그것을 계기로 성주하고는 뒤늦게나마 비로소 친구 사이가 되었던 것 같습니다. 물론 저세상에 먼저 가 있는 성주가 이런 이야기라도 들을 수 있다면 정말로 좋겠다는 생각을 해 보게 됩니다.

『김두황 평전』은 특별한 노래와도 연결되기에 더욱 특별합니다. 가슴 속 깊은 곳에 숨겨두고 가끔 꺼내어 흥얼거리던 명곡을 다시 듣는 계기가 되었습니다.

책 속에 등장하는 운동권 친구들도 많이 불렀다지요? 양희은의 〈가난한 마음〉, 물론 저는 그 곡과 함께 방의경의 〈하얀 나비〉라는 노래도 무척이나 많이 들었던 것 같습니다. 서로 다른 길을 갔던 그 시절이지만 뒤늦게나마 직접 만나지는 못했지만, 이야기를 듣고 사진으로만 봤던 열사의 모습을 만져볼 수 있고 느껴볼 수 있는 의미 넘치는 시간이었습니다.

참 오랜만에 남다른 독후감을 쓰는 것 같습니다. 그래서 흥분되기도 하고 한편으로는 살아있는 우리에게, 아니 저에게 어떤 책무를 던지고 있기에 안절부절못했습니다.
그럴수록 펜을 꾹꾹 눌러서 어떻게 살 것인가를 되새겨 봅니다. 특히 책 뒤표지에 적혀있는 이 문장이 저를 더욱 긴장시킵니다.

'군 의문사 규명 투쟁은 여전히 현재 진행형이다!!'

매년 5월이 되면 비장한 마음이 거듭 솟구칩니다. 의문사 진실을 밝혀내고야 말겠다는 다짐은 할 수 없어도 깨어있는 사람이 되고자 하는 다짐을 해 봅니다. 바로 임선수님처럼 말입니다. 그렇다면 깨어있는 자신의 삶은 무엇일까요? 여러 가지 방법이 있을 수 있겠습니다만 저는 노래에서 답을 찾았습니다. 김두황 40주기 추모곡에서 말입니다.

"우리는 속절없이 회색으로 나이 들어, 너는 그날처럼 푸르게 남아있네…. 우리 다시 만날 때 부끄럽지 않도록, 기억하네, 잊지 않네, 살아있네"

그날처럼 낮술 한잔하면서 지난날을 되새기고 앞으로의 삶에 관해서 이야기하는 시간이 자주 있었으면 좋겠습니다.
늘 선수 동문님의 건승을 기원합니다.

2024년 4월 30일

윤석열 대한민국 제20대 대통령님께

> 대통령님은 절해고도(絶海孤島)에 위리안치(圍籬安置)된 외로운 대통령 같습니다. 그렇지 않고서야 상식의 선에서 멀어져도 너무 멀어진 대통령님의 모습을 이해할 수가 없습니다. 대통령님의 솔선수범 외에는 묘약이 있을 수 없는 것 같습니다.
>
> 『천년왕국 서로마제국이 '시시껄렁'하게 사라지는 순간』
> – 최봉수 지음

대통령님 안녕하세요. 대통령님께 세 번째 독서 편지를 씁니다. 그런데 이번 편지에는 걱정이 앞섰습니다. 지난번에 쓴 두 번의 편지에 비하여 비판적인 내용을 담아야 했기 때문입니다. 대통령님께 보내는 편지는 희망과 박수의 이야기가 담긴 그런 편지였으면 좋겠는데 그러지 못하는 것이 정말 안타깝습니다.

지난 8월 중순 가족 모임에서 큰 사단이 발생했습니다. 홍범도 동상

철거와 육사의 정체성을 놓고 70대 중반의 형님들이 언쟁을 벌인 것입니다. 고교 동창의 모임에서도 유사한 일이 벌어졌습니다. 일본의 오염수 방류 문제로 고성이 오간 것입니다.

엊그제에는 결혼 날짜까지 잡은 연인들이 교사 자살 및 교권에 관한 의견 차이로 다투다가 헤어지기 일보 직전에 있다는 지인의 이야기를 들었습니다. 모두가 그 다툼의 원인은 정치 문제였습니다.

대통령님, 오늘날 대한민국의 정치는 이렇듯 가족도 친구도 연인도 서로 멀어지게 만듭니다. 정치 이야기를 하는 것 자체가 두려운 시대가 되었고 정치는 곧 금기어가 된 것입니다. 어쩌다 이 지경이 되었을까요? 우선 정치인의 잘못이 가장 큽니다. 노력은 고사하고 자멸했으니까요. 물론 국민의 잘못도 있습니다. 올바른 정치인을 선택하지 못했으니까요. 그러니 어찌합니까, 정치인 중에서 가장 높은 위치에 있는 대통령님만 바라보고 하소연할 뿐입니다.

저는 61년생으로 대통령님보다는 한 살 아래입니다. 고향은 충청북도 괴산입니다. 청주에서 중학교 고등학교를 다녔고 고려대 신문방송학과를 졸업했습니다.

육군 병장 만기제대를 했고 LG그룹 광고대행사에서 오랜 직장 생활을 하다가 퇴직했습니다. 그 후 글쓰기를 시작해서 몇 권의 책을 출간하기도 했고 지금도 나름으로 열심히 글을 쓰고 있습니다.

남우세스러움에도 불구하고 굳이 자기소개를 하는 것은 제가 평범하기 그지없는 보통 사람임을 전제하고 싶어서였습니다. 즉 저는 어떤 정치적 진영 논리에서도 자유롭다는 것입니다. 국민의 힘이든 더불어민주

당이든 어떤 정파도 제게는 비판과 칭찬의 대상입니다. 이런 제가 무척 살기 힘든 요즈음입니다.

박정희 대통령, 전두환 신군부, 88올림픽, 2002년 월드컵 4강, 민주화 및 선진국 진입 등 대한민국의 현대사를 온몸으로 겪었다고 할 수 있는 제가, 왜 이렇게 힘이 들고 왜 세상이 이러냐고 소크라테스 형님을 향하여 울부짖고 있을까요?

저는 대통령님 주변에는 도대체 어떤 분들이 일을 하고 있는지 정말로 궁금합니다. 국정 운영하는 것을 보자면 보통 사람인 제가 공감하는 부분이 거의 없으니까요.

물론 제가 상식적이지 못할지도 모르겠지만요. 적절한 비유가 아님을 알지만, 우국충정의 마음으로 감히 말합니다. 대통령님은 절해고도(絶海孤島)에 위리안치(圍籬安置)된 외로운 대통령 같습니다. 그렇지 않고서야 상식의 선에서 멀어져도 너무 멀어진 대통령님의 모습을 이해할 수가 없습니다.

21세기 디지털 시대에 반국가 세력은 무엇이고 공산 전체주의는 무슨 말이랍니까? 한쪽으로 기운 가치에 매몰된 사람들, 원칙과 정의 그리고 공정과는 동떨어진 이른바 법 기술자들이 대통령님 주변에 보이지 않는 울타리를 만든 것은 아닌지요?

대통령님, 정신 똑바로 차리셔야 합니다.

우연한 기회에 읽게 된 한 권의 책을 보니 더욱더 우리나라의 실상이 안타깝게 느껴졌습니다.

『천년왕국 서로마제국이 '시시껄렁'하게 사라지는 순간』은 긴 제목만큼이나 우리의 정치 현실을 긴 시간 동안 곱씹어 보게끔 해주는 책입니다. 그러다 보니 걱정도 되고 답답증도 생기고 합니다. '프로와 아마'라는 부제를 달고 있는 이 책은 최고 권력자가 아마추어의 솜씨를 부리면 천년 제국도 먼지처럼 소멸될 수 있음을 보여주고 있습니다.

이 책에서 두 가지의 명제를 발견할 수 있었는데 대통령님에게 좋은 참고가 되었으면 좋겠습니다.

하나. 지도자의 그릇 크기가 그 국가의 운명을 좌우한다.

"결국 사람이다. 그 사람이 역사에 등장했던 순간 그의 선택에 관한 이야기다. 왜 그런 선택을 했을까? 기록에 남지 않은 내면의 목소리에 귀를 기울여 그의 그릇을 잰다."

아틸라(Attila). 5세기 훈족의 왕인 그는 서양인에게 공포의 대상입니다. 어린아이에게 아틸라가 온다고 하면 울음을 뚝 그친다고 합니다. 끊임없이 로마제국을 괴롭혔으니 무서운 존재의 상징이 된 것입니다. 그런데 아틸라는 이런 이미지만 있는 것은 아닙니다. 그의 그릇의 크기 또한 주목을 받고 있습니다.

암살자를 오히려 살려서 되돌려 보냈습니다. 상대편은 시쳇말로 쪽을 다 팔리고 납작 엎드릴 수밖에요. 대통령님도 하해(河海)와 같이 통이 큰 그릇 감을 보여주면 좋겠습니다.

둘. 지도자의 역사 통찰 능력이 그 국가의 흥망을 좌우한다.

"상황에 매몰된 자의 사고는 전후 1cm다. 세상의 모든 사건을 꼬리와 꼬리를 연결하는 바로 앞 꼬리와 그 뒤 대가리만 보고 판단한다. 한발 물러나 그 사건이 일치하는 시대와 역사의 좌표를 찾으려 하지 않는다."

서로마제국 멸망에는 오도아케르(Odoacer)라는 권력자가 큰 역할을 합니다. 그는 아마도 자신의 이름이 그로부터 2000년 동안 '서로마제국을 멸망시킨 게르만족 용병대장 오도아케르'로 회자될 것이라고 꿈에도 상상하지 못했을 것입니다. 자신이 권력을 쥐고 있었음에도 복잡 난해함의 뒤에 숨어서 아무 조치도 취하지 않고 수수방관하다가 허무하게 살해당했으니까요.

가장 무능한 지도자는 역사의식이 없는 지도자입니다. 역사의 수레바퀴가 돌고 돌면서 남긴 사례와 교훈이 있는데 그것을 모르기도 하고 또한 무시해버리니까 말입니다. 자신만은 예외라고 큰 착각의 늪에 빠지게 되는 것입니다. 대통령님의 의사결정 기준이 역사의 무대이고 역사의 좌표였으면 좋겠습니다.

『로마인 이야기』를 지은 시오노 나나미는 말했습니다.

> "로마제국은 이렇게 멸망했다. 야만족이라도 쳐들어와서 치열한 공방전이라도 벌인 끝에 장렬하게 무너진 게 아니다. 활활 타오르는 불길도 없고, 처절한 아비규환도 없고, 그래서 아무도 알아차리지 못하는 사이에 사라져 버렸다. 그래서 허망하다."

19세기 프랑스 정치인 알렉시 드 토크빌은 말했지요.

"모든 국민은 자신들의 수준에 맞는 지도자를 갖는다."

제가 수준이 있는 국민이 되는 방법은 오직 한 가지뿐입니다. 대통령님이 수준 있는 대통령이 되어야 하고 또한 대통령님이 성공하는 대통령이 되어야 하는 것입니다. 대통령님의 솔선수범 외에는 묘약이 있을 수 없는 것 같습니다. 대통령님께 간곡히 당부드립니다.

상식에 근거한 정치력을 발휘했으면 좋겠습니다.

역사에 길이 남을 대통령님이 되기를 진심으로 응원합니다.

2023년 10월 5일

김소진 제니휴먼 리소스 대표님께

> "대한민국 소진 언니가 되렵니다."
> 응원가를 불러보고 싶었습니다.
> 대표님의 '오직, 사람' 철학을 느꼈던바 역시
> 큰 기쁨이었습니다. 이름하여 소진 언니의 '3E'
> 코칭 철학입니다. 눈(Eye), 귀(Ear), 말(Express)
> 의 철학 말입니다.
>
> **『오만과 편견』**
> – 제인 오스틴 지음

소진 대표님, 그간 어떻게 지냈는지요? 최근 TV 드라마에 빠진 저의 모습을 보면서 아내가 의아하다는 표정을 짓곤 했습니다. 여러 이유가 있는데 그중의 하나가 바로 대표님 때문이었습니다. 여자 주인공이 헤드헌터 회사 대표더군요. 직감적으로 소진 대표님을 모델로 삼았을 거라는 추측을 했습니다. 대표님이 방송국에 아는 사람이 있구나 이런 생각도 했고요. 저만의 상상인가요? 아니면 실체적 진실이 있나요? 물론 이런 궁금증이 지난번 만남에서 해결되었지만 말입니다.

보험이라는 새로운 일에 도전하면서 중요한 일과 가운데 하나가 지인들의 생일 챙기기입니다. 영업의 일환이지요. 생일을 잘 차려 먹으면 복이 온다는 저만의 '생일만복래'라는 신념이 있기도 했고요. 게다가 요즈음에는 SNS에서 생일을 알려주니 편리하기까지 합니다. 때마침 2월 4일이 대표님 생일이기도 했습니다. 그렇게 해서 연락을 드렸던 것입니다. 왜, 느닷없는 생일 축하 메시지와 만남 요청을 하느냐는 의문점에 대한 대답이 되었기를 바랍니다.

그런데 사실 이런 이벤트적인 일 외에도 평소에 대표님을 여러 번 생각했었습니다. 예전에 근무했던 회사에 대표님하고 이름이 똑같은 직원이 있었습니다. 종종 만나는 대학원 동기님들도 대표님을 상기하게 했고요. 무엇보다도 대표님의 왕성한 활동이 가장 큰 이유였습니다.
이와 같은 배경이 대표님을 한번 만나 봐야 하겠다 뭐 이런 생각까지 하게 되었던 것입니다. 제 딴에는 대단한 용기가 있어야 했던 '거사(巨事)'의 하나였습니다.

그래서 2월 6일 '커피 볶는 집'에서의 만남을 위대한 만남이라고 자평할 수 있었습니다. 역시 용기가 있어야 의미를 거둔다는 말을 새삼 확인할 수도 있었습니다. 무엇보다도 그날이 퍼펙트 데이로 기억될 수 있는 것은 '사람 전문가'로서의 대표님의 참모습을 한껏 확인할 수 있었기 때문입니다. 대표님은 사람을 반하게 만드는 당사자였습니다. 그러한 광채는 타인에게 사람을 반하게 만드는 기술을 코칭하고, 타인을 빛나게 하는 소명 의식을 실천하는 근원이었습니다.

대표님의 '오직, 사람' 철학을 느꼈던바 역시 큰 기쁨이었습니다. 이름하여 소진 언니의 '3E' 코칭 철학입니다. 구체적으로 다음의 세 가지 인데 대표님의 생각은 어떨지 궁금합니다.

첫째는 눈(Eye)입니다. 공부에 대한 격언 중에 '안광(眼光)이 지배(紙背)를 철한다.'라는 말이 있습니다. 눈빛이 종이를 뚫는다는 뜻이니 고도의 집중력을 나타내는 말이기도 합니다. 대표님의 사람에 관한 공부가 그런 것이었습니다. 맑고 깊은 호수 속에서 레이저 빛이 발사되는 것 같은 대표님의 눈이 모든 것을 말해주는 것 같았습니다.

섬세한 시선은 남다른 결과를 산출합니다. 성공한 사람들의 1% 차별화 포인트를 찾아낼 수 있는 것입니다. 이러한 역량은 저서로 이어져서 〈성공하는 남자의 디테일〉을 출간하게 되었고 라디오, TV 방송 등으로 전파를 탈 수 있게 되는 것입니다.

두 번째는 귀(Ear)입니다. 대표님은 경청의 대가였습니다. 약 1시간 이상을 그저 바라보고 들어주었습니다. 저의 일방적인 이야기이고 논리성과 흥미성도 없는 내용을 말입니다. 아마도 중간에 몇 차례 말을 중단시키고자 하는 욕구가 있었으리라고 생각합니다. 그럼에도 오히려 제 이야기에 힘을 보태고 추임새까지 넣어 주었습니다. 그런 모습은 경청의 대가를 대하는 놀라움 그 자체였습니다. 사람 연구의 으뜸은 경청임을 새삼 확인하게 됩니다.

경청 역량은 소진 언니의 존재감을 더욱 풍성하게 만들었습니다. 여성가족부의 청년 여성 대표 멘토가 되었습니다. 경청에 기반한 공감 능력이 객관적으로 입증되었기 때문입니다. 이제 한 사람의 커리어(Career)를 넘어서 라이프(Life)에 대한 코칭를 하게 되는 것입니다. 특히 이성 교제까지 고민을 털어놓는 경우가 많은 것은 대표님이 펼친 공감대의 깊이와 넓이를 가늠하게 합니다.

세 번째는 말(Express)입니다. 대표님은 종합적인 표현 전문가이기도 합니다. 눈과 귀를 통한 관찰과 경청의 느낌을 흥미진진하게 전달하고 있었습니다. 이는 코칭에 있어서 특히 중요한 부분이기도 합니다. 대표님이 활동하고 있는 유튜브 '테헤란로 소진 언니'는 이의 완성판일 것입니다. 덕분에 더 많은 사람이 이미지나 커리어 등 자기 관리에 대한 좋은 혜택을 받고 있으니, 서로에게 복된 일이기도 할 것입니다.

전문직 외길 20여 년의 내공은 그 어느 가치와 비교해도 찬란하게 빛이 납니다. 대단한 것이기 때문입니다.
꾸준한 노력과 헌신을 통한 전문성이 있어야 가능한 일입니다. 실패를 통한 단단함도 섞여야 합니다. 이와 같은 진정한 경험은 소멸하지 않습니다. 대표님의 소중한 일부가 된 것이죠.

그날 엄청난 눈이 내렸습니다. 펄펄 내리는 눈송이들이 말을 걸어와서일까요? 대표님을 만나고 난 후에 그 느낌을 뭐라고 표현할 수가 없어서 한참을 서성거렸습니다. 오프라 윈프리도 생각났고 언니라는 단어 때문에 권정생의 동화 〈몽실 언니〉도 생각이 났습니다.
그런가 하면 봄과 가을에 선릉을 감싸고 도는 바람의 시원함도 느꼈습니다. 도도한 장미꽃도 떠올렸고 어찌 그리 예쁘냐고 질문받는 아카시아꽃 향기에 취하기도 했습니다.

한바탕의 휘몰아친 감정의 소용돌이는 결국 한 여인의 모습으로 집중되었습니다. 그녀는 『오만과 편견』 여주인공인 엘리자베스 베넷이었습니다. 제인 오스틴의 소설 『오만과 편견』은 여러 가지 의미 있는 상징을 지니고 있습니다.

우선 영문학계와 로맨스 소설의 고전이라 불립니다. 첫 문장은 글쓰기의 단골 소재로 널리 활용되고 있음은 대표님도 잘 아실 것입니다.

> "재산깨나 있는 독신 남자에게 아내가 꼭 필요하다는 것은 누구나 인정하는 진리이다."

그런데 이 소설의 명성이나 스토리를 견인하는 가장 큰 힘은 바로 주인공 엘리자베스 베넷입니다.

그녀는 딸 다섯 집의 둘째 딸이었습니다. 베넷은 다른 자매들과는 달리 자기만의 가치관을 따르고 있었습니다. 독립적인 여성이었고 선한 영향력을 행사할 수 있었습니다. 즉 깨어있는 여성이었습니다. 이는 19세기 당시의 사회 문화적인 기준으로 볼 때 그녀는 파격 그 자체의 캐릭터였던 것입니다.

시쳇말로 톡톡 튀는 그녀가 특히 돋보이는 것은 사람 보는 안목 때문이었습니다. 그녀의 집안은 변변찮은 가문이고 굳이 외모로 치자면 큰언니가 제일 미인이었습니다.

그런데 미래를 보장해 줄 신랑 즉, 백마를 타고 온 왕자를 거부합니다. '가치관이 맞지 않아 존경할 수 없다.'라는 이유를 대면서 말입니다. 그녀는 자신의 가치관을 지키기 위해서 사회가 중요시하는 가치를 거절하고 그 이유를 논리적으로 설명할 줄 알았습니다. 철저히 자신의 관점을 중심에 놓고 세상을 본 것이죠.

"인생은 자전거를 타는 것과 같다. 균형을 잡으려면 계속 움직여야 한다."라는 알베르트 아인슈타인의 말을 되새겨 봅니다.

아마도 대표님의 균형은 '테헤란로의 소진 언니'에서 '대한민국의 소진 언니'로의 발돋움일 것입니다. 강산이 두 번 변했을 20여 년의 경력이 강한 디딤돌이 될 것입니다. 사람을 반하게 하는 '3E' 능력이 날개를 달아줄 것입니다. 많은 인연의 지지가 큰 동력을 제공할 것입니다.

저도 옆에서 건설적이고 비판적인 응원을 보내도록 하겠습니다.'늘 건투를 빕니다. 고맙습니다.

2025년 2월 12일

부활(復活)의 시인, 박찬호 님께

> 시인의 세계에 빠져보고 싶었습니다.
> "…. 힘든 여정을 함께한 나의 아내여.
> 사랑한다. 나의 아내여…" 그냥 글을 쓰고
> 시를 짓는 문우(文友)로 오래오래 함께하면
> 좋겠습니다.
>
> 『지금이 바로 문득 당신이 그리운 때』
> – 박찬호 지음

사실 저의 시집(詩集) 인연은 빈약했습니다. 관심이 없는 것이 아니라 너무 좋아했습니다. 그럼에도 시집은 늘 저만치에 있었습니다. 도달할 수 없는 영역이라는 생각이 들어서 시도를 못한 것이 한 이유가 될 수 있을 것입니다. 다만 독서 클럽에서 함께 읽었던 〈백석 시집〉과 1989년 소개받은 다음 날 사망 소식을 들어 기절초풍했던 기형도 시인의 〈입속의 검은 입〉, 이렇게 2권을 간직하고 있을 뿐이었습니다. 그런데 그날 시인님으로부터 3권의 시집을 받았습니다.

만감이 교차했습니다. 고마웠습니다. 무엇보다 건강을 회복하여 창작과 경영을 겸하고 있다는 사실이 말입니다. 미안함을 숨길 수 없었습니다. 희귀암과 싸우는 동안에도 안부 하나도 전하지 못했습니다. 시집을 구매하기는커녕 몇 수 읽은 것조차도 감상을 전하지 못했으니까요.

3월 5일 그날 선유도역에서 집 근처 수서역까지 이동하는 동안에 부랴부랴 시집을 읽었습니다. 고속버스터미널 역에서 3호선 환승을 하다가 마주 오는 사람과 스치면서 시집을 떨어뜨렸습니다. 황금 물고기 어항을 놓친 듯이 기겁하고 집어 들었습니다.

저의 이런 행동이 과했나 봅니다. 몸매가 무척이나 호리호리한 상대방 여성이 놀라서 연신 허리를 굽히더군요. 죄송하다는 말을 반복했습니다.

3월 14일에 만나기로 약속했지요. 그것이 책임과 의무를 불렀는지 모르겠습니다. 만나기 전에 세 권의 시집을 모두 읽고 느낌을 정리하겠다고 마음을 먹었습니다. 아니 시인 박찬호의 세계에서 한껏 놀아보자고 생각했습니다. 행복했습니다. 희노애락애오욕(喜怒哀樂愛惡慾)의 일곱 가지 감정이 고동쳤으니까요.

철학, 인본, 의학의 시간이었습니다. 시간과 공간의 경계를 넘어 제 영혼을 어루만졌습니다. 바람에 흩날리는 꽃잎처럼, 잔잔한 물결처럼 한 편 한 편이 따뜻한 위로가 되어주고 날카로운 질문을 던지며 저를 돌아보게 했습니다.

박찬호의 시 세계에 진입하는 순간 적잖이 놀랐습니다. 상당 부분이 제 이야기를 하는 것 같았기 때문입니다. 시 한 편 한편에 저의 경우를 대입하게 되었습니다. 그래서 〈꼭 온다고 했던 그날〉, 〈지금이 바로 문득 당신이 그리운 때〉, 〈그곳에 그리도 푸른 바다가 있을 줄이야〉는 저의 자화상이고 거울이었습니다. 80년 초에 대학을 다니고 같은 직장에서 일을 한 것도 있지만 그 무엇보다도 글을 좋아하는 성향이 겹쳐서 그런가 봅니다. 감수성 흐르는 감정 절이 서로 잇닿아 있었던 것은 아닌지 생각해 보기도 했습니다.

시를 읽는 내내 뜨거운 눈물이 흐른 이유도 여기에 있을 것입니다.

3월7일 금요일 18시 30분에서 19시 30분을 잊지 못합니다. 아내의 집밥을 기대하면서 오랜만에 일찍 귀가했습니다.

그런데 아내가 급한 일이 생겼다며 혼자 저녁을 해결하라고 하더군요. 가스레인지에 찬밥과 국을 데우는 시간이 필요했습니다. 〈지금이 바로 문득 당신이 그리운 때〉 시집을 들어 페이지를 넘겼습니다. 아! 이게 무슨 운명의 장난이란 말입니까. 30페이지 '유언 1-아내에게'를 읽게 되었습니다. 목이 메어 도저히 밥을 넘길 수가 없었습니다.

"…. 힘든 여정을 함께한 나의 아내여. 사랑한다. 나의 아내여…."

시인 박찬호의 세계 속으로 점점 빠져들었습니다. 속울음을 삼키며 노래를 불렀습니다. 어쩌면 제가 그리도 좋아하는 노래들을 골라 담았는지 신기할 따름이었습니다. 김민기 가수의 〈봉우리〉를 습관처럼 듣는다는 시인의 말에는 소름이 돋았습니다.

조용필의 〈서울, 서울, 서울〉을 들으며 베고니아 화분이 놓인 그 우체국 계단을 생각했습니다. 자칭 편지 작가이기에 우체국만 생각하면 가슴이 울렁입니다. 그리고 정태춘, 양희은, 조동진, 윤승원 등 이름만 들어도 힐링이 되는 가수들까지.

사람들의 얼굴을 떠올리며 추억에 잠길 수도 있었습니다. 인연의 소중함을 절감했습니다. 유동욱 후배와는 카톡을 주고받았습니다. '잘 지내는 겨? 박찬호 시인의 시집을 읽다가 …….' 제게도 정겨운 유재언 형님, 신 상무, 한 상무 등. 그런가 하면 책과 인연이 있는 인물도 다시 만나볼 기회를 얻었습니다. 독일 태생의 유대인 정치철학자 한나 아렌트와 그의 걸작인 〈예루살렘의 아이히만〉의 인물 하이히만 그리고 오늘의 대한민국 정치인들까지 말입니다.

고향 괴산에 계시는 구순(九旬)의 엄마 생각도 많이 했습니다. 저는 평소 〈홍시〉라는 노래를 부를 때 엄마 생각을 가장 많이 합니다. 시인의 엄마 생각이 제게 전이가 되었나 봅니다.

아주 힘들었던 어린 시절로 되돌아가고 말았습니다. 어머니는 이른바 계주(契主)였습니다. 결국 계를 하다가 대형 사고를 일으켰습니다. 경제적인 어려움이 아주 오래 계속되었습니다. 아버지의 눈물을 그때 처음 보았습니다. 물론 엄마는 박복한 계주였지만 회심하듯 확 변신하는 계기가 되었습니다. 거칠 것 없었던 호랑이 엄마에서 며느리들에게 특히 지혜로운 현모양처로 변신한 것이지요.

할머니의 정에 대한 그리움과 함께 아버지 생각이 많이 났습니다. 가만히 앉아서 사진만 들여다보기가 민망했습니다. 아버지가 계시는 괴산호국원으로 달려갔습니다. 시인님 덕분에 아버지의 영원한 안식 번호도 암기하고 뇌에 새겼습니다.

12303409. 오랜만에 찾은 아들을 들꽃이 대신해서 꾸짖는 듯하여 안절부절못했습니다. 대신 아버지의 18번 노래를 불러드렸습니다. 최무룡 배우가 불러서 유명해졌다는 그 노래, 〈외나무다리〉. 복사꽃 능금 꽃

이 피는 내 고향 만나면 즐거웠던 외나무다리…….

  시인님 세상에 와서 제가 얻은 결실의 결정판은 세상을 자세히 오래 보겠다는 깨달음이었습니다. 견문(見聞)의 중요성이지요. 어쩌면 영어 공부를 열심히 하겠다는 단발성의 각오와 같은지도 모르겠습니다. 그럼에도 그런 결심을 한 것이 무척 기분이 좋습니다. 오늘의 세상이 아름다워 보이니까요. 유한성과 이별을 가까이하니 내일이 없을지도 모른다는 생각에 지금, 이 순간에 최선을 다하게 되고요. 시인님이 자세히 오래 본 삼라만상의 일부를 저도 한번 들여다봅니다.

  병마, 상처, 아픔, 긴 그림자, 유언, 목련, 꽃, 대숲, 나무, 소나무, 바람, 겨울, 서리꽃, 하늘, 김 씨 아저씨, 사람, 담배, 너와 나, 술, 술잔, 달빛, 본능, 사랑, 전어, 노래, 바다, 파도, 구름, 달, 해, 이불, 이별, 눈, 당신, 매화, 백합, 산동네, 추억, 경험, 한남동 도깨비시장(일요일에 달려가 이슬람 사원까지 걸었습니다.), 소나기, 조팝꽃, 산수유, 오랑캐꽃, 토끼풀, 민들레꽃, 벚꽃, 꽃 마트, 식당, 가게, 우체국, 사람들 또 사람들, 별똥별, 비와 바람, 암, 고통, 슬픔, 단점, 욕망, 그거 있잖아, 꿈, 현실, 위선, 민낯, 귀뚜라미, 속초 대포항, 생일, 아침, 장수보쌈…….

  오래오래 일일 시 쓰기 하길 기도합니다. 저도 일일 글의 흔적을 남기는 루틴을 유지하고자 합니다. 하루하루 글쓰기가 곧 보약이고 건강한 삶을 사는 지혜임을 믿고 싶습니다. 글을 쓰는 동안에는 걱정이나 고민을 잠시 잊고 온전히 나 자신에게 집중할 수 있기 때문이지요. 감정을 표현하고 내면의 상처를 치유할 수도 있지요. 혹자는 글쓰기는 혈액순환을 촉진하고 자세를 바르게 유지해야 해서 척추 건강에도 좋다고 말합니다. 굳이 이런 이유가 아니더라도 그냥 글을 쓰고 시를 짓는 문우(文友)로 함께 하면 좋겠습니다. 늘 고맙습니다.

그리고 항상 되새기겠습니다.

사소한 몇 가지를.

솔직하지 못한 것.
자신에게 떳떳하지 못한 것.
주관적 감정을 객관적 논리라 생각하는 것.
진리는 복잡한 것에 있다고 믿는 것.
진실은 항상 밝은 곳에 있다는 신념을 가진 것.
삼십 년 전에 헤어진 그대의 연인은 아직도 날 그리워할 거라 믿는 것.

2025년 3월 13일

김길호 물 박사님께

> "나는 아무것도 바라지 않는다.
> 아무것도 두려워하지 않는다. 자유다."
> 박사님이 하신 말인 줄 알았습니다. '
> 거산'이라는 박사님의 인생 컨셉을 확인하고
> 싶었습니다. 그 안에 박사님의 성공 열쇠가
> 있다고 확신합니다.
>
> 『그리스인 조르바』
> – 니코스 카잔차키스 지음

박사님, 안녕하세요. 박사님과 처음 만나던 날을 상기해 봅니다. '첫'의 의미를 특별하게 되새겼습니다. 박사님의 첫인상이 너무 강렬했기 때문이지요. 문학 작품의 유명한 첫 문장만큼이나 오래 기억될 것입니다. 스티브 잡스의 카리스마를 떠올렸습니다.

본질 선취 능력, 프레젠테이션 능력, 브랜딩·마케팅 역량까지도 비슷했습니다. 붉은 테 안경과 목걸이는 스티브 잡스의 청바지와 검정 터틀넥을 닮았습니다. 천재성과 집중력도 보았습니다. 결과를 만들어 내는 클러치 역량도 확인했습니다.

며칠이 지났습니다. 박사님의 얼굴에서 장자(莊子)를 발견했습니다. 잘 아시다시피 장자 사상의 핵심은 자연스러운 경지입니다. '무위(無爲)'와 '소요(逍遙)'입니다. 무위(無爲)는 인위적인 행위를 하지 않고 자연의 흐름에 따라 살아가는 것입니다. 소요(逍遙)는 자유롭게 노닐며 마음의 평화를 얻는 것을 의미합니다. 장자는 자연의 한 조각으로 자연의 법칙에 따라 살아갈 것을 제안했습니다.

박사님의 사무실은 자연 그 자체였습니다. 물이 있어 계곡에 온 듯했습니다. 엉클어진 서류 더미는 곧 낙엽이었습니다. 책이 숲을 이루며 사무실을 뒤덮고 있었습니다. 옷걸이에 걸려있는 작업복은 솔잎 내음을 고스란히 전하고 있었습니다. 제가 방문했던 수많은 CEO의 집무실도 박사님의 집무실 같은 곳은 그 어디에도 없었습니다.

또 며칠이 지났습니다. 박사님 얼굴이 자꾸 어른거렸습니다. 뵙고 싶어서 카톡으로 마음을 전했습니다. 바쁘신 박사님을 귀찮게 할 것이라는 걱정을 하지 않았던 것은 아닙니다. 예상대로 박사님으로부터 모진 카톡 호통을 얻어맞았습니다.

"출장으로 이달은 거의 없습니다. 우리가 국내에 음식물쓰레기 처리기 사하라를 브랜드로 출시하는데 판매처 확보가 제일 관심사이므로 여기에 협조할 수 있는지가 우선입니다(중략)."

정신이 퍼뜩 들었습니다. 또 다른 누군가가 저를 부르고 있었습니다. 그리스인 조르바였습니다. 『그리스인 조르바』는 그리스의 대문호 니코스 카잔차키스가 1946년에 출판한 소설입니다. 지중해 남쪽에 자리를 잡아 사시사철 온화한 기후의 크레타를 배경으로, 갈탄 광산을 운영하려는 주인공과 그가 고용한 알렉시스 조르바가 함께 지내면서 벌어지는 에피소드들을 토막토막 다룬 작품입니다.

전 세계 50여 개국에서 번역 출간되었고 대중성뿐만 아니라 탁월한 문학성도 높이 평가받고 있기도 합니다. 1951년 이후로 무려 아홉 차례에 걸쳐 노벨문학상 후보에 올랐습니다. 노벨문학상을 받지는 못했습니다. 그런데 카잔차키스와 함께 노벨문학상 후보에 올라 수상자가 된 알베르 카뮈는 술회한 바 있습니다. 카잔차키스가 자신보다 100배는 더 상을 받을 가치가 있다.

주인공 조르바는 호쾌하고 농탕한 자유인으로 그려지고 있습니다. 삶의 자유와 진정한 행복을 추구하는 인물로 강한 영감을 뿜어내고 있습니다. 조르바가 펼치는 영혼의 투쟁을 풍부한 상상력으로 그려내고 있습니다. 많은 사람에게 인생 책으로 꼽힐 만큼 큰 인기를 끌고 있음은 당연하다 하겠습니다.

『그리스인 조르바』의 명대사는 인기에 날개를 달아주었습니다. 삶의 의미와 자유 영혼이 출렁거리니까요. 제가 특히 좋아하는 대사가 몇 구절이 있는데 자연스럽게 박사님과 연결되더군요. 저로서는 위대한 발견이었기에 기쁨도 배가 되었습니다. 꼭 박사님께서 제게 전하는 바람의 노래처럼 들렸습니다.

"...아니, 아니야! 더 붙잡아 맬 뿐이지. 이 잡것이! 당신의 마음이 옳다고 느끼는 일을 하세요."

"당신이 믿지 않는 일이 일어난다고 해서 놀라지는 마세요. 나는 어제 일어난 일은 생각 안 합니다. 내일 일어날 일을 자문하지도 않아요. 내게 중요한 것은 오늘, 이 순간에 일어나는 일입니다."

"나는 아무것도 바라지 않는다. 나는 아무것도 두려워하지 않는다. 나는 자유다."

특히 마지막 대사는 지식과 관념에 얽매여 있는 상대방에게 조르바가 던지는 일갈로, 자유로운 삶의 중요성을 강조합니다. 모든 자유는 그냥 얻어지는 것이 아니고 용기를 통하여 얻는 것이라고 합니다. 그러기에 조르바는 용기의 강을 건너는 전사라고 불릴만한 것 같습니다.

대표님의 삶도 역시 용기의 강을 건너는 일이었을 것입니다. 박사님은 '세계적인 물 박사'라는 전무후무한 퍼스널브랜드 파워를 확보하고 있습니다. 게다가 최근에는 의학교수로서 강단에도 섰습니다. 어떻게 이런 경지에 도달할 수 있을까? 제가 보기에는 '거산'이라는 박사님의 인생 컨셉에 그 답이 있다고 확신합니다.

높고 큰 산에서 터득한 깨달음의 힘이라고나 할까요. 산을 좋아하는 한 지인이 강조하던 '3고의 봉우리 철학'이 생각납니다. 등산은 뾰족하게 높이 솟은 3개의 봉우리에 입을 맞추는 일이다. 생각의 봉우리에서 고난의 봉우리, 고집의 봉우리까지. 저는 자연스럽게 이것을 '거산 철학'이라고 부르게 되었습니다.

하나, 고려(考慮)의 봉우리

산을 오르는 일은 곧 생각하고 헤아려 보는 과정입니다. 오르고 또 오르며 목표와 수준의 높이를 깨닫는다고 합니다. 박사님이 물이라는 가장 낮지만 가장 높은 영역에 도전한 것이 이를 증명합니다. 한 분야에 집중하는 장인 정신은 완벽한 결과물을 추구합니다.

박사님이 물 전도사, 물 장인이 될 수 있었던 것도 산을 오르며 다져진 생각하는 힘이 큰 바탕이 되었을 것입니다.

둘 고난(苦難)의 봉우리

등산은 또한 고난을 극복하는 과정입니다. 인내심을 얻습니다. 실패를 두려워하지 않고 목표를 달성합니다. 노력과 성과에 대한 성취감을 얻습니다. 세상을 듣고 들여다보는 견문의 수준이 일반인과는 다릅니다. 박사님이 그렇습니다.

연구개발, 경영, 생산, 영업, 해외 교신, 학교까지 들여다보시니까요. 고난의 봉우리를 오르내린 힘은 글로벌 강소기업을 이끌며 수출 전사로 맹활약하는 에너지가 되었습니다.

셋 고집(固執)의 봉우리

산을 오르는 일은 고집입니다. 고집은 일관성이고 신념입니다. 특히 현재에 집중하는 능력입니다. "카르페 디엠!". 고집은 외길을 가는 근원적인 힘입니다. 고집은 한 가지 일에 집중하여 끝까지 파고들어서 지속적인 발전과 성장을 이루어 내는 한 우물 정신입니다.

'물' 연구에만 40여 년 외길을 걷는 박사님의 힘도 산을 통해서 얻은 고집 덕분이 아닌가 합니다.

가수 노사연은 노래했습니다. 우리 만남은 우연이 아니고 우리의 바람이라고 말입니다. 한 번 더 생각해야 합니다. 만남이 귀한 관계가 되도록 해야 합니다. 1%의 우연에 99%의 노력이 더해져야 합니다.

가수 이승철은 또한 노래했습니다. 사랑은 주는 거다. 그저, 주는 거다. 어디 사랑뿐이겠습니까? 인생 불변의 법칙이 'Give & Take'인 것을요. 대표님에게 도움을 주는 사람이 되겠습니다.

그런데 걱정 하나가 있습니다. 대표님이 만기친람(萬機親覽)하시는 것은 아닌지요. 언제나 건승을 기원합니다.

24. 07. 24

| 글을 마치며 |

책을 읽고 편지를 쓰는 일은 또 다른 예술 행위입니다.

○ **편지는 기적입니다.**

"편지는 영혼이 종이에 남긴 자국입니다."
- J
"손으로 쓴 편지는 마음으로 쓴 시(詩)와 같다."
- 존 던
"편지는 시간이 흐를수록 더욱 깊이 읽힌다."
- 마르셀 프루스트
"편지는 멀리 있는 사람의 속삭임이다."
- 에밀 졸라
"한 통의 편지는 수천 마디 말보다 더 진실할 수 있다."
- 헨리 제임스
"편지는 떨어져 있어도 마음을 이어주는 다리다."
- K
"손 글씨 편지는 사랑의 체온을 간직한다."

- 빅토르 위고

"편지를 쓸 때 우리는 가장 솔직한 자신을 발견한다."
- 조지 오웰

"좋은 편지는 그 자체가 하나의 작은 선물이다."
- M

"편지는 시간이 지나도 변치 않는 감정을 담는다."
- 제인 오스틴

○ 책 읽기는 또 하나의 기적입니다.

"책을 읽는 사람은 단 하나의 인생을 사는 것이 아니다. 그는 수천 개의 인생을 산다."
- 조지 R.R. 마틴

"오늘의 나를 만든 것은 어제의 책이다."
- 에머슨

"좋은 책을 읽는다는 것은 과거 몇 세기의 가장 뛰어난 사람들과 대화를 나누는 것이다."
- 데카르트

"책 없는 방은 영혼 없는 육체와 같다."
- 키케로

"우리는 책을 만들지만, 책은 우리를 만든다."
- W. 서머싯 모옴

"독서는 여행이다. 가장 값싸고도 가장 값진 여행이다."
- 매리 워드

"책을 읽는다는 것은 다른 사람의 정신으로 들어가는 가장 좋은 방법이다."
- 토머스 칼라일
"많이 읽을수록 많이 이해하고, 많이 이해할수록 더 많이 성장한다."
- 프랜시스 베이컨
"한 권의 책이 인생을 바꿀 수도 있다."
- 헨리 데이비드 소로
"독서는 단순한 정보 습득이 아니라, 사유의 확장이다."
- 마르셀 프루스트

편지 그리고 독서 그리고 편지

책을 읽고 편지를 쓰는 일은 영혼의 예술적 표현과 같습니다. 예술이란 인간의 내면을 표현하고 감정을 형상화하여, 소통을 위한 도구로 작용하는 행위라고 일컫습니다. 회화, 음악, 문학, 연극 등 전통적인 예술 형식이 존재하지만, 사실 인간의 삶 속에서 예술적 행위는 더욱 넓고 깊게 펼쳐집니다. 일상에서 수많은 방식으로 예술을 경험하고 창조합니다. 그중에서도 '책을 읽는 행위'와 '편지를 쓰는 행위'는 예술적 경험과 창조의 본질을 담고 있습니다.

책을 읽는 것은 곧 글쓴이의 영혼과 대화하는 과정이며 편지를 쓰는 일은 자신의 감정을 세밀하게 조형하는 창작 활동입니다.

책을 읽는 일은 단순히 눈으로 글자를 따라가는 행위가 아닙니다. 작가가 창조한 세계에 몰입하고 문장을 통해 자신의 감정을 투영하며 상상력을 통해 작품을 재해석하는 과정입니다. 마치 화가가 빈 캔버스 위에 색을 입히고 조형적인 아름다움을 창조하듯이 작가는 텍스트라는 재료를 활용해 자신의 정신적 캔버스를 채워 나갑니다.

한 편의 소설을 읽을 때 문장 속에서 다양한 감각을 경험합니다. 감미로운 언어는 따뜻한 색채를, 강렬한 묘사는 대비가 뚜렷한 그림을 연상시킵니다. 시적인 표현은 은은한 수채화처럼 퍼져나갑니다.
마르셀 프루스트의 〈잃어버린 시간을 찾아서〉를 읽으면 세밀한 감각적 묘사가 마치 인상파 화가의 작품처럼 의식 속에 펼쳐지는 것입니다. 작가가 창조한 문학적 세계에서 읽는 이는 자신만의 색을 찾아내고 그 안에서 감정을 형성합니다.

음악에서 리듬과 멜로디가 중요한 것처럼 문학에서도 언어의 리듬과 운율이 존재합니다. 시를 읽을 때 그 흐름을 따라가며 조용히 읊조리는 순간 한 곡의 음악을 연주하는 듯한 감각이 드는 것입니다. 단어들의 배치는 악보의 음표와 같으며 사람들은 이를 해석하여 자신의 리듬으로 받아들입니다. 이러한 점에서 독서란 단순한 정보 습득이 아니라 하나의 음악적 경험이자 예술적 해석이라 할 수 있습니다.

독서는 상상력을 통한 재창조 과정입니다. 저는 수동적인 존재를 벗어나려고 애씁니다. 작가가 그린 밑그림 위에 저만의 색을 입히고 새로운 의미를 부여하는 창조적 존재로 거듭나려 합니다. 소설 속 인물의 심리를 헤아리고 이야기의 배경을 상상하며 감정을 공유하는 과정에서 무형의 세계를 형상화하는 예술적 작업을 수행합니다. 이는 조각가가 돌덩이를 다듬어 형상을 만들어 가는 과정과 유사하다 할 것입니다.

책을 읽는 것이 외부의 예술을 감상하고 해석하는 과정이라면 편지를 쓰는 일은 내면의 감정을 조각하는 창작이라 할 수 있습니다.

편지는 단순한 정보 전달을 넘어 감정과 사유를 담아내는 예술적 도구가 됩니다. 편지를 쓰는 것은 글자를 적는 것이 아니라 내면의 감정을 정리하고 조각하는 과정입니다.

기쁨, 슬픔, 그리움, 감사, 애정 등의 감정을 언어로 표현하는 순간, 조각가가 대리석을 깎아 형상을 만들어 가듯이 감정을 구체화합니다. 단어 하나 문장 하나를 정성스럽게 선택하며 감정을 조각해 나갑니다.

편지 쓰기는 독백과 대화의 경계에서 서성이는 행위이기도 합니다. 편지는 혼자만의 사색이자 동시에 타인과의 대화입니다. 편지를 쓰는 순간 스스로와 깊이 대화하면서도 누군가에게 감정을 전하려 합니다. 극작가가 연극 대본을 쓰는 과정과 유사하지요. 편지 속에서 상대를 상상하며 문장을 짜고 감정을 조율하며 의미를 정교하게 조립합니다. 저는 이 시간이 가장 행복합니다.

책을 읽고 편지를 쓰는 일은 단순한 개인적 취미가 아닙니다. 이는 제가 예술적으로 사고하고 감정을 표현하는 가장 근본적인 행위 중 하나입니다. 예술은 인간의 내면을 탐구하고 성찰하는 과정입니다. 독서는 다양한 사상을 접하게 하고 자기 내면을 들여다보게 합니다.

편지 쓰기는 제 감정을 객관적으로 바라보게 하며 이를 타인과 공유하는 기회를 제공합니다. 이를 통해 더욱 깊이 있는 사고를 형성하고 감정적으로 성숙해질 수 있습니다.

예술이 사람과 사람을 연결하듯이 독서와 편지도 깊은 교감을 가능하게 합니다. 책을 통해 시대와 공간을 초월해 다양한 인물과 소통하고 편지로 누군가와 깊은 정서적 연결을 형성합니다. 한 사람이 남긴 글은 시간이 지나도 또 다른 누군가에게 감동을 줄 수 있습니다. 이는 예술 작품이 후대에 전해지는 방식과 닮았습니다.

감히 말합니다. 책을 읽고 편지를 쓰는 일은 영혼의 예술적 표현입니다. 독서는 작가의 내면과 만나는 고요한 음악이며, 편지 쓰기는 나의 감정을 조각하는 섬세한 손놀림입니다. 작가가 창조한 문학의 세계에 몰입하고, 다시 내 안의 감정을 누군가에게 조심스레 전하는 이 일련의 과정은 그 자체로 회화요, 음악이며, 문학이고, 연극입니다.

책을 읽는 나는 상상의 붓을 들고, 편지를 쓰는 나는 마음의 조각칼을 쥡니다. 이 예술은 나를 비추고, 타인과 연결하며, 삶을 더욱 깊고 풍요롭게 만듭니다. 그렇게 책과 편지는, 언제나 나의 가장 가까운 예술입니다. 그래서 저는, 오늘도 책을 읽고 편지를 씁니다. 그리고 이 조용한 예술 속에서, 행복합니다.

이태원
글 농장에서